哲學入門

鄔　　昆　　如

德國慕尼黑大學哲學博士
輔仁大學哲學系所講座教授

主編

尤　煌　傑　　張　雪　珠
陳　俊　輝　　鄔　昆　如
潘　小　慧　　黎　建　球
謝　仁　眞　　關　永　中

合著

五南圖書出版公司 印行

作者簡介

尤煌傑
> 學歷：輔仁大學哲學研究所博士
> 現職：輔仁大學哲學系副教授

張雪珠
> 學歷：德國 Hochschule fur Philosophie 博士
> 現職：輔仁大學哲學系副教授

陳俊輝
> 學歷：國立台灣大學哲學研究所博士
> 現職：國立台灣大學哲學系所副教授

鄔昆如
> 學歷：德國慕尼黑大學哲學博士
> 現職：輔仁大學哲學系所講座教授

潘小慧
> 學歷：輔仁大學哲學研究所博士
> 現職：輔仁大學哲學系教授

黎建球
> 學歷：輔仁大學哲學研究所博士
> 現職：輔仁大學校長兼哲學系所教授

謝仁真
> 學歷：國立台灣大學哲學研究所博士
> 現職：國防管理學院文史系副教授

關永中
> 學歷：比利時魯汶大學神學、哲學博士
> 現職：國立台灣大學哲學系所教授

序

　　哲學字義是「愛智」（Philo-sophia），實質義則是「定位宇宙」，並在宇宙中「安排人生」。吾人學哲學，因為其他所有學問，都只探討個別的對象，唯有哲學在討論整體的學問；哲學的對象是宇宙和人生。在理論層面，哲學問及人生基本問題的「我是誰？」問及宇宙根本問題的「世界怎麼來的？」在實踐層面，哲學問及人生基本問題的「如何做人？」以及「如何處事？」

　　「哲學入門」將會提供吾人通往解答「我是誰」問題的通路，也會設法幫助吾人找出「世界怎麼來的」的答案；哲學也會建議一些「如何做人」以及「如何處事」的原理原則。這些提案，或是這些意見，我們無法在「哲學」以外的其他學科中學到。「哲學」委實是一門標準的「通識」課程；通識「定位宇宙」，通識「安排人生」。

　　為那些哲學系以外的同學，吾儕編纂了這本「哲學入門」，目的在於使吾人瞭解到：一個人生存在天和地之間，生活在人與人之間，如何能頂天立地，又如何能出人頭地，而安頓自己的生命、生存、生活、生計，成為個人安身立命，促使社會安和樂利的生命的意義與目的。

　　為此，吾人在書中提供同學，哲學是如何從「知識論」為入門，經「形上學」的體，到「價值哲學」的用為思想進路，來設法完成「我是誰？」以及「世界怎麼來的？」的答案嘗試。

　　五南圖書公司致力於出版大學專科的「教科書」，邀余主編此《哲學入門》一書，余雖年已古稀，但亦樂意答應，與輔大哲學同仁，以及台大昔日同學，分工合作，共襄盛舉。

　　是為序。

鄔昆如

於美國加州旅次

2003/08/19

目錄

第一部　知識論

第 二 部　形上學

第 三 部　價值哲學

緒論

邬昆如

學習目標

1. 瞭解「哲學」的意義。

2. 瞭解「哲學」二千多年來的發展史。

3. 統貫「何謂哲學」、「為何學哲學」、「如何學哲學」三大問題。

> **摘要**
>
> 　　「哲學」一詞譯自希臘文 Philo-sophia，Philo 是「愛」，Sophia 是「智」。哲學字義即「愛智」。西洋二千多年的哲學，都在「定位宇宙」，並在宇宙中「安排人生」。
>
> 　　中國二千多年來的哲學，無「哲學」之名，但有「哲學」之實；如「道學」、「玄學」、「理學」、「義理之學」、「心學」等等，其實亦是在「定位宇宙」，並在宇宙中「安排人生」。西洋哲學，希臘重「知」，羅馬重「行」，中世重「信」，近代以來，又轉回重「知」。

　　中國哲學，先秦重「行」，西漢重「知」，隋唐重「信」，宋明以來，又轉回重「知」。

　　哲學學習進程有「三史」和「六論」；「三史」是「中國哲學史」、「西洋哲學史」、「印度哲學史」；「六論」是「理則學」（邏輯）、「知識論」、「形上學」、「倫理學」、「價值哲學」、「哲學概論」。

　　本書「哲學概論」是概括「三史」、「六論」，給初學者一些哲學入門的知識。

第 一 節　人生問題導向

　　人生最通俗的體驗，就是發現自己「生存在天和地之間」，以及「生活在人和人之間」。而人生所遭遇的問題首先就是：如何做人？如何處事？

　　傳統的答案很樂觀：要人生存在天和地之間，要「頂天立地」；要人生活在人與人之間，要「出人頭地」。「頂天立地」是個別性的完美，是獨善其身的「君子」；「出人頭地」是群體性的完善，是兼善天下的「聖人」。

　　「獨善其身」的君子使人「安身立命」；「兼善天下」的聖人使社會「安和樂利」。

　　但是，這些理想實現起來並非易事，於是要有「銳敏的頭腦」分辨真假對錯；要有「豐饒的心靈」行善避惡。

　　人人生來都求福避禍，但福份並非天生，並非天上掉下來，而是要以「德行」來換取。「福德一致」的原則原是中西古聖賢的遺訓。

　　「天道福善禍淫」（《書經‧湯誥》）既有道德的內含，又有宗教情

操，說明「善惡報應」的原理原則。做了好事，有善報，做了壞事，有惡報。雖然通俗，卻也有高深的哲理。人生在求福避禍的整個過程中，有歡笑，也有眼淚，有成功，也有失敗。有命運的捉弄，也有解脫的慰藉。哲學家能在這人生問題中，找出苦難的因緣：苦難來自罪惡；犯罪作惡才是受苦受難的原因。道德哲學的勸諭因而要人棄惡揚善，宗教的禁令更加上善惡報應，以阻止人們犯罪作惡。

　　哲學家也告訴吾人，上天必然賞善罰惡，但是，行善避惡，或是犯罪作惡，主導權還是在「人」，因此，受苦受難，或是安享福樂的因緣，還是操在吾人手中。只要人擇善避惡，就會有福無禍，吉利無凶。

　　哲學和宗教合作之後，更能解除吾人對善惡報應的疑慮。可不是嗎？有人規規矩矩生活，卻無緣無故蒙受苦難，有人作惡多端，卻榮華富貴一生一世，哪裡有正義的善惡報應？

　　這種「今世報」的疑慮，由三度空間的學理給予解答。因為，人生除了今生今世之外，尚有前生前世，尚有來生來世。當然，報應不只在今世，亦可能在來世。

　　在人生的探討中，哲學當然會教導人生活的智慧，譬如對於名利權位的引誘，會用「生不帶來」、「死不帶去」的理解，叫人淡泊名利。可是，宗教哲學會更上一層樓，告訴我們，名利權位雖然是身外之物，生不帶來，死不帶去，可是，如果吾人利用它做好事、立功德，這些善與功德是可以帶往來生來世的。反過來，若誰利用它犯罪作惡，這些罪孽也同樣會跟隨著人到來生來世。淡泊名利權位，似乎消極，但積極利用它做好事、立功德，則是人生哲學的智慧。

第 二 節　「人與物」關係的啟示

　　前面從人生哲學入門，吾人獲得了哲學中倫理道德的層面，其中也涉及宗教哲學的內涵。原來，人生的二大課題，一個就是「頭頂天」所形成的「天人之際」，有著「人在做，天在看」的民間信仰的純樸思想。另一個就是「人際關係」的具體生活：如何與他人相處？這也就是倫理道德規範的探討。

　　哲學的另一個面向，是面對物質世界。「人與物」的關係，自古以來，都是「人役物」、「人宰制物」；人類為了生活必需的食衣住行，為了生活娛樂的育樂，都是從物質世界中獲取所需。農民種五穀作為糧食，牧人飼養牛羊作為營養品；農民重植桑麻、剝獸皮作為衣裳；蓋房子以居住，鋪路以通行，都是取材於物質世界。這種「用物」、「役物」、「宰制物」的事工，自然科學因而萌芽。科學進步神速，日新月異，便利了人生，也更凸顯出「人定勝天」的豪氣。

　　不過，人類對於物質的需要是有限度的，吃飽了就不想再吃，飲夠了也不想再飲，穿暖了也不會再加衣服；「物質享受」到某一限度時，人類悟性的功能，就會轉向更高的層次，那就是面對自然世界，以「欣賞」的心情來處理。「欣賞自然」與「宰制自然」自有其不同的心靈境界。「宰制物質」創造了自然科學，「欣賞自然」則催生了「藝術」。「藝術求美」的心情，有了面對自然，欣賞自然的心境之餘，人性也就開始灑脫，超越一切煩惱和不順。中國先秦道家的精神，就能完全地把握住這種「欣賞自然」的意涵，能夠提升自己的靈性生命「上與造物者遊，下與外死生無終始者為友」。這種「物我相忘」的意境，是人與自然合一，「物我合一」的超脫境界。

　　前面從「人與人」之間的關係，哲學開展了「道德」，甚至從道德

的人際關係，逐步走向「天人之際」的「宗教」層面，發揮了「道德求善」以及「宗教求聖」的哲學內涵。在這裡，從「人與物」之間的關係，哲學又能開展「自然科學」，甚至超越科學而走向藝術，從「宰制物」到「欣賞自然」；發揮了「科學求真」以及「藝術求美」的哲學內涵。

於是，人文世界的科學、道德、藝術、宗教，都能從哲學的觀點討論、催生和發揚；進一層，哲學對「本體」特性的體認也就在「科學求真」、「道德求善」、「藝術求美」、「宗教求聖」之中，抽離出「真」、「善」、「美」、「聖」，作為「抽象存有」（Being），以及「具體存在」（Existence）的「超越屬性」（Transcendentalia）。

第三節　人生三大問題

一般說來，「人生」只包含了「從生到死」的生命歷程；人生哲學通常也限定在這生命歷程中，探討它的吉凶禍福，指出它的意義。上面討論過的「人與人」、「人與物」，也只是人生哲學的兩個具體的面向，剩下的「人與自己」尚未討論到。這「人與自己」課題的迫切性，遠較「人與人」、「人與物」為重。因為，「人與人」以及「人與物」總可以而且一定會「分離」，但「人與自己」卻絕對是一生一世的事，人與自己無法分離。

因此，自己的課題才是首先要處理的課題；首先問及「我是誰？」，先要界定「自己」的身分地位。在人生哲學根本的問題上，就會出現人生的三度時期：前生前世、今生今世、來生來世。

人生三度時間的思想，科學無法去肯定（當然亦無能否定），藝術對它似乎不感興趣，只有道德與宗教對它有所探討。道德進路，像太史公司馬遷，也只能在「質詢善惡報應不公」的情況下，凸顯出「今生今世」的不足，因為沒有公平的「今世報」。宗教進路的「來世報」，一

方面指證出「來生來世」的必需性；而另一方面，解釋「今生今世」的吉凶禍福，又不得不在「前生前世」處找因緣。

佛教的宗教哲學，充分發揮了三度時間的意涵，而基督宗教在肯定「來世生命」之餘，並沒有探討「前生前世」的情事。不過，道德進路也好，宗教進路也好，「行善避惡」的令諭，是可以讓三度時間來加強的。

針對三度時間的問題，人生三大問題就是現在：生從何來？應作何事？死歸何處？這三大問題可是純哲學性的，希臘哲學家柏拉圖就因為全程參與了其師蘇格拉底的審判、服刑、死亡，尤其聆聽其師臨終之言，有關來世生命的種種，而在哲學的鋪陳中，涵蓋了前生前世、今生今世、來生來世的三度時間性，而且進一步，把三度時間的人生安排在其二元宇宙的架構中，使「理念界」完全包含了前生前世以及來生來世，而今生今世卻在「感官界」中完成。柏拉圖因為受到畢達哥拉斯宗教修練的影響，不但相信輪迴報應，也肯定可以利用今生的一切，換取來世的福報。在這方面，柏拉圖思想與佛教非常接近。

其後的中世思想，雖對前生前世存而不論，不過，對今生今世的功過，會引渡到來生來世，卻是肯定的。西洋基督宗教制度變化之後，規勸信徒今生行善避惡，以獲得來世福報，提升並加強了西洋倫理道德的令諭。

中國民間信仰大都承傳傳統，相信報應，因此，道德取向的文化也一直勸人為善。

第 四 節　哲學的興起和發展

在西洋，哲學的前身是神話；神話是大眾的信仰，而哲學則含有獨立思考的內涵。亞里斯多德曾說過，神話不是哲學，但卻是哲學的朋友。神話一般不用「理性」看事物，而是相信「命運」及神秘的力量；

哲學則發揮人類「理性」的功能，設法用「次序」來「定位宇宙」，甚至在宇宙中「安排人生」。

西洋哲學的開始，也就設法擺脫神話，而用「理性」探討問題，同時，更用「理性」解答問題。古希臘哲人開始仰觀俯察，設法找尋宇宙起源以及宇宙發展的原理，同時亦對人的命運和自由有興趣。形上學家於是運用自身天生來的「向上攀爬」的功能，一方面用銳敏的頭腦，揭開了宇宙神秘的面紗，設法利用物質，充實和改善生活，這就是「自然科學」；但在觀察宇宙的同時，亦發現自然現象之美，因而亦在科學旁安置了「藝術」的神壇。於是，「哲學」的全方位的學問，人的銳敏頭腦就可以把握「人與物」關係的「科學」與「藝術」。

另一方面，「向上攀爬」的功能，是豐饒心靈的陶冶和發揮。靈性生命的修持，終究可透過倫理道德的規範以及宗教情操，而與「存有」取得聯繫，最後達到「天人合一」的生命境界。

「天」的問題，中世哲學擔負了重任，使「哲學」提升到「神學」的探究；宗教哲學在西方，走著「有神論」的路子，不但在理論的鋪陳上，而且亦在具體制度生活上，有「星期制」的周而復始的時間定位，配合著人煙稠密之處的教堂的空間定位，締造西洋哲學和神學共同的課題答案。

近世以還的哲學，有專務理性者，有專司經驗者，亦有專門批判者，希望跳過中世的宗教掛帥，回歸希臘的人文及哲學思辯。

不過，希臘時代是以哲學家為風雲人物，中世以神學家、哲學家有名，近代則以天文、物理等自然科學掛帥，哲學家逐漸變為配角。到了當代，哲學家已經失去了昔日的光環而退居幕後了。

在中國先秦時代，哲學亦是百家爭鳴，欣欣向榮的勢態，其時各家各派的學說，互相爭豔，大都以「安排人生」為職志，其中當然不乏提出形上基礎的學者。不過，中國哲學的起源，一開始就沒有「神話」做先導，亦因而多少會過於理性化，過於傾向倫理道德的實踐；從實踐性

較強的哲學，難以開展出宗教哲學對於「來生來世」的寄望，而把人生的禍福完全定位在今生今世。

一直要等到外來的佛教東來，以及本土充滿神話色彩的道家思想所催生的道教，才把宗教哲學發揚光大；那已是隋唐時代。

漢代的宇宙論很有「定位宇宙」的傾向，不過，由於本土主流是「罷黜百家，獨尊儒術」，因而還是以「安排人生」為導向。道德實踐一直是哲學的主導，而較為形上色彩的「玄學」，並沒有受到足夠的關懷；因此，魏晉時代的整體思想，並沒有開展出體系強勁的形上學，反而被後來的宗教哲學（更富有神秘色彩）所取代。

宋明設法走回先秦儒，而跳越外來宗教，以「人本」恢復純哲學思考的地位。不過，明末清初的耶穌會士來華，帶來宗教和科技也好，後來的船堅砲利的入侵也好，都迫使中國走西化的路子，而且都誤認科學是唯一救國的法寶，哲學的邊緣化可想而知。

第五節　全方位的知識進路

西洋十三世紀是偉大的時代，打從九世紀查理曼大帝（Karl der Grosse, 742-814）被加冕為神聖羅馬帝國的皇帝開始，政教分離就落實到西方的政治社會。大帝的「養士」之風，開始了「聚集」知識份子，為國取才（過去知識份子為圖書，當前知識份子為老師，未來知識份子則為學生）。

八世紀末就開始的「養士」，畢竟集結了地中海沿岸的重要知識份子，更融和了各地的族群，不但包含地中海北岸阿爾卑斯山以北的三大民族：英、法、德，更展現了「知識優位」的自立自強設計；到十三世紀，「知識份子」的集合，以及「知識」的聚集，已成氣候，也就是「大學」的創立以及「修會」的創設。「大學」是社會找到全方位的知識進路，「修會」則是教會的內部改革，以「絕色、絕財、絕意」的三願，

擺脫俗世精神，回歸到原始的宗教情操。

原來，「大學」的拉丁文名字 Uni-versitas，是由 Versus「趨向」和 Unum「一」合成，是「合眾為一」的涵義。當時的先知先覺之士，意識到長久以來的「養士」之風，固然可以集結「知識份子」，但是，如何聚集「知識」？「知識」究竟有多少？如何能有全方位的知識進路？當時聰明才智高的人，當然都熟讀聖經，他們在《舊約‧創世記》中，詮釋「人」的三重祝福。首先是：人的靈魂是上帝的肖像（Imago Dei）；第二重是：亞當獲賜「伴侶」（Socius）；第三重祝福就是：上帝把天上飛鳥、地下走獸、水中游魚都交給人類管轄，人於是成了「萬物主人」。學者們依照這三重祝福，認為「知識」應包含「人與自己」、「人與人」、「人與物」三個面向，因而界定「大學」的統一知識，至少得有「人與自己」的「人文學院」、「人與人」的「社會學院」、「人與物」的「科學學院」。大學三學院的規定因而形成。

不過，學者們發現，在人類歷史流變中，尚有二大行業沒有包含在「大學」之中，那就是「教士」和「醫生」，前者關懷人的靈魂，後者專注人的肉體。於是除了人文、社會、自然三學院之外，再加上神學院和醫學院，就成了綜合大學的模型。

十三世紀之初，當巴黎大學、牛津大學、撒拉曼加大學創立之初，一、二年級的「初階」是以人文為主；因此，人文學院的文、史、哲三系（符應人性功能的「知」、「情」、「意」），就是大學課程的「通識」，全校同學都「必修」。三、四年級的「進階」則是學生可以深入自己愛好的科系，做「個案」的探討。

作為「通識」的「文」是抒情，「史」是堅定意志，「哲」則是理性的運用。文、史、哲的「知」、「情」、「意」既有客觀的科目可遵循，又有主觀意識的投入。

「哲學」成為通識之一，而且是靠著「理知」爭取到的。「哲學概論」一科，也就是設法把哲學全方位的情事加以討論。

大學創立之初，理念是在培育「虔誠信徒」、「優秀公民」、「知識份子」，這種三合一的「才德兼備」的教育理念，即希望透過全方位的知識進路：知物、知人、知天，作為教育制度，而利用「教學」和「討論」（辯論）的實踐，達到曉得用物、愛人、敬天的人生態度。

修會在這裡，無論是方濟會（Ordo Fratrum Minorum，簡稱O. F. M.），或者是道明會（Ordo Praedicatorum，簡稱O. P.），都是提供大學神學院、哲學系師資的最主要機構。會士們在大學授課，完全可以展現「身教言教」合一的成效。同學們在課室中所接觸到的會士教師，正如希臘時代亞里斯多德對老師柏拉圖的觀感：老師有學問、有德行、生活幸福（亞里斯多德在老師柏拉圖學院中逗留了二十年，直到宮庭聘其為國師，教導年僅十三的亞歷山大為止；其尊師重道的理由也就在於「才、德、福」三合一的師道）。

大學對西方社會，乃至於對世界人類的貢獻，人盡皆知，修會對於大學教育的貢獻亦功不可沒。

第 六 節　三史六論

「哲學概論」或「哲學入門」所需要涵蓋的，一般為「三史」和「六論」。「三史」是「中國哲學史」、「西洋哲學史」、「印度哲學史」。「六論」則是「邏輯」（理則學）、「知識論」、「形上學」、「倫理學」、「價值哲學」、「哲學概論」。

「三史」是縱向的探討，把世界三大系的古老哲學傳統，中國、西洋、印度以編年的方式，分段的方式，依哲學家、哲學派別、哲學問題等等，站在哲學之外，以客觀的方式，給予初學哲學者一些基本的「哲學史」知識。

「六論」是哲學的內在涵義，是哲學橫切面的探討，通常是以「知

識論」為哲學「入門」，「形上學」為哲學的「體」，「倫理學」為哲學的「用」，涵蓋了「理論哲學」和「實踐哲學」二大範圍。

「三史」中，「中國哲學史」分由先秦、西漢、魏晉、隋唐、宋明、清及當代等階段來鋪陳。先秦百家爭鳴，諸子百家興起，討論著以「安排人生」為主軸的各種問題，是中國哲學「重實踐」的奠基時代；漢代的宇宙論探討，由於沒有自然科學的幫忙（因「宇宙」問題原就是哲學和科學共同的課題），逐漸陷入魏晉的籤緯、算命、風水、長生不老等迷信之中，後漢開始的本土道教，以及印度傳來的佛教，使「重實踐」的先秦哲學，更深入在宗教哲學的修持中。儒、釋、道的平行發展，共存共榮，在中國文化史中，是世界文化的一大奇蹟。

宋明道學的理學、心學、設法跳越隋唐外來文化，回歸先秦儒的「道德取向」。但是，「心性」的研究始終都無法擺脫「佛心」，而形成儒佛會通的契機。

明末清初，西洋傳教士一手提著天文儀器，一手捧著聖經，東來中土，開展了中西文化交流的先聲，西學的取向，一直到鴉片戰爭、英法聯軍、八國聯軍之後，成了氣候，「西化」的呼聲高漲，「大學」、「哲學」也走向西化的路子。

西洋哲學的發展：希臘、羅馬、中世、近代、當代等分段切割得很整齊；多以「理性」的「知」為重心。希臘哲學的神話脫胎出來（from mythos to logos），對「定位宇宙」，以及在宇宙中「安排人生」，都有體系的鋪陳。哲學三鉅子的師徒三代：蘇格拉底、柏拉圖、亞里斯多德，各扮演了不同的角色，開展了西洋往後二千多年的哲學傳統。

羅馬時期雖然很長，但哲學乏善可陳。

中世由於希伯來宗教信仰融通希臘哲學，以及羅馬典章文物，而締造了一千多年的哲學、神學盛世。前期的教父時代著眼於新柏拉圖主義，士林哲學時代則追隨亞里斯多德思想為主流，並與當時的大學、修會同步發展，奠定了「永恆哲學」（Philosophia Perennis）的基礎。

　　近代理性高漲，有「理性主義」、「經驗主義」、「觀念論」等多采多姿的百家爭鳴的哲學。這些多樣化的哲學到了當代，由於受到「唯物」、「實證」、「實用」、「功利」等學說的影響，亦曾一度把哲學帶進了死胡同；二十世紀有「生命哲學」、「現象學」、「存在主義」等，再度復活哲學的生命，尤其是，「新士林哲學」挾其「永恆哲學」之威，捲土重來，與當代各家各派取得對話、交談的機會，而復興中世宗教哲學。

　　二十世紀的哲學流變，英美的「分析哲學」、歐陸的「詮釋學」，二者都重視「語言」，極盼「存異求同」，而發揚哲學於當前價值混淆的世代。

　　印度哲學以其民族的「宗教情操」為背景，從早年的婆羅門教，經佛教發展到當前的印度教（甚至受到伊斯蘭教傳入之後，信回教的人不在少數，再加上天主教以及為數眾多的基督教派）。若說西洋以科技著稱，中國以道德為主，則印度就是宗教的國度。宗教哲學富有「神秘性」，而這「神秘性」是有個別心靈的體驗為主。吾人所知，佛教經典（《經》、《律》、《論》）真是汗牛充棟；各家各派都以自身的宗教生活體驗來詮釋經典，而所依經典的不同，也就成為不同派別的「宗派」。

　　印度佛教在印度本身並不發達（正如耶穌基督的宗教在教主原籍亦不發達一般），而是在東來中土之後，在中國發揚光大。宗教的「信」與儒家的「行」結合，而締造了中國佛教主要的宗派；與道家的藝術情操，則發展了「禪宗」的生活智慧。

　　「六論」以「理則學」和「知識論」為首，探討人性認知的功能，在知物、知人、知天的全方位知識進路中，一方面定位宇宙，另方面安排人生。

　　「形上學」是哲學的「體」，知識的目的是在建立「形上學」，是奠定宇宙觀和人生觀的根本理由。

　　形上的「體」落實到「倫理學」和「價值哲學」，也就是落實到哲

學的「用」。哲學固然是「愛智」，有濃厚的理論色彩，但更重要的，理論是為了實踐，哲學是知行合一的。

「價值哲學」分由科學的「真」、道德的「善」、藝術的「美」、宗教的「聖」分別探討。「存有」的超越屬性也就由文化各階層鋪陳。

第 七 節　何謂哲學

上面吾人已獲知「哲學」字義就是「愛智」，而實質義則是「定位宇宙」和「安排人生」。這是就內容上看哲學是如此，事實上，哲學雖重內容，但更要提出方法，讓人們本此方法可以自己走出一條通往哲學、智慧之路。

吾人天生來就有頭腦，能分辨真假對錯；還有心靈，能分辨是非善惡；人天生來還有自由，對於真假對錯以及是非善惡，都可以自由選擇。不過，哲學在這裡，要強調行善避惡，求真拒假才是人生正途。哲學要從根本上著手，提出宇宙和人生的根本問題，然後還要提出根本的答案。

像「知識論」的根本問題，在於：一、吾人悟性能否認識？二、認識對象有哪些？三、為何要認識真理？傳統哲學肯定吾人認知的能力，也肯定吾人所思的價值。前人的許多學說，都是吾人研究學習的對象。

像「形上學」的根本問題，一是「本體論」（存有學，Ontologia），問及量、質、關係等問題；二是「宇宙論」，宇宙起源問題、宇宙生成變化的問題。

如「價值哲學」的科學的「真」、道德的「善」、藝術的「美」、宗教的「聖」，都是把終極存有的超越屬性，呈現在人類文化的各階層，同時也是人性藉以提升自己的關係。

其實，哲學在二千多年的流變中，人的主體功能一直在多面向的運

用；如西洋希臘重「知」、羅馬重「行」、中世重「信」，近代又回到
「知」，到了當代，設法在「知」、「行」、「信」三者的綜合工作上
發揮作用。如中國先秦重「行」、西漢較偏重「知」、魏晉有濃厚的
「玄」、隋唐重「信」、宋明回到先秦重「行」的傾向，清代以來，綜
合的人生設法把「知」、「行」、「信」融為一爐。

第 八 節　為何學哲學

由於各種個別的學問都純用「知」去探討，而且都屬片面；「哲學」
的功能在「綜合」各門學問，而在個別學問之上，問及宇宙和人生的根
本問題，而且設法提出根本的答案。

再則，學問種類繁多，一般都以「如何」的問題開始，也以「如
何」的答案結束。唯有哲學問及「為何」的問題，因而亦要求根本的答
案。

「我是誰？」的人生根本問題、「世界怎麼來的？」的宇宙根本問
題，其他學科固有涉獵，唯有哲學才有全面的探討。

由於文化發展、社會變遷，人生宇宙觀、價值觀常有價值混淆的現
象發生，哲學在這方面，探討文化各層面的科學、道德、藝術、宗教，
以及其針對的「真」、「善」、「美」、「聖」，設法安排人生，設法
使社會安和樂利。

第 九 節　如何學哲學

「哲學入門」提供哲學的各個層面，學者可以按部就班地依著進度
去學習。

　　首先，站在哲學之外，以文化發展的歷史，看看哲學家如何發現宇宙和人生的根本問題，又如何提出各種化解之道。這「歷史發展」是相當客觀的史實和事件的鋪陳。

　　再來，進入「哲學」問題的核心，討論「哲學」的內在涵義，問及「哲學」如何看待宇宙，如何安排人生。人生的生命安頓，社會的安和樂利如何設計，在「知」和「行」的雙向發展中，哲學的理論和實踐如何落實。

　　最後，還是站在現實人生的立場，問問「哲學」在當代有何種意義，自身在學習「哲學」時，對於頭腦的銳敏，對於心靈的豐饒，是否有所裨益？

　　在「知」的頭腦功能上，知物、知人、知天全方位的知識如何把握；在「行」的心靈功能上，用物、愛人、敬天全方位的實踐如何推動，都是學哲學者所應努力的方向。一個人生存在天和地之間，如何頂天立地；一個人生活在人與人之間，如何出人頭地，亦都是學「哲學」者應注意的內涵和基礎。

　　「哲學」使個人安身立命，使社會安和樂利，這種功能，二千多年來，使得中外哲學家樂此不疲於此工作中。

1. 哲學「定位宇宙」、「安排人生」的意義何在？
2. 何謂哲學？
3. 「三史六論」何所指？
4. 為何學哲學？
5. 如何學哲學？

第 1 部

知識論

(Epistemology)

引言

關永中

學習目標

為求初步掌握「知識論」這門學科的輪廓，並體會其在哲學領域中之特殊地位。

摘要

我們首先從「知識論」一辭之字義說起，藉此企圖凸顯這門學科的義蘊、探討範圍與研究項目；繼而概括地提示人在認知過程中的來龍去脈，也給本單元各章大略作鳥瞰，以讓讀者預先得悉我們行文的走向。

　　如果「哲學」是一部卡車，則「形上學」和「知識論」就是它的雙輪：

　　「形上學」旨在探討萬事萬物的最後根源，而「知識論」則在乎追問人如何知道它。

　　古典時期的西哲士，基本上以致力建立「形上學」為己任，反而以人能認知為理所當然，而不以此為一份困惑。但自近世以降，批判之風熾盛，「知識論」遂起而受世人所重視，並且尚有凌駕「形上學」的趨勢；哲人們體會到：我們若不預先從「知識論」上反思人如何認知，則無從穩妥地奠立「形上學」。為此，如今當務之急，我們有必要先談「知識論」，並以字義的辨識來作為探討的序幕。

第一節　從字義說起

　　談及「知識論」一辭的字義，我們可分別從西方語源學與中國文字學上的分析作為討論的開端：

一、西方語源學的提示

　　Epistemology（知識論）一辭，語源自希臘文之 **episteme** 與 **logos** 二字之合併：

(一) **Episteme**

　　Episteme 一辭意謂「知識」，泛指人的一切閱歷、見聞與學習心得。起初在知識的體會上，希臘先民尚未清楚地辨別「感性知覺」（**aisthesis**）與「智性之知」（**episteme**）。至柏拉圖（Plato, 427-347B.C.）出，始有意識地分辨「感官經驗」所導致的一般日常生活之「意見」（**doxa**）與

「理智理解」所引致的對事物本質的「智悟」（**episteme**）（參閱 *Phaedo 96*ᵇ）。繼而，亞里士多德（Aristotle, 384-322B.C.）還進一步地把「智性之知」（**episteme**）劃分為「理論之知／**theoretike**」（如數學）、「實踐之知／**praktike**」（如倫理學）、與「技藝之知／**poietike**／**techne**」（如造船學），再把「理論之知」區分為「數學／**mathematike**」、「物理學／**physike**」、和「神學／**theologike**」三者（參閱 *Metaphysics* 1025ᵇ-1026ᵃ）。至此，「知識」之義愈顯週密。籠統地說，**episteme** 一辭意義豐富，它涵括著「學識」、「智慧」、「有系統的體系」等涵義；凡得著知識，就是把握了世事那「普遍」、「永恆不變」、「放諸四海皆準」的一面，人們可以藉此而為事物下定義，並可藉語言而輾轉傳授，以致成為人類共有的精神財產。

（二）——**Logos**

至於 **logos** 一辭，則意謂著「理論」（Discourse），涵括著「言詞」（Speech）、「論述」（Account）、「理性」（Reason）、「定義」（Definition）、「原理」（Principle）、「思考」（Thought）等涵義。希臘先民還有意無意間把 **logos** 與 **mythos**（神話）對比起來看待，藉此標榜其為一「分析性之論述」（Analytical Account），以與「象徵性之敘事」（Symbolic Narrative）有所分別。希臘某些宗教甚至以 **logos** 一辭來作為那化育宇宙萬物之原理，以致日後基督宗教繼承了這一重點，而以 **logos** 作為那天道降生成人之「聖言」（**verbum**）。時至近代，西方語文往往藉著它來寓意「學問」一義，以致我們可從英文之 Biology（生物學）、Psychology（心理學）、Physiology（生理學）等專名而體會此意。

當 **episteme** 合併 **logos** 而為 Epistemology 一辭，顧名思義，我們可得悉其為一門研究「知識」之為「知識」的「學問」，也就是說，它是以對人的認知作一認知為主旨的探討，即以「何謂知識？」「人如何認知？」等問題作為研究核心的一門論述，故又被稱作「認知理論」（Theory of Knowledge）。

Epistemology一辭被譯為中文之「知識論」，可謂實至名歸，因為我們也可從中國語文上印證到相應的涵義。

二、中國文字學的提示

若從辭源上扣緊「知」、「識」、「論」三字的來龍去脈，我們可窺探到以下的一些義蘊：

（一）——知

許慎《說文》云：「知、喜也，从口矢。」又「喜、意內而言外也。」段玉裁《說文解字注》進一步指出：「識敏，故出於口者，疾如矢也。」又「司者主也；意主於內而言發於外，故从司言。」按以上的指引，我們可獲得如此的提示：

1.「知」有其內容——即有被知內容被心智所把握；此所謂「意內」也。

2.「知」可外傳——被知內容可表達於外而為「言詞」，以傳遞給他人；此所謂「言外」也。

3.「知」意謂瞭悟——段注「識敏」一語，尤以「敏」字意謂著認知心識的一份「豁然貫通」、捷然地洞察到事物之核心意義，以致可以疾速地用口語來發表，故又云「出於口者，疾如矢也」；蓋人心口一致，心智敏捷，自然口齒伶俐。

4.「知」蘊涵意向——許慎謂「知、从矢」，「矢」又象徵著「指向」活動，即心有所向，意向著被知對象，如同箭矢般指向著目標似的。為此，「知」蘊涵意向義，涵括著「能意向之心識功能」、「意向之活動」、以及「所意向之對象」；即人之所覺、所思、所悟、所言，皆意有所向，而非「無的放矢」，以致不論「意內言外」，皆思之有意，

而言之有物。我們在體會了「知」之涵義後，茲讓我們轉至「識」字上來作一辨悉。

 識

許慎《說文》謂：「識、常也，一曰知也；從言戠聲。」段注補充云：「常、當為意字之誤也。……心有所存謂之意。」上述的解釋可給予我們這樣的提示：

1. 「識」意謂記存於心——按段氏之補充：「識」者「意」也，「心有所存謂之意。」上文又謂「意主於內」，以與「言發於外」作區別，以致我們可肯定「識」以「記存於心」作為其原初義，如古人所言之「默而識之」是也。至於「識」字後期被體會為「辨識之識」，則是後來的引申義，於此不另作討論。

2. 「識」與「知」為同義辭——《說文》又謂「識、……一曰知也。」即以「知」為「識」的同義辭。若把「知」與「識」二字一併觀看，我們可有以下的察覺：

(1)分解地言，「知」與「識」意義重疊而各有偏重——許慎雖以「知」與「識」作為同義辭，然而，嚴格地說，此二辭在意義上是彼此重疊，但並非互相等同。「知」與「識」之比對，乃「意內言外」與「心有所存」之對應；即「知」乃有所悟而表達於外，而「識」乃有所悟而記存於內。換言之，「知」與「識」二辭吻合於「意內」（即皆寓意著內心有所悟），但「知」尚且有「言發於外」之面向，而「識」則偏重在「記存於內」這一焦點上。

(2)圓融地言，「知」與「識」可合併而混為一談——在一般的用語上，我們慣常把此二字合併為一辭，而不刻意地對二者加以分辨，原因是：「知」之「意內言外」，與「識」之「記存於內」之偏重並非全然地絕對。圓融地說，「知」與「識」除了互相均有「意內」之義外，尚且或多或少地牽連著「言外」；那就是說，「言外」不必然是須向別人

發表為「口語」才算「言外」，也可藉「默識」而成為內在的「心語」，即人尚且可向自己發表「言語」而記存於心。況且，「心有所悟」一事並非全然與「語言」無關。人在辨識推理中固然不缺乏語言，而那記存於內心的「概念」，也並非全然脫離語言來存在，以致我們可方便地說：「概念」不異於「心語」，「概念」即「心語」。在我們體會了「知」與「識」二字的涵義後，可轉而注視「論」字的內蘊。

(三)——論

在「論」的名目下，《說文》謂：「論、議也。」段注：「論以侖會意；侖、思也，⋯⋯理也。」又「議者、⋯⋯人所宜也，言得其宜之謂議。」「凡言語循其理、得其宜謂之論。」從上文的解釋看，「論」字至少蘊含著以下的意義：

1.「論」寓意著「思」——有思考內容在議論中呈現，故曰「論以侖會意，侖、思也。」

2.「論」乃「思」被編成「理」——在「論」中被呈現的思想並非雜亂無章的「胡思亂想」，而是具有「法度」、「條理」的「理論」，故曰「侖⋯⋯理也。」

較細緻地說，《說文》謂：「理、治玉也。」段注引《戰國策》而謂鄭人以「玉之未理者為璞，是理為剖析也。⋯⋯凡天下一事一物必推其情至於無憾而後即安，是之謂天理，是之謂善治。⋯⋯」是故「理」字原初地意謂著「治理」雕琢璞玉使之成器以顯其紋采之義，再引申為「修理」、「清理」、「料理」、「整理」等義。再者，當「理」字放在思考議論脈絡上看，則其意義豐富而多元，其中計有：

(1)推理義——即按部就班地思考，把思路「盡精微」地推至極緻，也「致廣大」地把概念加以區別。是以段氏引戴氏《孟子字義疏證》云「理者、察之而幾微，必區以別之⋯⋯」。

(2)義理義——思路「盡精微」地被推至極緻，而把握到事物之核心

本質，致使那些環繞著這核心義之論點得以呈現其來龍去脈，共同被建構成一套首尾相連之義理，如朱熹在補充〈大學〉「格物致知」項目時所說：「……天下之物、莫不有理。」（此「理」指事物之核心義。）又云：「……學者即凡天下之物，莫不因其已知之理而益窮之，以求至乎其極。至於用力之久，而一旦豁然貫通焉，則眾物之表裡精粗無不到，而吾心之全體大用無不明矣。……」（為此，「理」一方面意謂著事物之核心義，另一方面以此作為焦點而涵括眾相關論點，透過窮究而被洞察為一套義理。）

（3）**條理義**──那環繞著核心義之眾論點經「致廣大」地分門別類、排列成序，而顯得井然有條，是為「條理」。是故段氏引鄭注《樂記》而謂「理者、分也。」即分辨清楚，各有定份，並補充說：「屑其分則有條不紊謂之條理。」

（4）**合理義**──此外，所推論出來之義理並非違反理性，而是「合情」、「合理」的論說；「合情」者，指不違反人之常情，「合理」者，指合乎平正中立理智之引導，縱貫地相應天道天理，橫攝地放諸四海皆準，廣為有理性之人所接納。是以段氏謂「凡天下一事一物必推其情至於無憾而後即安，是之謂天理，是之謂善治。」

總括言之，「理」字意義多重而彼此連貫，共同匯合成一整體義，指謂著那按「理性」與含「條理」而「思維」之「義理」，至此，「侖、理也」一義可明矣。

3.所「思」之「理」被表達得「宜」而為「論」──再者，《說文》又以「論」與「義」為同義辭，而一般用法又慣常把二者合併為「議論」一辭，則二字之密切關聯可見一斑。站在「議」的前提來探討「論」，則如段注所云：「議者，……人所宜也，言得其宜之謂議。」那就是說：「論」乃是指那恰當地被表達之思路。凡思維理路本身「持之有故、言之成理」，說起來頭頭是道，言辭恰當得體，適合時宜與場合，是謂得其所宜。故段氏謂：「凡言語循其理、得其宜、謂之論。」

4.表達得「宜」之「理」禁得起非「議」而為「論」——當「論」字構連著「議」字時，則表示所發表的理論不再是「獨白」，而是可供議論的「對談」，積極地可聽取別人的商榷，消極地可回應他者的非議，甚至可力排眾議而禁得起挑戰，以致自成一家之言而發人深省，給後人引發更高更深遠的啟示與思維。

總而言之，「論」字意謂著一套有條理之思考、發表得宜、禁得起考驗、可供作開放性的檢討。

三、字義透顯下的知識論

我們已先後分析了 **episteme** 和 **logos** 之字義，也探討了「知」、「識」、「論」三辭的義涵，相信大概可猜測到「知識論」這門學科的宗旨。誠然，不論是 **episteme** 與 **logos** 二字合併而為 epistemology，抑或是「知」、「識」、「論」三辭合併而為「知識論」，皆向我們透顯著一門以研究「知識」為己任之學問，它以「知識之為知識」（Knowledge as Knowledge）作為探討目標，企圖「對認知作一認知」（Knowledge into Knowledge），以能對人的「認知活動」（Act of Knowing）與「被知視域」（Horizon Known）作一「體認」（Appropriation），並以對「能知」與「所知」之「符應」（Adequation）作一檢示，藉此有條理地兌現出一套相關論述。換言之，顧名思義地，「知識論」向我們投擲出一個研究範圍，其中蘊涵著以下的一些要點：

(一)——認知心

「知識」有其「主體極」（Subjective Pole），即知識的獲取預設著有一「認知主體」（the Knowing Subject）進行著認知。誠然，凡談論知識，就須預設並肯定有一能知之心識、擁有著一系列之認知器官（Knowing Organs），如那能知覺的「眼、耳、鼻、舌、身」等外五官，以及那能

瞭悟的「理智」（Intellect），以作為認知活動之根據。

（二）── 認知功能

能知之主體及其根器蘊涵著一套「認知功能」（Knowing Faculties），即外五官之「視覺、聽覺、嗅覺、味覺、觸覺」等功能，以及「理智」之「悟性功能」（Power of Understanding），以容許人藉此意識外物、瞭悟事理。

（三）── 認知活動

以「認知功能」為本，人可引申一系列「認知活動」（Acts of Knowing），即「視、聽、嗅、嚐、觸」等「知覺活動」（Acts of Perception）、以及理智的「理解活動」（Act of Understanding），藉此容許人實際地把握被知事物。

（四）── 被知客體

「知識」也有其「客體極」（Objective Pole），即「認知活動」寓意著有「被知對象」（Object Known）被把握，那就是說，有「被知境界」（Horizon Known）臨現於「認知主體」以構成知識，例如：「視、聽、嗅、嚐、觸」等知覺活動攝取著「色、聲、香、味、觸」等外境事物，而理智的理解活動也對應著被理解之對象本質內容（Essential Contents of Objects Understood），藉此孕育著知識。

（五）── 心識與對象之符應── 真理

當能知心識對應著所知對象，致使心智所把握之內容符應著被知事實，我們就此把握到事物之真相，我們稱之為「真理」之達致；「真理」乃理智與對象之「符應」（Adequation），亦即主體所把握之內容與被把握對象事理之互相吻合應和。誠然，人在認知中求「真」，「真」乃是

人作為「認知者」所嚮往之「價值」，達致「真理」，就是達致求知之目標。

上述的論點，都會在「知識論」的探討中被涉及。然而，我們仍會繼續追問：人究竟如何認知？即人如何經歷其「認知過程」（Process of Knowing）才達致真理？亦即人在認知中究竟經歷了怎麼樣的階段始達致認知心與被知事物之符應？此等問題顯示了「認知過程」作為知識論的一個核心反思。

第 二 節　認知過程

或許我們可以藉著以下的典故來對「認知過程」之究竟作一初步的體認。

《韓非子・上卷第七・說林上》有這樣的一段記載：

> 隰斯彌見田成子，田成子與登台四望，三面階暢，南望，隰子家之樹蔽之，田成子亦不言，隰子歸，使人伐之，斧離數創，隰子止之，其相室曰：「何變之數也？」隰子曰：「古者有諺曰：知淵中之魚者不詳。夫田子將有大事，而我示之知微，我必危矣。不伐樹未有罪也，知人之所不言，其罪大矣。」乃不伐也。

原文大意是：戰國時齊人隰斯彌往訪田成子；交誼中把酒談笑間，主人家一時興起，竟邀請客人同登高台欣賞風景。眺望四周，發現東、西、北三面景色皆暢行無阻，惟獨南面視野卻被隰子家的參天大樹所遮蔽。……田成子當時不發一語，只是隰斯彌自己感到狐疑而已，心想：「對方帶我登高遠眺的用意何在？」……返家後，斯彌子遂吩咐管家把大樹砍掉。然而，斧頭才砍了幾下，斯彌子卻又起而制止。管家於是

問：「主人的主意為何改變得如此快速？」斯彌子只嘆息道：「古人有
句諺語說：『知道淵中之魚者不祥！』」（參閱《列子說符》：『察見淵
魚者不祥、智料隱匿者有殃。』）誠然，田成子其人充滿野心，想舉大
事，又害怕我和他一較高下；如果我明示自己能曉得察事幾微，反而是
自陷險境。不去砍樹，尚算不開罪他人；知人所不言，則正好犯了人家
的大忌！」為此，斯彌子決定保留這棵大樹，以免鋒芒畢露而招殺身之禍！

　　《韓非子》這段插曲的原意，或許只在乎彰顯一位明哲保身之士的
聰慧而已；然而，我們尤感到興趣的卻是他那耐人尋味的反思經過；我
們尚且可以引用它來作為人「認知過程」的一個寫照，並且把其心路歷
程作以下的排比：

㈠ ── 大樹的遮擋 ── 經驗

　　一個單純的造訪，竟然引來了一份不尋常的「經驗」（Experience）：
主人家帶自己登樓遠眺，看來不失為一份友好的表示。到底主人帶客人
到處走走，順便登台透透氣，也算盡地主之誼；反正坐久了，帶朋友起
而走動一下、鬆鬆筋骨，也算順理成章。但誰又料想到會在高處瞥見自
己家門的大樹竟遮擋了對方的視野。斯彌子看在眼裡，也震憾在心頭！

㈡ ── 第一重詢問 ── 悟性問題

　　於是，隰斯彌在狐疑中，泛起了這樣的一類問題：「他為何要帶我
登高遠眺？田成子讓我看見這景象到底有什麼用意？他的這一舉動究竟
動機何在？」簡單地說，這一類問題可被約化成這樣的一重詢問：「這
是什麼一回事？」（What is it?）「為何如此？」（Why is it so?）其實此
二問題都屬同一類詢問，就如同「什麼是月蝕？」與「月光為何被遮
黑？」二問題一般，目標都在乎要求理解一事物之義涵，即它凸顯了一
個人在經驗到一事物而尚未理解它的意義時所提出的詢問。這是一份
「悟性問題」（Question for Intelligence），為的是要求在「經驗」中尋求

「理解」。

(三)——直截洞察——理解

誠然，凡透過「悟性問題」的帶動，人將獲致一個初步的瞭悟——一份「直截洞察」（Direct Insight），藉著它，人對所經驗的事物獲得了一個直截的理解（Direct Understanding），理解到一事物的涵義。就以隰斯彌的經歷為例，斯彌子在詢問中突然有所瞭悟，獲得這樣的洞察：「對方大概是嫌我的大樹阻擋了他家的風水吧！不然，他又何必借故帶我臨高張望！」在這份洞察的引領下，他作了一些構想與計畫：既然如此，自己也不妨給對方一個方便，到底給朋友賣一個人情，讓他高興一下，也算成人之美，反正我家的植物多的是，少一棵樹又算什麼！

(四)——第二重詢問——反省問題

然而，在他吩咐管家砍樹之際，另一重質疑卻湧現在心頭：「事情就是如此地單純嗎？難道田成子就只是有意無意間讓我看到大樹蔽景之事而已？他是否別有用心？」這一系列的追問可被約化為「是否如此？」（Is it so?）這樣的一個詢問模式，我們可方便地稱之為「反省問題」（Question for Reflection）。此時，人所要求的，不再是單純地去理解一件事情而已，而是要確定先前的理解是否符應事實，即要求印證所理解的物義是否符合事實真相，以致我須對整件事件作一反省。

(五)——反省洞察——判斷

在「反省問題」的導引下，我們將靈光乍現地獲得另一層次的洞察——一份經歷反省而後獲悉的洞察，我們可稱之為「反省洞察」（Reflective Insight），其中所把握到的理解可稱作「反省理解」（Reflective Understanding）。以隰斯彌的事件為例，他此時所得著的洞察與理解可被述說為以下的模樣：

1.不！對方並非只在乎讓我遠眺風景而已。

2.對！對方應該是在試探我是否有力量洞悉先機。

3.大事不妙！他是在試探我之中而暗藏殺機！我可不要被他識破我的心思！

4.即使他並沒有這樣的居心，到底我砍樹的作為就等於在給他機會知道我的底蘊，這可對我不利。

這份「反省洞察」可被約化為「是！正是如此。」（Yes, it is so.）與「不！並非如此」（No, it is not so.）這樣的公式，其特色在於人洞察到先前的理解符應事實，或不符應事實。當人一旦獲得了「反省洞察」，他就不得不作出「判斷」（Judgment），以肯定或否定自己的想法為吻合真相。在斯彌子的例子上，他的判斷是：事情可不單純！我可不要被他識破。反正「知人之所不言」正好犯了人家之大忌。換言之，他洞察到「先前的理解」其實與事實有一段「距離」，以致不得不下「判斷」去修正自己的想法。

⬡ ── 第三重詢問──衡量問題

在一般情況下，人的認知完成於「判斷」；例如：當我確定「2＋2＝4」是正確的時候，我對這數題的認知就此滿全。然而，某些情況卻帶動我轉往「實踐」，以致我在付諸行動之前會出現第三重詢問──衡量問題（Question for Deliberation），其公式是：「是否值得？」（Is it worthwhile?）為隰斯彌的情況而言，接踵而來的問題是：「我應該如何因應？我如此的對策是否值得？」換言之，「既然田成子之舉動在乎試探，我以不砍樹作為對策是否值得？」誠然，「衡量問題」所詢問的前提是：人在實踐上所該兌現的「價值」為何？以這「價值」遷就另一「價值」是否值得？隰斯彌所面對的是「生命價值」（Vital Value）與「快感價值」（Pleasure Value）；砍樹以逞一時之快卻招致殺身之禍，這樣做是否值得？固然，「價值」分不同等級，若兩個不同層級的價值不能二者兼得

之時，人所應該做的是捨低就高：捨「快感」而就「生機」（例如：寧吃苦藥以恢復健康），捨「生」取「義」（如孟子所言：無求生以害仁，有殺身以成仁），隰斯彌的個案並未需要他面對「道德價值」（Moral Value）來作抉擇。卻需要他在「面子」與「生死」之間來作一選取。

(七)——德踐洞察——抉擇

因著「衡量問題」的指引，他達致另一層面的洞察——「德踐洞察」（Practical Insight），他的洞察是：應該明哲保身！不要因一時衝動而自陷險境！「德踐洞察」帶動人達致「抉擇」（Decision）與「踐行」（Practice）。當人發現應該如何實踐才算是有價值時，他就須當機立斷，取其所當為而為之。在隰斯彌的例子上，他既然洞察到自己須「明哲保身」，就當機立斷，作出應作的抉擇，即在大樹尚未被砍下以前須及時制止。人在踐行上，「有所為」、「有所不為」；隰斯彌的「有所為」是——制止大樹的被砍下；其「有所不為」是——勿鋒芒畢露，到底隰斯彌作了明智的抉擇，實踐了應實行的舉動，即使他被田成子誤會為笨蛋，到底他的性命卻保住了，而後人也認為他的因應之道是對的。

(八)——思考

於此，我們或許已發覺到這樣的一件事實：當人從一個認知階段轉入另一個認知階段之際，他總會因應著不同的問題而引申「思考」（Reasoning），以致「思考」乃成為那貫串各個認知過站的活動。換言之，人從其個別的「經驗」中產生「理解」，以致下「判斷」，並最後作出「抉擇」，他就從不同形式的「詢問」中「思考」著，藉此獲得不同層面的「洞察」，而得以從一個過站轉進另一個過站，就此發展出一段完整的認知歷程。隰斯彌的例子可以被看作為人認知過程的一個典型；其中的經歷可藉下列圖表來示意：

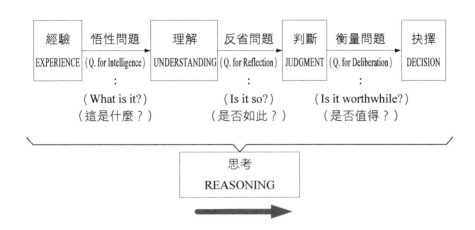

　　上文的分析已經讓我們不知不覺間進入了「知識論」的堂奧，體會著「人如何認知？」這一問題，於此，我們或許已經意識到這樣的一件事實：隰斯彌的故事並不特別標榜「知識論」的反思，但隰斯彌卻以人的身分而在其思言行為上表現了人是有意識的「認知者」；推而廣之，我們甚至可以在任何人物的言論或行實中「俯拾即是」地找到與「知識論」相應的例子。我們以隰斯彌的事例而舉一反三，可瞭悟「知識論」的基礎性。那就是說：「知識論」所涵括的討論範圍是如此地基本、以致任何人的思言行為都逃不出「知識論」的權限。為此，修習哲學，就須從「知識論」入手，好讓我們藉此獲得一個穩妥的門徑去探討宇宙、定位人生。

第 三 節　本單元各章大略鳥瞰

　　為了要對「知識論」作一個較深入的討論，我們將在正文內以四個不同的章節來凸顯「知識論」的一些重要項目：

　　首先，我們既已意識到「思考」活動在貫串著整個「認知過程」的每一個階段，我們就有必要在本單元的第一章內交待邏輯思考的分析。

邏輯寓意著人須藉著思考而認知。而邏輯學標榜著正確思考的運作程序。第一章以〈邏輯──知識工具〉作標題,由潘小慧教授執筆,用以介紹邏輯的義涵,以及思辯推理的規則等事項。

再者,正如上述引言所指出的,人為求達到知識,他除了「思考」之外,尚須經歷著「經驗」、「理解」、「判斷」等認知階段,而且還在跨越不同的過站中牽連著感性與理性的互動。為此,我們以〈知識的歷程〉一標題來道出本單元第二章的宗旨,此章由尤煌傑教授撰寫,藉此刻劃人認識知識的來龍去脈;內文尤強調「認識」與「知識」二辭之分辨、人意識的特質、認知的過程、感性與理性的互動,以及整體認知的完成。

然而,並非所有的人都肯定並體會到人可順利地獲得知識;相反地,有部分人士對人能否獲知保持著懷疑的態度,此所謂「懷疑論」是也。「懷疑論」與「獨斷論」打對台;「懷疑論」質疑人認知的可能,而「獨斷論」卻未加批判而素樸地強調人可達知識。固然,也有哲人對求知一事提出其「批判論」,欲藉著批判方式來奠立認知的事實,其中還不乏部分學者因而走上「不可知論」的途徑。為此,張雪珠教授特別在本單元的第三章以〈知識的障礙〉為標題而為我們分別闡述「懷疑論」、「獨斷論」、「批判論」和「不可知論」等型態,以彰顯我們在「知識論」的探討上所能遇到的瓶頸。

此外,我們固然一方面可從「同步性」(Synchrony)的角度來指出「知識論」探討的基本架構與項目(如第一、二、三章所展陳的反思),可是另一方面也可從「貫時性」(Diachrony)的角度來涉獵認知理論在歷史上的發展。……為此,鄔昆如教授就在本單元的第四章以〈知識的理論〉為標題來為西方「知識論」中各門各派在歷史上的發展走向作一個縱貫的論述,從「希臘時期」、「中世時期」,而至「近代」、「現代」的思潮,一一作出介紹,以讓我們得悉歷代哲人的異同、貢獻、困惑、與互補,使讀者能藉此異中求同、去蕪存菁,而建立起一套屬於自

已的認知理論體系。

　　我們的討論即使未必能說盡「知識論」範圍的一切內蘊，也至少會為讀者們描繪出一個基本輪廓以作探索藍本。誠然，學海無涯，每一個研究領域都是一個豐富而多采多姿的世界，只要我們用心去體會，自會繼續獲得進一步的收穫。

1. 可否闡述 episteme 與 logos 兩辭之涵義？

2.「知」、「識」、「論」三字能帶給我們怎麼樣的啟發與訊息？

3.「知識論」這門學科大概牽涉哪些研究項目？

4. 可否述說人在認知過程中所能經歷的過站？能否以你個人的經歷來作印證？

第 1 章

邏輯——知識互具

潘小慧

學習目標

1. 認識邏輯的意義、種類與對象。

2. 認識傳統三大思想律。

3. 認識概念／語詞的形成和性質。

4. 認識判斷／命題的意義與結構。

5. 認識推理／論證的意義與結構。

摘
要

本章共分四節：

第一節，邏輯簡介。首先，介紹「邏輯」一詞的意義。其次，從邏輯史的發展介紹兩種邏輯。接著，指出邏輯的對象為思想的形式及其正確性。最後，說明傳統三大思想律。

第二節，概念與語詞。首先，指出概念的形成。其次，說明概念的內涵和外延。之後，說明定義。

　　第三節，判斷與命題。首先，指出判斷／命題的意義與結構。其次，介紹判斷／命題的種類。之後，說明定言判斷／命題的意義與種類。

　　第四節，推理與論證。首先，指出推理／論證的意義與與種類。其次，介紹間接推理兩大類型：演繹與歸納推理／論證。之後，指出定言三段推理／論證的意義與結構。

　　哲學的基本入門，在於討論知識的問題。知識作為思想的結果，如同思想般，有關乎思想形式（form）的部分，也有關乎思想內容（matter）的部分。知識或思想按照一定的法則進行，此即知識或思想的形式的部分；探討思想法則的學問，也就是所謂的「邏輯」。邏輯因此作為進一步探討一切思想內容的真理的基礎與入門，而堪稱為知識工具。本章主要就哲學入門、知識工具的角度來介紹邏輯，基本上以傳統形式邏輯為主。以下第一節「邏輯簡介」就邏輯之譯名、意義、種類、對象等基本問題作初步介紹，第二、三、四節則就思想三形式之概念、判斷和推理分別闡明。

第 一 節　邏輯簡介

一、「邏輯」一詞

　　「邏輯」，英文就是Logic，這門學問一般又稱為「理則學」。在西方各國文字中，這一學問的名稱，其書寫和讀音大體都很相近，而「邏輯」一詞起源於希臘文邏各斯（Logos），原意為思考、思維與表達思維的言詞。這門學問最早傳到中國是在明末天啟年間，但當時尚未流傳，

直到清末民初，才再度傳到中國。剛開始的幾十年間，中文名稱都未能統一。有稱為「論理學」的，有稱為「名學」的，有稱為「名理」的，也有主張稱為「辯學」的。近年，由於國民政府的教育部明定「理則學」為這門學問的正式名稱，我們才有了統一的稱謂，不過以音譯的「邏輯」也還是並用通行。理則學這個名稱，是國父孫中山先生所譯的，在《孫文學說》第三章中，國父主張把 Logic 譯為理則學。他說：「然則邏輯究為何物？當譯何名而後妥？作者於此，蓋欲有所商榷也。凡稍涉獵乎邏輯者，莫不知此為諸學諸理之規則，為思想行為之門徑也。人類由之而不知其道者眾矣，而中國則至今尚未有其名，吾以為當譯之為理則者也。」

二、兩種「邏輯」

從邏輯史的發展來看，邏輯可分為兩種：一為「形式邏輯」（formal logic），一為「符號邏輯」（symbolic logic）。

西元前五世紀希臘有所謂的辯士（Sophists）出現。當時很出名的有普羅達哥拉斯（Protagoras, 490-421B.C.）和果奇亞斯（Gorgias, 483-390B.C.）。他們重視口才辯論，當然也重視邏輯條理，只是他們沒給後人留下邏輯的規則。因此，正式以邏輯學問世的應首推古希臘時著名哲學家亞里斯多德（Aristotle, 384-322B.C.），他創立了以主謂詞式的命題作為推理論證的根基，且建立以演繹法（Deduction）以及三段論證（Syllogism）為主的思想方式，著有《工具》（*Organon*）一書；因此，形式邏輯又稱為主謂邏輯，又稱為亞氏邏輯。

中世紀的歐洲哲學，以士林哲學（Philosophia Scholastica）為最盛。士林哲學的研究方法，承自於亞氏的邏輯學。大哲學家多瑪斯（St. Thomas Aquinas, 1224/5-1274）著作，主要採用三段論證。其他研究亞氏邏輯學者，有吉伯特（Gilbertus Porretanus, 1076-1154）著《六原則論》（*Liber sex*

principiorum），大雅博（St. Albertus Magnus, 1206/07-1280）和多瑪斯著
《亞氏邏輯學注釋》，東斯哥德（J. Dun Scotus, 1266/74-1308）著《範疇
論》，教宗若望二十一世（Petrus Ispono）著《邏輯學大全》（*Summa Totius
Logicae*）。

　　到了中世紀末十六世紀，英國哲學家培根（Francis Bacon, 1561-1626）
以為亞氏以來的形式邏輯不足以獲取新知識，於是另著有《新工具》
（*Novun Organum/New Organ*, 1620）一書，創立了一種新的求知方法，即
歸納法（Induction），開近代科學方法論的先河。繼培根之後，重視歸納
法的著名代表為彌爾（John Stuart Mill, 1806-1873）。他於 1843 年出版《邏
輯學》（*A System of Logic Ratiocinative and Inductive*）一書。嚴復曾將該書
譯成中文，名為《穆勒名學》。但近代哲學大師，如笛卡兒、康德和黑
格爾等人仍都主張演繹法，且比傳統的士林哲學更嚴格。十九世紀末
葉，天主教各修會及培養教士的修道院中，士林哲學被列為必修課程，
而邏輯學更為諸科目的開端。兩千多年來，形式邏輯一直是邏輯學的正
統，故又稱為傳統邏輯。

　　符號邏輯又稱為數理邏輯或現代邏輯。符號邏輯起源自德國哲學家
萊布尼茲（G. W. von Leibniz, 1646-1716），萊氏以為亞氏邏輯有許多困
難，其應用範圍也有限，於是主張設立一套符號，以代替文字的地位，
使每一符號表示一個意義，並且以數字方式為推理的方式，以避免意義
的混淆。這個理想他只做了一小部分的嘗試。直到十九世紀的中葉，英
國的二位數學家狄摩根（A. De Morgan, 1806-1878）和布爾（George Boole,
1815-1864）發明邏輯代數學（Algebra of Logic）；德國的學者弗瑞格（G.
Frege, 1848-1925），正式完成了一套邏輯符號演算系統。由是再發展為
符號邏輯。到了二十世紀，對於符號邏輯貢獻最大者為英國哲學家羅素
（Bertrand Russell, 1872-1970），他與懷德海（A. N. Whitehead, 1861-1947）
合著《數學原理》（*Principia Mathematica*, 1910-13）一書。此後，西方邏
輯有長足進步，並且影響了各種學問的研究和發展。

三、邏輯的對象

邏輯是一門什麼樣的學問？粗略地說，它是一門從事於人的思考研究的學問。但我們是否就可以簡稱邏輯為「思考學」呢？事實上，「以思考為邏輯對象」的主張是籠統不精確的，甚至會導致邏輯與從事思考研究的心理學混淆不清的情況。為了避免這種錯誤，我們必須針對「思考」作一分辨。

首先，在我們心理所發出的「思考」可以分析出四個要素，分別是「思考主體」（thought- subject）、「思考作用」（act of thinking）、「思考對象」（thought- object）和「思想本身」（the thought）。「思想本身」與「思考作用」對照至少有三點不同：思考繫屬於主體，思想則不然；思考受時間約束，思想則不然；思考關乎心理的事，思想則關乎論理的事。（柴熙，《邏輯哲學》，頁 6- 9）

單視其為實現的內心動作而言，思考屬於心理學。也就是說，心理學是探討有關實在的思考動作之發生、進展程序以及思想慣例或思想型等問題。至於涉及思考動作實現的最後根由的問題：如思考能否追溯到物質作用，它是否是大腦所發生的動作，或者僅僅是大腦動作的一個副象；或歸根結底它是一種由自我主動發生的精神動作，則屬於哲學人學的研究主題。除了以上這些由思考的心理實在性所引起的問題外，還有一些根本不同的問題。它們是從思考所含的內容，即思想本身上發生的。這些問題既是集中於討論一種論理的事物，即思想，因此它們必不能歸之於以「實在的思考」這種心理事物為對象的心理學及哲學人學的範圍，而必須由不同的學問專門探討。又因為對於論理的事物，我們無法用僅適於心理事物的方法去把握它，因此必須用適於論理事物的特別方法去研究。但這種專門研究思想一切問題的職責，是否完全能由一門學問擔任呢？（柴熙，《邏輯哲學》，頁 10- 11）

我們知道，思想具有二個不同的方面：一是思想內容（matter）及其與對象的關係；一是思想內容本身所呈現的的組織或內在結構，即思想形式（form）。因此，關於思想的一切問題，至少應該由兩門不同的學問加以研究。

其中，關於思想內容本身能否與事物相合之真實性問題屬於知識論（epistemology）的範圍。至於思想形式以及其結構正當不正當的問題則屬於邏輯的特有對象。

除了思想自身的形式外，還可以從思想和對象的關係上談到思想的另一種形式。它是出自思想作用所具有的趨向於對立事物的方式。由於此趨向的方式有三種：即對於對象予以「純粹表現」、或「肯定、否定」、或「引申出未知的」，遂形成了思想作用方面的三種基本形式，即「概念」（concept）、「判斷」（judgment）和「推理」（reasoning）。其中概念是思想的最小或最基本單位，本身無真偽可言，只有清晰明瞭與否；判斷至少由主、賓二個概念組成，知識寓於判斷故，知識至少必須以判斷的形式呈現，判斷有真偽；推理至少由前提和結論二個部分判斷組成，是邏輯的主要研究對象，推理有正確、不正確之分。

因此，我們可以界定邏輯是「研究思想形式及其正確性的一門哲學學問」。

四、傳統思想律

思想是有其組織架構的，不是漫無章法的，這就是所謂的法則或規律，傳統上我們以為有三條基本思想律，說明如下：

(一) 同一律（Law of Identity）

這一原理的常見形式有：(1)「A＝A」或「A 是 A」，如說「人是人」、「牛就是牛」（牽到北京還是牛，本性難移）；表達出每件事物

皆與其自身等同。⑵「一個命題 P 若為真，則 P 是真」，如說「『多瑪斯是神哲學家』一命題若是真，則『多瑪斯是神哲學家』為真」；表達出命題真即真、偽即偽之一致性。

這一思想律之真，是一目了然，本身即足夠說明其為真。在符號邏輯中，可符式為 A⊃A（讀為 A 涵 A）或 A＝A（讀為 A 等於 A）。如：「孔子是孔子」、「茶杯是茶杯」、「真即真」、「偽即偽」。

（二）——（不）矛盾律（Law of Contradiction）

這一原理其實應該是「不矛盾律」，意即「在同一個觀點之下，一事物不可同時既是 A 又是 −A」，如此就是矛盾的。它的常見形式有：⑴「A⊃−A」或「A 不是 −A」，如說「A 不是非 A」、「人不是非人」。⑵「任何事物不能既是 A 又不是 A」，如說「任何事物不能既是杯子又不是杯子」。⑶「任何命題不能既是真又不是真（偽）」，如說「『太陽從東邊升起』一命題不能既是真又不是真（偽）」。這些都表達出「凡是的不能同時又不是」、「對同一件事物，不可能同時是又不是」以及真與不真（偽）在二值邏輯的對立性。

不矛盾律其實是同一律的另一形式，和同一律一樣都是自身明顯。若同一律為真，則此律亦為真。在符號邏輯中，可符式為 −(A · −A)或 A · −A＝0。讀為：「是 A 又是非 A 為假（是不可能的）」，或「A 又是非 A 等於零（空集合或空類）」。例如：「一個人不能同時既是孔子又不是孔子」。

（三）——排中律（Law of Excluded Middle）

這一原理是說，在一個論域範圍內，任何事物不是歸屬於 A 就是歸屬於 −A（A 與 −A 構成整個論域）；也就是說，「是與非兩者必居其一，排除有中間或第三種可能性」。這一原理的常見形式有：⑴「A 或非 A」或「不是 A 就是非 A」，如說「不是人就是非人」。⑵「任何事物不是

A 就是非 A，二者必居其一」，如說「任何事物不是人就是非人」。(3)
「任何命題不是真就是不真（偽）──非真即偽」，如說「『張三去年
結婚了』這一命題不是真就是偽，不是偽就是真」。

　　排中律是不矛盾律的另一形式，意思是：矛盾的雙方不可能同時存
在，如果我肯定一事，則必然否定它的矛盾；反之，如果我否定一事，
則必然肯定它的矛盾了。排中律本身亦是明顯的，其真實性如同一律和
不矛盾律一樣。在符號邏輯中，可符式為 A∨－A 或 A＋－A＝1。

　　總之，此三條基本思想律呈現出一件事物的三種基本理解：首先，
一件事物必定等同於它自己；其次，它不能同時還等同於與它自己矛盾
的一方；再者，在一個範圍內，一件事物不是隸屬於某一小範圍，就必
定隸屬於某一小範圍以外的範圍（某一小範圍之矛盾），沒有第三種可
能性。

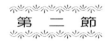 **第 二 節　概念與語詞**

 一、概念的形成

　　一切的知識，都是由感官和經驗開始。例如，藉經驗我們與許多稱
為「人」的事物接觸，我們立刻就發現他們彼此之間，有很多的區別，
有些是瘦的，有些是肥胖的，有些是高大的，有些是矮小的，有的是男
人，有的是女人，膚色有黑有白，脾氣溫和暴躁不等，有的笑容可掬，
有的眉頭深鎖，有的體格魁偉，有的贏弱不振等等。理智理會了這些區
別之後，加以比較，發現有些性質可以去掉，而為別的性質所替換。同
時也發現有些性質，在任何情況之下，都是不變不易。

　　抽象作用（abstraction）就是理智把個體中非主要的特性抽去，只留

下必要的、主要的性質。這些主要的性質，是一物之所以為該物的共相（univeral），即概念。（錢志純，《理則學》，頁 *14-16*）普遍概念是理智的產物，是理智在理解事物的過程中所產生者。所以普遍概念的普遍性，是存在於人的理智中，不能離開理智而獨立，雖然它是根據具體存在的事物。所以說普遍性是在理智中，而其基礎是在事物的本身。

二、概念／語詞的內涵和外延

討論一個概念或語詞，有兩個方面，一方面是概念或語詞的意義部分，一方面是概念或語詞的指謂部分；也就是內涵和外延兩個層面。

(一)──概念／語詞的內涵

概念的內涵（intension, connotation）就是思想的內容，可定義為「構成一概念元素之總和」或「特徵的和」。

(二)──概念／語詞的外延

概念的外延（extension, denotation），或稱指謂，是指一概念所能應用的範圍，可定義為「一概念能代表的個體和集體的整和」或「對象的和」。例如「人」的概念，是「有理性的動物」，它的外延是一切的人，由亞當、夏娃開始，一直到最後一個人為止，不管他是中國人、外國人、男人或女人、大人或小孩、文明人或野蠻人，都是組成人的外延分子。這樣，「人」字便是一個類的名稱，可叫作「類名」。

但如「孔子」或「蘇格拉底」這一名稱，是單指著一個特定的個體而言，可叫作「專名」；「地球」、「中華民國」等也都是專名。專名也可以看作只有一個單一分子之類名，即「個體類」。此外，還有所謂「空類」，即是一個類名所指之類中，並無任何分子存在，例如說「飛馬」、「圓形方」、「現任中國的國王」等是。這些作為類名都是空類；

但是並非沒有意義。也就是說,這些空類的類名有其內涵卻無其指謂。

　　兩個或兩個以上的概念／語詞,如果內涵和外延都相同的話,它們就是「同一概念／語詞」;如「盲人」與「盲人」,「孫文」與「孫文」。如果內涵不同而外延相同,它們就是「同義概念／語詞」;如類名「盲人」與「瞎子」,又如專名「李商隱」與「李義山」、「孫文」與「孫中山」與「中華民國國父」等都是。如果內涵和外延都不同的話,它們就是「別義概念／語詞」;如「杯子」與「桌子」、「花」與「麥克風」。

（三）── 內涵和外延的關係

　　一個概念／語詞之內涵和外延有其規則:概念的內涵不能增加或減少;概念的外延能增加或減少,但不能妨礙概念的本質。內涵和外延的關係成反比例:即內涵增加時,外延數量減少;內涵減少時,外延增加。例如當「女人」這個概念增加「長頭髮」的內涵變成「長頭髮的女人」此新概念時,不是長頭髮的女人(如短髮或剃光頭的女人)將被排除導致外延數量減少;又當「女人」這個概念減少「女(的)」這個內涵變成「人」此新概念時,男人將被納入導致外延數量增加。

三、定　義

（一）── 定義的目的

　　清楚明確的觀念與概念,是思想正確的先決條件;相反地,概念模糊、浮泛,則是探求真理的阻礙。在已有的具體知識基礎上,我們要使概念明確,必須應用兩種邏輯方法,就是「定義」與「分類」。受限於篇幅,本章只介紹定義部分。

　　關於定義的目的,可歸納為四點:

　　1. 說明新詞：這類定義多半用在專門學問的專門術語。例如幾何學上的「圓周率」，心理學上的「制約反應」，國際貿易上的「出超」、「入超」，醫學上的「SARS」（嚴重急性呼吸道症候群）等，如果瞭解便不須下定義，如果瞭解便有這種說明新詞的定義。

　　2. 除去雙關語：在一詞多義或語意雙關中（ambiguity），兩個或兩個以上的不同解釋，容易造成混淆不清的情況，此時只要以定義的方式限定上下文脈的意義，就可以排除其他意義，澄清混淆。例如，直截了當地指明：「這裡所謂的『黃牛』是指以不正當的方法賣票，提高票價以賺取利潤的人。」

　　3. 確定語詞界線：這主要為了避免詞義含糊（vagueness）而引起的誤解。例如，對於什麼是「熱」？什麼是「發高燒」？這些事可能不同人有不同的感覺與看法，就必須要以確切的溫度（包括測量溫度的方式）來確定。例如，對於SARS而言的「發高燒」意即「體溫超過38℃」。

　　4. 簡化詞語：只要第一次使用某術語或專門語詞說明其確切意義後，之後再提及時即可直接使用該術語或專門語詞，這就是簡化詞語、避免冗長之效。

㈡── 何謂「定義」？

　　定義是什麼？定義是一個句子，能說出一事物是什麼。當我們問：「某物是什麼？」時，所能有的最佳回答即是定義。如問「人是什麼？」若回答說「人是一種有理性的動物」，就是一個相當理想的定義。若回答說：「人是一種會笑的動物。」則略遜一疇。若回答說：「人是一種不同於一般牛、羊、狗等動物的動物。」則是一個雖不錯誤卻不清楚的回應。對於一事物的觀念或概念的把握，必須藉由認識事物而來，所以在下定義之先，必先認識事物。一個理想的概念和定義，是能夠將事物的全部本質，毫無缺漏地呈現給我們。但人的理智有限，所以本質的定義寥寥可數不可多得，我們也只好求助於其他類型的定義。

(三) ── 定義的種類

定義分字義（nominal definition）和實義（real definition）兩種。字義是講一個名詞（物）在文字方面的意義。例如「哲學」（希臘文：Philosophia）一詞由 Philo（愛）和 sophia（智）兩字所合成，有「愛智之學」的意思。實義則指出該事物是什麼及它與其他事物的區別。在哲學上，實義比字義更為重要。

實義之定義，還可依照所列舉的特徵基本與否，而分成本質定義與非本質定義二個類型：

1. 本質定義（essential definition）：乃是用基本特徵去解釋事物本身的句子。它只包含構成事物的本質要素，也就是說，嚴格的本質定義必須是類概念加上種差二個要素合成的。如上例「人是一種有理性的動物」以及「正方形是等邊直角的四方形」便是。

2. 非本質定義或描寫定義（descriptive definition）：乃是用非基本特徵去解釋事物本身的句子。這種定義固然次於本質定義，但有時也足以將一事物與其他事物分辨開來，也並不否定其在學術上及哲學上的價值。一般而言，演說家和詩人比較喜歡用這一類具體描寫事物的方法。

(四) ── 定義的規則

1. 在可能範圍內，應力求本質定義。

2. 定義中被定義項與定義項應是完全一致、可互相取代的。例如「天鵝是有白色羽毛的水禽」就違反此規則，其定義項範圍大於被定義項。

3. 定義必須是明確的。應避免使用罕見難懂及意義不明確的語詞。

4. 定義內不可滲雜被定義的字。以免造成定義循環的謬誤，例如「形上學是一門研究形上之物的哲學學問」便是。

5. 定義應是肯定句；至少應是肯定否定參半的句子。因為否定句，

如「鯨不是魚」，只說出事物不是什麼，對於事物是什麼則未加任何確定。

　　6.定義愈短愈好。對於解釋事物無益或多餘的語詞儘量去除。

第 三 節　判斷與命題

一、判斷／命題的意義與結構

　　一個人在日常生活中，每天經歷許多事務，下了許多判斷，也說出或寫出許多命題。判斷和命題與思想相關，都表達出思想，判斷作為思想三形式之一，有命題常先有判斷，但有判斷卻不一定有命題，因為可以選擇不說出也不寫出，而只停留於思想當中。

(一)——判斷（Judgment）的意義與結構

　　判斷是由主概念（Subject）、賓概念（Predicate）二個概念及維繫作用（Copula）三個元素構成。判斷是理智的行為——維繫或斷定作用，判定主、賓概念間的相合或不相合。因此，判斷不是肯定（is）就是否定（is not）。例如「台灣是個美麗之島」，將「台灣」和「美麗之島」二個概念相聯（肯定）；又如「張三不吃不喝」，則將「張三」和「吃喝」二個概念分開（否定）。至於一個判斷的真偽，端賴於它是否與事實相符合。

(二)——命題（Proposition）的意義與結構

　　判斷是理智的內在行為，必須藉由命題方可表達而出。因此，命題可說是一種有真假之辨的陳述句（statement），表達出二個概念的相合或不相合。據此，命題作為判斷的可感覺標記，也包含三個構成元素：主

詞、賓詞和繫辭。中文裡的繫辭可以是「是」、「為」、「係」等,而且常是被省略的。例如「他在演講」,即是「他是在演講」,繫辭潛伏在動詞中;又如「水清」,意即「水是清的」,不同於「清水」,顯示有時繫辭在命題內可藉由語詞的位置呈顯出來。

我們可將判斷／命題的邏輯結構綜合如下:

S(Subject)　　　　　　(Copula)　　　　　　P(Predicate)
主概念／主詞　　　　維繫作用／繫辭　　　　賓概念／賓詞
肯定(is)與否定(is not)

二、判斷／命題的種類

判斷／命題的分類很多,可以根據性質、分量和型態來分,也可以主賓關係的簡潔與否為基礎,區分為定言和制約判斷／命題兩種。

(一)──定言(Categorical)判斷／命題

是一種將一個賓概念／賓詞指向一個主概念／主詞加以簡潔地斷定的判斷／命題。

(二)──非定言或制約(Conditional)判斷／命題

建設出多個主或賓間的錯綜關係的命題。例如「如果將溫度降至攝氏零度以下,水就會結冰」,是個假設命題;又如「星球或是動或是靜」,是個選擇命題。

此外,還有其他類型的命題,如關係式命題、價值命題、應然命題等。

三、定言判斷／命題的意義與種類

至於標準定言判斷／命題的結構，包括質（性質）與量（分量），其中質由維繫作用／繫詞決定，量由量詞決定。可表述為：

量詞 ＋ 主概念／主詞 ＋ 維繫作用／繫詞 ＋ 賓概念／賓詞
（Quantifier ＋ Subject ＋ Copula ＋ Predicate）

至於定言判斷／命題的種類，依照其質與量之結構，兩者相組合就構成四種：全稱肯定、全稱否定、特稱肯定、特稱否定。為了表達方便，我們用大寫的英文字母A、E、I、O分別代表四種定言判斷／命題。邏輯上以拉丁字 A<u>ffi</u>rmo（「肯定」之意）中的兩個母音字母 A 與 I 分別代表「全稱肯定判斷／命題」與「特稱肯定判斷／命題」；又以拉丁字 Nego（「否定」之意）中的兩個母音字母 E 與 O 分別代表「全稱否定判斷／命題」與「特稱否定判斷／命題」。四種定言判斷／命題的形式如下：

A：全稱肯定命題 All　S　is　　P 例如「凡運動員是素食者」
E：全稱否定命題 All　S　is not P 例如「凡運動員不是素食者」
I：特稱肯定命題 Some S　is　　P 例如「有些運動員是素食者」
O：特稱否定命題 Some S　is not P 例如「有些運動員不是素食者」

第四節　推理與論證

一、推理的意義與種類

所謂「推理」（作用），是由已知的或已成立的判斷（前提），依據邏輯的必然性，引申出一個未知的新判斷（結論）的一種思考作用。我們也將推理視為一種完備的思想形式。按照前提判斷數量的多少，推理可分成直接推理和間接推理兩種。

直接推理（immediate inference）的意義：就是從一個已知的定言判斷／命題為前提推出另一個定言命題為結論。例如：「凡人皆可以為堯舜（A），所以張三可以為堯舜（I）。」A與I有差等對當之關係，A蘊涵I。

間接推理（mediate inference）的意義：就是從多個（兩個或兩個以上）已知判斷／命題命題推出一個結論，也就是其結論是由兩個或兩個以上前提聯合推衍得來的。

二、演繹推理／論證與歸納推理／論證

推理／論證基本上由前提和結論二個部分組成。在邏輯上，常將推理或間接推理的方法分為兩大類型：一是「演繹」，一是「歸納」。一個對確的演繹推理／論證中，前提（合起來）必須蘊涵結論，亦即如果前提全真，則結論必然跟著為真。演繹推理／論證中前提和結論的關係為必然關係，歸納推理／論證則為概然關係。分別敘述如下：

─── 演繹（Deduction）

演繹是由普遍推到特殊。典型的例子如：

> 凡人是會死的，
> 蘇格拉底是人，
> 所以蘇格拉底是會死的。

演繹推理／論證要求前提對結論具有必然性的（necessary）推理關係；也就是說，假如前提完全成立，則其結論必定亦因之而成立。為了表明演繹推理／論證在邏輯上的正誤，可用「有效」（valid）與「無效」（invalid）兩個專門術語來稱謂。

─── 歸納（Induction）

歸納是由特殊推到普遍。例如：

> 第一次在這家賣場買東西是物美價廉，
> 第二次在這家賣場買東西是物美價廉，
> 第三次在這家賣場買東西是物美價廉，
> 所以，在這家賣場買東西多是物美價廉。

歸納推理／論證要求前提對結論具有概然性的（probable）推理關係；也就是說，如果前提完全成立，則其結論很可能亦因之而成立。這種概然推理關係的要求，其概然性可有大小程度的不同，不適宜用「有效」（valid）與「無效」（invalid）來稱謂，也不適宜用正確、不正確，比較適宜的說法，是用「可靠」（reliable）與「不可靠」（unreliable），來稱謂歸納推理／論證是否符合於某種程度之概然性推理關係的要求。

　　演繹推理／論證是否有效，完全決定於推理／論證的形式，無關於推理／論證中命題的真假。任何有效的論證，不可能有前提為真而結論為假的情形。這是所有演繹論證的基本特徵。由這一特徵，便可得到演繹推理在實用上的三大功能：第一若是前提為真，論證有效，則結論必真；第二若是論證有效，結論為假，則前提中至少必有一為假；第三若是前提為真，結論為假，則論證必為無效。所謂「前提為真」，是說前提完全成立，要是前提中有一個不成立，就說前提為假。

四、定言三段推理／論證的意義與結構

(一)　定言三段推理／論證

　　三段推理／論證（Syllogism）是一種間接推理，是由兩個前提推出一個結論的演繹推理／論證。定言三段推理／論證（Categorical Syllogism）則是間接推理／論證的典型，由兩個定言判斷／命題為前提推出一個定言判斷／命題為結論的演繹推理／論證。這三個判斷／命題（近質料要素）恰好有三個概念／語詞（遠質料要素），每個概念／語詞各出現兩次，分別出現在兩個不同判斷／命題中。例如：

「凡<u>人</u>是<u>會死的</u>，凡<u>希臘人</u>是<u>人</u>，所以凡<u>希臘人</u>是<u>會死的</u>。」
　　　M　　P　　　　S　　M　　　　　　S　　　P

三個概念／語詞：
S（小詞）──希臘人──出現在小前提中的概念／語詞
P（大詞）──會死的──出現在大前提中的概念／語詞
M（中詞）──人──不出現在結論中的概念／語詞
一個標準的定言三段推理／論證中三個判斷／命題的排列次序是：

大前提（含有大詞P的前提）→小前提（含有小詞S的前提）→結論命題。

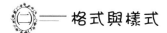

格式與樣式

定言三段論證的格式（figures），是以中詞（M）在前提中所居的位置而定。由於中詞在定言三段論證的前提中，可有四種不同的排列，所以定言三段論可有四種不同的格式。

第一格式	第二格式	第三格式	第四格式
M－P	P－M	M－P	P－M
S－M	S－M	M－S	M－S
S－P	S－P	S－P	S－P

至於（合格）樣式（moods），是以三個大寫字母表示，依序是大前提形式、小前提形式、結論命題形式名稱。

如上例：「凡人是會死的，凡希臘人是人，所以凡希臘人是會死的。」為「第一格式」，樣式為「AAA」。

M－P	所有的人都會死
S－M	希臘人是人
S－P	所以希臘人會死

（圖：希臘人 / 人 / 會死的）

大前提中提及「所有的人都會死」，表示「死亡」的範圍比「人」要大，整個「人」的範圍是在「死亡」的範圍之中；小前提是「希臘人是人」，「希臘人」的範圍只是「人」的一部分，所以「希臘人」的圈圈比「人」的圈圈小，「希臘人」在「人」的範圍中。將大小前提連結，所有的「人」都在「死亡」的圈圈中，而「希臘人」又在「人」的圈圈中，因此「希臘人」必然在「死亡」的圈圈之中了。這在傳統的三段論

證中是確定的。

1. 你是否可以說出「邏輯」的意義和對象？並說出邏輯在歷史上曾有過的種類型態？

2. 試各舉一例說明傳統三大思想律。

3. 試舉數例說明概念的內涵和外延，以及概念內涵和外延的關係。

4. 試各舉一例說明演繹推理／論證與歸納推理／論證之不同。

5. 試舉例說明三段推理／論證的意義與結構。

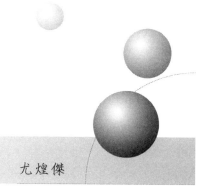

知識的歷程

尤煌傑

學習目標

1. 分辨認識與知識的意義。
2. 瞭解意識的特徵與性質。
3. 瞭解整體認識活動的歷程。
4. 分辨感性知識與理性知識的種類與作用。
5. 瞭解整體知識的完成。

摘要

　　本章之目的在於對知識之發展歷程進行一個初步的描述與分析，以作為進入知識理論的準備。

　　認識是一種心靈活動的歷程，而知識是這個活動的結果。

　　認識作為一種心靈活動而言，它的活動的場所就是「意識」，所以意識是作為描述知識活動的基礎。

　　我們從意識作為基礎，對於認識行為的各個流程進行整體的分析。

認識活動主要產生感性知識與理性知識，我們對感性知識的一般通性，以及外在感官知識和內在感官知識進行描述、分析。接著探討理性知識，分析理性的功能與理性活動的結果：概念。

真正認識活動的完成是在於判斷，它是認識活動的高峰。認識行為在一個人類的所有活動中，雖然是最為顯著的活動，但是卻不是唯一的活動。所以，我們還需要放大格局來看認識活動在整體人性活動中的相對位置，並且從中發現其他活動和認識活動的相互影響。

第一節　認識與知識

一、何謂認識

一般而言，我們的經驗知識產生的歷程，包括從感官的刺激以至於判斷的完成。舉例而言，在我的眼前現在正出現一個「物體」（object），在視覺上我看見它有紅色、綠色、棕色；紅色的部分有一些色澤上的漸層效果，它們有許多片，層層圍繞著一個中心聚成一個圓形；這個紅色的部分接在一個長條狀的棕色的部分的一個端點之上；同時這個棕色的部分又接上幾片橢圓形的綠色部分。在嗅覺上，我聞到一陣清淡的芳香。在觸覺上我感覺到紅色部分的柔軟，棕色部分的突刺使我感到刺痛。這些紛至沓來的感覺與件（sense data）在我的意識裡形成一個完整的圖像（image）。接著，我的理性能力把這個物體的圖像拿來進行一項普遍化的加工，它只保留這個物像的最不可或缺的部分，而捨棄其他的細微末節，終於形成一個普遍而抽象的「概念」（concept），它被命名為「玫瑰花」。最後，我形成一個「判斷」（judgment）：「這是玫瑰

花」。由於這個判斷的完成，使我把「這個」具體的物體和經由抽象作用而得到的普遍「概念」關聯在一起，這兩者的聯繫讓我完成了整個認知的過程。

這個完成知識的初步過程奠定了我們整體知識的基礎。根據已經獲得的知識成果，即「判斷」，我可以依循已知的邏輯規則（無論是傳統的形式邏輯規則或當代的符號邏輯規則），推導出新的「判斷」（即推論之結論）。由這些「判斷」所表現的「命題」共同組成了一個論證（argument）的系統。集合許多論證系統共同論述一個研究主題，就形成了一個知識體系。

當我們一提起有關知識的問題的時候，我們同時混雜著作為動詞的「認識」（to know）與作為名詞的「知識」（knowledge）。作為動詞的認識一般認為它意味著三重的涵義：

1. 認識意味著「瞭解」。例如：「我認識林怡君」，其實就等於說「我瞭解林怡君」。又，「我認識吸煙的害處」，就是說「我瞭解吸煙的害處」。認識其實就是我們對於人、事有所瞭解。

2. 認識意味著「一種能力」或「知道如何去做」。例如：「我認識（知道）怎樣操作電腦」，「我認識（知道）開汽車的訣竅」。認識就是我們知道如何去執行一項工作的能力或知識。

3. 認識意味著「知道某個事實」。例如：「我認識（知道）地球是行星」，「我認識（知道）7 + 5 = 12」。這種意義的認識都是以一個命題的形式表現出來的，這也是在科學和哲學裡最常被注意到的重點。

無論我們對於以上的三個意思採取那一種，我們都可以綜括為「認識就是自我意識到某事物的一種作用」。它包括三種要素：認識的主體（即感覺與瞭解的「自我」），認識的對象（即所感覺的內容與所瞭解的「意義」），認識的本身（即感覺與瞭解這二種內心的作用）。

就動詞型態而言，獲得知識的行動，可以是藉由感官的知覺活動而認識具體的經驗對象，或是藉由理智的了悟（understanding）而認識抽象

的對象。因而在名詞上，知識大略上可分為感性知識和理性知識。感性知識是具體而個別的知識，它是經由感官接觸現象界的對象而得到的認識結果。理性知識是普遍而抽象的知識，它越過感性認知的過程，它是理智了悟一個抽象的概念或原理而得到的認識結果。

二、認識與知識

這個認識活動的結果，是一種根據理由或原因的認識。知識一旦形成，它就不受限於主體的限制，也不受限於時間長短的限制，它完全和邏輯的正確性相關，與意識內的活動脫離關係。我們在進行認識作用的時候，首先，它必須是一個由認識主體主動發出的求知的欲望所主導的活動，它和主體的認知能力息息相關；其次，它有一個時間上的起點和終點，在這個認識作用結束的時候，才有知識的產生。知識的產生就如同一個有形的產品或作品被製造出來，它成為客體世界裡的一部分，從而獨立於主體的條件的約束之外。因而，一個千百年之前的賢哲的思想，可以經由知識體系的流傳而和我們的心靈相交往。

總括以上所言，認識是一種主體的心能，而知識即此心能的產物。二者的關係極為密切。知識的意義在於它是主體認識的結果，沒有主體對於它的理解，知識頓失其存在的價值。另一方面，知識藉著各種保存知識的媒介，使它能夠超越時、空的隔閡，使不同時代、不同民族、不同文化、不同價值觀的人們互相在心靈上溝通、交往。我們可以說知識其實是個人的主觀精神世界與客觀的外在世界交融的結果。

我們也可以說完成的知識系統是一座知識的殿堂或大廈，但是我們除了瞻仰這座偉大建物的宏偉之外，我們也可以試著去瞭解它是由何種材料構成，運用何種方法建造。所有的宏偉建構無一不是從最細小的部分一一結合起來的，如果我們能瞭解這最基本的構成份子，那麼再複雜的結構也會變得容易瞭解。因此，本章將針對知識發生的歷程進行說

明。我們嘗試瞭解知識發生的場域，各種知識形成過程的材料與結果，最後才達到知識的完成。

第 二 節　意識

　　我們在日常的生活中，對於所有事物的存在，不加以反省，總是隱然肯定有事物存在，我也存在。這一切事物的存在，構成所有意義的基礎，也構成認識的基礎。我們如何肯定這些存在是真的，而不是幻覺？如果我們再繼續思索下去，可能要不自覺地鑽進牛角尖而無法自拔了。

　　近代哲學家笛卡兒（René Descartes, 1596-1650）曾說過「我思故我在」（Cogito ergo sum.），他把「我思想」作為一切哲學思考的出發點。這個「我思想」的範圍包含一切有意識的活動，一切發自我的行為、觀念都和我的意識有關。我們可以說「意識」確實和我們的認知行動有密切關係，它可以說是知識活動的基本預設。舉例來說，當我們從睡夢中清醒過來的時候，我們第一件要確認的事情是我已經醒過來了。我會先拿起床頭的時鐘看看現在時間。我發現時鐘上的指針指示現在正好六點三十分，然後我打開窗簾，看見太陽正在東方微露曙光。而我發現我原先正躺在我睡覺的床鋪上，身上所穿的睡衣正是昨晚入睡前換上的。而床頭櫃上還擺著昨晚入睡前，閱讀過的雜誌。這周遭所有事情的存在，都符合一種合理的規律，於是我可以確定：我是活著的，我是在清晨六點三十分起床的。我可以很肯定，我不會發生像莊周所謂的「蝶夢莊周」或「莊周夢蝶」，虛實不分的困境。

一、意識的特徵

我們在進行一切活動之前，這個意識是所有認識與肯定的基礎。我們再也找不到更基礎的前提了。對於這裡所謂的「意識」，我們初步可以將它的特徵描寫如下：

1. 意識包括經驗（experience）、直觀與驗證。就所有人類的知識活動而言，經驗是一切認識的出發點，所以意識涵括經驗。直觀意指不藉助於中介者，而直接獲得結論。它同時可以指稱感覺經驗的直觀，或觀念的直觀。

2. 意識包括肯定（affirmation）。所謂「肯定」是有意識地對於某事表示態度或立場，意即下達「真」、「假」、「存在」……等等的判斷。意識的肯定活動不只對存在的事物表示態度，它也在這個肯定它物的活動中一併肯定它自己。

3. 意識包括明顯性（evidence）。意識在所有的經驗活動以及肯定活動中都是自我明晰的，也因為意識的這個自我明晰或自我通透，才足以有肯定的活動。

4. 意識是「真實的」（real）。當我們說意識包含肯定的時候，就包括被肯定的對象是「真實的」，也就是說在意識內被肯定的事物或「存有」（beings）都是真實的，不是被虛幻地杜撰出來的。而反過來看這個「意識」本身，當然也是真實的意識。所以我們可以說通過意識肯定有實在的世界，而意識本身也是實在的世界中的一份子。

5. 意識是一個不停變化的意識之流。在整個認知活動的進行過程中，意識一直不停地變化、繼續，因為它的活動而不停地湧現新的內容。

6. 意識的變化是連續而統一的。意識的變化是有規則的，通過對過去的意識內容的記憶，它和現在的意識保持連貫性，使得這個意識能夠保持統一與同一。在現實生活中，我們因為這個同一性而得到身分的確

認，也能維持行為的責任性。

以上我們對於意識的初步描寫只涉及「顯意識」的部分，也就是針對意識的最清晰、明顯的領域所作的檢討。這並不包括在現代心理學所研究的「前意識」、「潛意識」、「半意識」等等的領域。哲學研究對於顯意識有清楚的瞭解便已足了。

二、意識活動的特性

對於意識的活動，我們可以分析出包含著三種特性：

1. 雙重的經驗：客體的經驗和主體的經驗。在意識內的活動，我們同時認識到關於客體事物的經驗，同時也體驗到自我意識或主體的經驗。

2. 雙重的必然肯定：客體和主體的必然肯定。在意識的活動場域裡，主體性和客體性的不可化約特性，使我們必然肯定意識內有客體性的一邊和主體性的一邊。

3. 雙重的明顯性：客體和主體的明顯性。客體和主體作為意識場域中不可化約的兩大元素，是極為明顯地呈現於意識當中，無法再以更簡明的方式來解說了。

第三節　認識活動的分析

一、認識活動的整體歷程

認識活動在意識內的活動歷程，我們可以做如下描述：

> 我的知識的行為無論是在客體的方面或主體的方面都呈現

出一個揭露特定結構的複雜性。當客體的客體性在感覺與件、印象和概念方面逐漸減弱時，主體的同化作用在知覺作用、想像力和概念作用方面相對地增強。認知行為在判斷中完成。這個複雜性並不危害到這個行為的統一性。

在這個部分，我們要把知識的活動解析成三個階段，每一個階段都同時包含著主體性活動與客體性活動。根據亞里斯多德的看法，人是有形存有的最高層級。這個存有由形式與質料組成，人體的形式即靈魂，質料即肉體，這兩者緊密地結合成一個人的實體。由於人類存在的特殊狀態，使我們的知識必須開始於感性經驗知識，然後才逐步提升到抽象的概念與判斷的完成。

人類的意識活動分別由感性知覺、想像活動、與概念活動三個層次組成。我們在本節的開頭提到，認識是一種「同化作用」，也就是主體變成，或擁有客體，而客體變成主體的一部分。在認識的高峰達到主體與客體的合一。

我們先把以上的主題說明如下圖解，然後再依此進行說明：

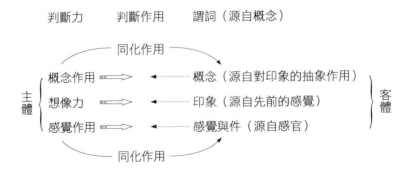

二、感性知覺

現在就感性知覺的層次而言,主體性即是感覺作用(sensation),相對地客體性即是感覺與件(sense data)。在知覺的層次上,主體性的作用透過感官接收被認識事物的形象。這時候人類的整個身體都有感覺能力,所以身體在這個認知的過程上,是作為認知的工具。以視覺為例,眼睛感受到光的刺激和事物的影像,將之由神經傳導到大腦皮質的特定區域,經意識的作用而解讀成某事物。這個視覺印象,最初是和我的主體性對立的客體事物,它完全不隸屬於主體甚至決定主體的認知內容,但是感性認知的結果,是要讓這個客體事物變成為「我的」感性知識的內容。這個結果也就是由客體性朝向主體性的「同化作用」,也就是主體擁有客體的結果。這個感性知識的特性是,它來自特定的「空間」與「時間」條件,因此成為「這個」感性知識,而與之前或之後所獲得的感性知識完全不同。根據哲學的術語稱之就是「具體的」(concrete),也是「個別的」(individual)。

三、想像作用

我們的感官對於感覺對象並不是隨時隨地都保持連結的關係,或保持接觸的狀態。但是當感官與感覺對象脫離聯繫的時候,我們的意識對於先前的知覺內容仍然有所印象,並且只要我願意,我的意識隨時可以將這個知覺印象召喚出來。這就是所謂的「想像活動」的層次。在這個層次中,憑藉記憶將過去知覺印象召喚出來的內容,就是想像活動的客體性內容,我們將它稱之為「印象」(image)。它的基本特徵與感性知覺層次的知覺內容相同,也就是說它帶有「具體的」、「個別的」特性。在這個「想像活動」的層次,主體性的活動稱之為「想像力」或「想像

作用」（imagination）。經由想像力的活動，一件過去知覺內容的「意象」再現於意識中，可以不完全按照原來客體性所展現的特徵或細節。想像力可以綜合數個「意象」，或改變任何「意象」，而「創造」出一個新的「意象」。這種創造力表現於藝術創作，或科學發現的創意，或是對於過去事件的回憶。這個創造力或想像力，它可以脫離客體性的限制，對於某些意象的局部特徵加以提煉，並和其他意象的特徵重新組合。這種能力意味著想像力不必完全受限於客體性，它可以根據意象的某些特殊結構或形式，加以把握或提煉，但是這個活動的結果仍然是具體而個別的意象。由於想像力的特殊能力，使它成為介於感性知識與理性知識之間的過渡階段。

四、概念作用

知識的目的並不是以獲得某個個別事物的認知為已足，例如，某一位動物學家曾經對台北木柵動物園的大象：林旺，進行學術研究，知道了牠的脾氣，牠的口腔內的第幾顆牙齒有蛀牙，牠的右前肢的趾縫有某種寄生蟲，牠的膝關節有某種病變，……等等。隨著林旺的去世，這些關於林旺的種種細節也就不再繼續存在，這些知識具有什麼價值呢？除非有關林旺的種種科學記錄，可以被引用於其他有關「象」類的研究上，否則前述知識的價值就只能是一些歸檔的文獻而已了。因此我們發現一種知識的價值，和它是否能廣泛地被運用於其他事物的普及性，有密切的關聯。一個能被廣泛運用的知識，它的學術價值愈高。這種普遍知識，自古以來被哲學家們稱之為「共相」（universal）。早在希臘時期，自蘇格拉底、柏拉圖以至亞里斯多德，均一致認定學術的目標就是追求共相。我們如何追求共相？有無可能獲得共相知識？

我們透過「概念活動」尋求有關共相的知識。在概念活動中主要是根據理性（intellect）來進行。就主體性的一面而言，它透過「抽象作用」

（abstraction）將原來具體、個別的意象，抽取出共相，而成為「概念」（concept）。概念是作為理性活動的客體性的一面。就抽象活動而言，廣義的抽象就是抽取對象事物的某一特徵，例如，我們可以從「白」花、「白」雪、「白」羽、「白」雲、「白」粉筆……等事物抽離出「白」這個性質；或者，我們可以從師生、父子、母女、朋友、同學、同事……等，抽離出「關係」這個性質。但是就狹義的抽象而言，特指將對象事物的「空間」、「時間」條件抽離的活動。例如，對於「蘇格拉底」或「孔子」這幾位個人而言，他們都是生活於某一特定的國度與時代的個人，如果把他們的空間因素與時間因素抽離，則某一個人的形象就消失了，只剩下一個普遍的「人」概念。就抽象作用而言，在理智裡也被區分成「主動理智」（intellectus agens）與「被動理智」（intellectus passivus）。主動理智是屬於主體性活動的一面，而被動理智是屬於客體性的一面。這兩者可以比喻為指環與蠟版的關係，指環可以在蠟版上留下印痕，但是指環本身並不在蠟版上留下任何東西。而這個蠟版上的印痕，就如同我們所謂的普遍概念。

第 四 節　感性知識與理性知識

 感性知識的種類

　　我們通過感官而獲得的知識就稱之為「感性知識」。為人類的知識的形成而言，感性知識非常重要。除非我們就像某些極端唯心論者所言，我們具有先天的知識，否則我們的任何理性知識都是從感性知識抽象而來的。我們的感官可以分成外在的感官和內在的感官。所謂外在的感官，就是五種感官：眼睛、耳朵、鼻子、舌頭、皮膚。而內在的感官

有四種：公共感官（common sense）、想像力（phantasy）、記憶力（memorial power）、評估力（estimative power）。

公共感官分辨各種感覺的不同，同時也綜合各種感覺於一個共同的對象之上。想像力可以把各種不同事物的印象重新組合成新的事物。記憶力則是再現先前感覺認識的印象。評估力是衡量事物之利害的感覺力。

感性知識的形成，在過程上極為複雜，認知心理學也有許多探討，但是就知識論而言，我們主要關切的是感性知識的真實性問題。如果感性知識的真實性發生問題，則感性知識無法成為其他知識的基礎，我們所有知識的基礎都將動搖，難以成立。古代有許多懷疑論的興起，其中一種理由就是認為我們的感官經常犯錯，感性知識不可靠，所以一切知識也就無從成立。因此，感性知識雖然不是知識發生歷程的主要目標，但是它如果有疑問，就會使我們的知識目標落空，所以關於感性知識的研究不可忽視它的價值。

二、感性知識的真實性

感性知識的獲得雖然不是認識過程的最後階段，但卻是極為關鍵性的階段，因為後續的認識活動都會以感性知識作為基礎，所以不能輕忽它的價值，否則將受到懷疑論的攻擊而摧毀知識論的基礎。我們肯定外在感官知識的真實性的理由：

1. 外在感官的知識是我們求生所必需的條件。必需藉助於外在感官的知覺才能求生避禍。

2. 外在感官的知覺不會錯。外在感官有時候產生錯覺，是在特定的條件下形成，不會發生突變。所以外在感官的知覺有其穩定性與統一性。

3. 我們的外在感官是我們生活的指導。我們對外在世界的判斷，初步是以外在感官的訊息作為參考的主要依據。

4. 我們的外在感官有其自然的欲望，這個欲望必須實現，因為「自

然的欲望不會落空」。各種器官都有其特定的知覺對象，朝向這個對象的傾向，說明感覺內容的真實性。

　　至於對內在感官知識的肯定也是極為重要的課題。如果我們否定了內在感官知識的可能，我們將立即危害到自我的認同，藝術創作的可能，甚至無法評斷利害關係而危害到生存。

三、理性知識

　　到目前為止，我們對於認識的過程都是處理具體、個別的感覺象，或印象，它們的共同特徵就是單一個體，受到一個特定空間與時間條件的限制。我們的知識活動絕對不會僅止於這個個別的表象，只要當我們說：「這件綠色夾克是絲絨的布料做成的」或「絲絨的布料是高級的衣料」，我們在做這些判斷的時候，所使用的謂詞都是比主詞外延更大的語詞。這代表「絲絨的布料」不專屬於這一件夾克；「高級的衣料」不專屬於絲絨的布料。這意味著我們還可以找到更普遍的概念來涵蓋單一的語詞。這表示除了單一的個別表象之外，還存在著普遍的共相（universal）。而這個共相既不能被感官所認識，也不能被想像力所認識，所以只能通過理性能力來認識。

四、理智的意義

　　從字義來瞭解「理智」這個詞的意義，它的拉丁文是 intellectus，這是由介系詞 intus（在內、向內）及動詞 legere（唸、誦讀）的過去分詞 lectus 合成。這二字合起來就是向內讀、向內唸；引申的意義即是研究、探討、瞭解的意思，最後被當成理智來使用。

　　理智獲得概念的關鍵在於它擁有「抽象作用」（abstraction）的能力。這個英文字源自拉丁文 abstractio，它是兩個字：ab（從）＋trahere（抽

出）的組合。此外它的希臘文άφαιρέσις（aphaeresis）意即take away。「抽象」的字面意義就是「抽取共相」，另一方面它也帶有「排除個別性」（individuality）的意思。就「抽象」的實質意思而言，可以區分成廣義的抽象與狹義的抽象。所謂廣義的抽象，就是從一具體的對象事物當中抽取出某一特徵，例如：顏色、聲音、形狀……等等。這些特徵都是不能單獨存在的性質，但是我們的理智卻可以把它們單獨從一個事物當中抽離。例如：我們討論「白」雪、「白」雲、「白」羽、「白」球、「白」石……等等，我們把「白」單獨從事物中抽取出來。狹義的抽象是指分離事物的具體形象，也就是把一個事物的空間與時間序列上的定位加以抽離。

有許多近代的學派並不認同抽象作用，例如：經驗主義者認為觀念的產生是由於經驗、印象不斷累積的結果，把觀念視為一種對於事物模糊的印象。我們需要概念或觀念作為事物在意識內的代表，以此概念作為思想的基本單位，以建立完備的知識體系。如果把這個概念當成只是印象的模糊聚合，則一堆具體個別的印象的累積仍然是具體個別的東西，它對於普遍知識所要求的普遍性毫無幫助。

五、主動理智與被動理智

我們的意識對於被認識事物的呈現，在不同的階段有不同的「心象」。感覺與件的呈現是「可感覺的心象」，而後成為「印入的心象」。這兩種心象都是具體而個別的。它們的呈現都是受限於空間、時間的條件限制。而理智透過抽象作用把這「印入的心象」抽離它的空間、時間條件，形成一個普遍的「可理解的心象」。這個關係如下圖示說明。

概念（源自對印象的抽象作用）：可理解的心象　┐
印象（源自先前的感覺）　　　　：印入的心象　├ 客體
感覺與件（源自感官）　　　　　：可感覺的心象　┘

　　這個心象被認識，不是認識活動的目的而是認識的媒介。我們認識
的最終目的是要認識真實的事物。理智在認識可理解的心象分別由兩種
不同的能力來進行工作：「主動理智」（agent intellect）和「被動理智」
（passive intellect）。「主動理智」的工作就是進行抽象作用，以便對事
物進行概念的認識。主動理智對事物抽象出概念，然後傳遞給被動理
智，被動理智的主要工作便是接受物的概念，並認識物的概念，進行理
解。

六、概念的特徵

　　在一般的語詞的使用上，我們經常浮泛地把概念（concept）與觀念
（idea）這兩個語詞混用，視為同義詞。但是嚴格而言，經過認識歷程
而得到事物之普遍而抽象的認識，這個認識的結果稱之為「概念」。它
的存在是後於事物而存在，是對於事物的認識的結果。而「觀念」則是
事物之存在的規範，事物根據觀念而成為某一種類的存有物。所以觀念
是先於事物而存在的，它是事物存在的模範。概念與觀念兩者本身同為
普遍而抽象的存在。

　　概念所表現的特徵如下所示：

　　1. 概念是我的意識的實在元素。經由以上的分析我們可以肯定概念
不是在意識裡，由主體性主觀地杜撰而成的幻影。它是根據知覺、印象
抽象而來，而且這些知覺、印象也是根據客觀的實體而產生，它們也具
有客觀實在的根據。所以概念是一個意識裡實在的內容。

　　2. 概念是意識的內容，它不能被化約成有形的與件。雖然我們獲得

概念需要從對經驗與件的認識開始，但是經驗與件之具體、個別的特徵，和概念之普遍、抽象的特徵完全不同。經驗主義者認為「概念」是比較模糊的印象，這是混淆兩種完全不同屬性的錯誤。概念與印象的差別不只是份量上的不同（概念可以同時代表一整個系列的事物，印象只代表一個單一事物），而且在性質上也不同（概念顯示為事物之可被理解的形象，印象只顯示為事物之被感受的具體形象）。理智把一切對象綜合於統一的概念之下，以一個單一的概念涵攝雜多的個別事物。

3.概念是抽象的，擺脫一切有形客體的具體時、空條件。個別經驗與件以空間和時間作為其呈現於意識的條件，但是普遍的概念已抽離空間和時間的條件。

4.概念經常直接地或間接地表現一個客觀的或生活的經驗。認識主體不能從無中生有產生空洞的概念，它若少了經驗與件的協助，就無從產生。沒有任何概念是天生的，除非它依賴經驗而獲得。

5.概念具有穩固的與精確的內容。一般缺乏抽象思考訓練的人，總是認為抽象的概念比起具體的感覺印象難於把握。因此，經常會有一種習慣把抽象概念以具象的印象來表示，例如：思考「三角形」的概念，意識中立即浮現一個三角形的印象（不管是等腰三角形、直角三角形、正三角形，或是紅色的三角形、黃色的三角形等等），有了這個具體的三角形的形象，似乎幫助我們認識三角形的屬性。但是如果我們現在要思考一個「正二十一邊形」的概念，我們的想像力對於圖形的把握，恐怕要比理智對這個幾何形概念的把握，來得模糊與不精確。再者，感覺印象總是受到具體、個別屬性的變遷而流動不定，但是概念總是確定不移。

第五節　知識的完成

我們從一開始就指明知識的完成在於判斷，所以接下來就要從判斷的意義開始，並說明判斷的性質。同時，我們也要接著處理認識的統一性，說明認識的歷程雖然複雜萬分，但是卻是有其一貫的統一性在協調各個不同的功能與認識結果。一個知識歷程的完成，並不是單獨倚靠理智就能克竟其功，意志與情感因素也和知識的結果互相吸引、互相影響。最後，我們應反省認識活動的目的，它究竟是一個觀念遊戲，還是一個深入實體的探測工作。

一、判斷

判斷（Judgment）是認識行為的完成，它是意識內主體同化客體的最高峰，經由判斷使我們確信主體確實已經認識或擁有客體。我們藉由一個判斷的形式來分析判斷的構成部分，例如：「這個是蝸牛」。在這個判斷可以分析成「主詞」（「這個」，subject）、「繫詞」（「是」，copula）、「謂詞」（「蝸牛」，predicate）。主詞所代表的是意識裡的經驗與件，也可以說是這一連串認識活動的最初起點。而謂詞所代表的是經由概念化活動（即抽象作用）所獲致的普遍概念。經驗與件和普遍概念在屬性上已經完全不同（具體對抽象；雜多對統一；個別對普遍），可是它們卻是同屬於一個首尾相連的認識歷程。於是需要一個把這個首尾連貫，或主、謂詞聯合的動作，就是透過判斷作用宣布這兩者原來是有從屬關係的，繫詞就是把這兩個詞加以結合的關節。

在到達了認識活動的最高峰，我們再次回顧我們的認識歷程可以發現它是如此展開的：主體首先受到具體客體的支配，客體在意識裡吸引

主體的注意；接著主體透過抽象作用產生客體在意識內的表徵，也就是概念。最後，經由判斷作用將主體與客體加以結合，在這個綜合作用當中找到主詞概念與謂詞概念的相應關聯。

二、判斷的特徵

1. 連結抽象概念和具體事物之間的統一。消彌因為概念形成過程中，抽象作用對實體的抽離，而引發實體被分解的難題。

2. 延續概念的統一工作。藉助於類概念對個體的斷定作用。

3. 完成認識的初步工作。藉助於意識對感性與件的統一與同化作用。在這個認識的初步工作完成後，也就代表主體對於客體採取一種「立場」。亦即，主體對客體表示一種認識的評價工作，採取「肯定」或「否定」的判斷形式。

三、認識行為的統一性

經過了對認識歷程一系列的分析之後，我們可以明瞭在意識裡的主體性一面和客體性一面，一方面展現在知覺作用、想像力、概念作用、判斷作用等主動認知的功能，另一方面則展現在感性與件、印象、概念、判斷等認識的結果。這兩方面的工作與成果，絕不是紛亂失序的雜亂無章，而是複雜而有秩序的統一性工作。我們可以發現在感性層次、理性層次，主體性的一面與客體性一面，都是二元平行地相對應，就猶如人靠著兩條腿一前一後的移動才能向前行動。

源自主體性的認識活動和發生在客體性的認識結果，兩者不是自始至終都要一直面臨分離的局面。我們只要從判斷作用的結果，就可以明瞭主、客二元的分析，最後要結合於主、客融合，或主、客相互同化的效果之中。這一切認識的最終目的並不是認識任何先天存在的觀念，而

是經由概念的把握，得到對實在界的認識或擁有。這最終的境界就是肯定主體在實在界之中，而實在界也經由主體而得到意義的顯揚。

四、認識主體的完整活動

認識主體作為一個存有實體，它不只是一個「有認識能力的人」而已。我們應該說人是一個擁有各種能力的完整實體，而認識能力僅只是他的諸多能力當中的一個顯著項目而已。就一個人的組成部分而言，可以區分成肉體與精神兩大部分。我們可以說整個人體各個組成部分都多多少少與認識活動有關，肉體的完善與認識的完成有相互影響的關聯；精神各方面的狀況也影響認識活動的表現。

(一) 身體因素與認識活動的相互影響

從肉體的方面來看，肉體的神經系統和感官活動都是作為認識活動的工具，在認識活動中，主體藉由肉體的感官吸取外在的經驗，對於體內活動吸取內在的經驗。認識活動與肉體的關係，呈現交互影響的狀態。認識活動的內容可以影響肉體的狀態，例如，當一個人突然發現他買的彩券中了大獎，他的生理反應可能是突然腦筋一片空白，不知所措。因為過度興奮而引發呼吸急促，心跳加速，無法睡眠等症狀。或者當他在暗夜突發的火警當中，發現自己身陷火海，為了逃生他的肌肉運動發出超乎平常的能量，讓他能大步跳躍、奮力舉起重物等等。這些都是因為對外在狀況的新認識而影響了肉體的反應。另外一方面而言，肉體所引發的狀況也會影響認識的結果，例如，當一個人感冒的時候，食不知味，甚至原來是甜味的食品，現在也嚐起來變成苦味的東西。又，例如，當一個人患牙痛很劇烈的時候，可能連做簡單的思考或加減法運算都感到很苦惱。

哲學入門

 —— 情感因素與認識活動的相互影響

從一個人的精神狀況來分析，他的精神活動包括情感、意志、理智三大方面。雖然理智是進行認識活動的主角，但是情感因素與意志因素也會和理智的認識活動互相影響。就情感因素而言，一個人對於認識對象如果有情感上的好惡，這個情感會影響理智認識的結果。例如，某人對於「榴槤」這種熱帶水果有特殊的喜好，則他對於榴槤的認知將會朝向有關這種水果的正面價值的方向，如：高熱量、高營養價值等方面，但是卻忽視它那獨特的氣味，可能無法讓人忍受。又，例如，某人對於他的兄弟鍾愛有加，所以在他的眼光裡，無論是儀表、舉止、學識都是優秀絕佳（儘管在他人客觀看來不過爾爾）。另一方面，認識的結果也會影響情感的發展。例如，某人對於某極度受大眾歡迎的公眾人物（電影明星、體育明星或政治明星等等），原本有極高的好感，但是因為在偶然情況看見了這個人物的人性怯懦自私的一面，爾後不再有好感甚而產生厭惡感。

—— 意志因素與認識活動的相互影響

意志的活動主要表現在欲望的活動上，我們可以說欲望的複雜性和知識的複雜性是平行發展的。在感性作用、想像力、概念作用等層次的活動上，都有欲望的平行發展，由於某種欲望的驅動力而推動了進一步的認識的作用。欲望表現為對於欲望對象的占有，這種占有的形式和認識活動主體占有客體的形式類似。被欲望的客體在整個過程也是一個同化作用的過程。欲望的活動表現於各種層面，如對於肉體欲望的滿足，也有對於精神欲望的滿足。知識的欲望活動屬於精神欲望，表現為求知欲或好奇心。求知欲或好奇心起源於人類精神的無知，即知識的缺乏。這猶如食欲起源自人類肉體的飢餓，即食物的匱乏。當適切的知識獲得滿足，也就是求知欲獲得滿足，在精神上就能顯示為對獲得知識的享

受。這種享受源自對知識的清晰認知，當獲得的知識愈是精確、澄澈、透明，知識的享受就愈高級。

五、知識的目的

　　我們反覆從各種方面來分析知識的形成過程，並不是為了一個知性上的遊戲，或追逐空泛的概念、觀念，甚至只是一個空洞的聲音、符號、標籤。我們的求知欲之所以不斷追逐新的求知目標，實在是源自真實知識的要求與滿足，最終就是要真實地擁有客觀實體。這就好像當我們飢餓的時候，光看著菜單上的美食名稱並不能真正滿足我們的飢餓，必須真的有食物被我們所占有、同化。同理，知識的匱乏，不能以獲得觀念或名詞為滿足，必須要這個觀念能夠真正呈現實體事物的本質，觀念或概念完成它表徵實體的任務，我們的知識才算完成，我們才能真正享受知識所帶來的滿足。

　　根據這個計畫而達到對實體認識的結果，才能成為形上學的前導。形上學的主要目地在於探索一切「存有」的真相與屬性，及其相關問題。面對各種懷疑存有之真實性的理論，或對存有之肯定不置可否的「不可知論」，如果不能對存有加以澄清其價值與意義，形上學的研究將趨於寸步難行。為免遭遇這種重大危機，知識論為形上學的存有研究清除障礙，是其極具價值的工作目標。

1. 請說明何謂認識，認識與知識如何分辨？

2. 請說明意識活動的特性。

3. 請說明認識活動的整體歷程。

4. 請說明外在感官知識的真實性。

5. 請說明理智的意義。

6. 請說明主動理智與被動理智的意義。

7. 請說明概念的特徵

8. 請說明判斷的意義與特徵。

9. 請說明意志因素與認識活動的相互影響。

10. 請說明知識的目的。

參考書目

1. 王臣瑞著，知識論（心靈與存有），台北市：台灣學生書局，2000 年。

2. 李貴良譯（汪斯丹博根著），知識與方法之批判，台北市：台灣商務印書館，人人文庫 197-198 號，1967 年。

3. Fernand Van Steenberghen, *Epistemology*, NewYork, Joseph F. Wagner, Inc., 1970.

第 3 章

知識的障礙

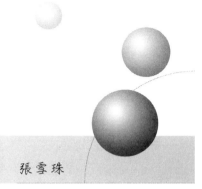

張雪珠

學習目標

認識有問題的知識理論，以避免重蹈覆轍。

摘要

探討懷疑論、獨斷論、批判論、不可知論以及相對論的內容，這些理論的來龍去脈，以及它們的問題癥結所在。

知識論探討我們獲得真確知識的可能性。但是歷史告訴我們，我們人類有些知識並不真確。有些知識被古人奉為金科玉律和認為絕對錯不了的，後來人卻發現，事實上並不是那麼一回事。由於有這些混亂的情況，無怪乎有學者們對於人類知識的真確性引起了懷疑，從而產生了各種的「懷疑論」、與之唱反調的「獨斷論」、想要徹底解決知識論問題的「批判論」、結果反而奠立了的「不可知論」，以及以為可以息事寧人的「相對論」。這些理論，除了獨斷論太誇大了我們人真實認知的可能性之外，都或是全盤否定，或是多少縮小了我們真確認知的可能性範圍。下面我們討論這些理論的來龍去脈，與它們的問題癥結所在。

第 一 節　懷疑論

懷疑論是否認我們人有真確知識的可能的學說。它幾乎存在哲學史的每一個時代。產生的理由不同，遂形成各種的懷疑論。

一、古希臘哲學的懷疑論

懷疑論在哲學史上最早可以推到赫拉克利圖斯（Heraclitus, 544-484 B. C.）。他的懷疑論有兩個動機，一個是神學的，另一個是宇宙論的。他不相信我們人能夠認識真理，因為我們的理智是分享神的靈性而來的，但是分享得太少，所以認識的能力很小，不能瞭解神所創造的真理，就像小孩不能瞭解他父親的真理一樣。另外根據他主張的「流動說」，宇宙間的萬物都處在永恆的流動變化之中，如同他的名言所說的：「你不能兩次踏入同一條河水裡」，因此人根本不能真正認知掌握什麼。

另一個在哲學史上以否定人類知識成名的，是詭辯派的果奇亞斯（Gorgias, ca. 483-375B.C.）。他提出了三個命題：(1)無一物存在。(2)即使

有所謂存在，也不可認知。(3)即使可以認知，也不能夠傳達。

　　還有就是柏拉圖的第一位老師克拉底祿斯（Cratylus, 5-4 Cent. B.C.），他本人則是赫拉克利圖斯的學生，所以也主張萬物流動說，而且比赫拉克利圖斯更極端。赫拉克利圖斯說，人不能兩次踏入同一條河水中，他則認為連一次也不能，因為河水不斷地在流動，當人踏入河水時，水已經流失了。宇宙萬物亦復如此，無時不在流動消失。因此他認為我們對於任何事物都不應當作判斷，因為在我們作判斷時，已經事過境遷了，我們的判斷與事實永遠不會符合。

二、學院派的懷疑論

　　柏拉圖逝世後，他創立的學院走向了懷疑論的路線。首先有亞塞西勞斯（Arcesilaus, 316-241 B.C.）主張，我們什麼都不能確定，即連什麼都不能確定，也不能確定。

　　接著卡爾尼亞得斯（Carneades, 214-129B.C.）堅持，我們什麼真理都沒有，既沒有理智的真理，也沒有感官的真理，當然也不知道什麼是快樂，什麼是痛苦。因為我們沒有分辨真理與錯誤的任何標準。真理超越了我們的能力，我們的能力只能達到概然性。

三、皮羅學派的懷疑論

　　真正有系統地倡導懷疑論的是皮羅（Pyrrho, ca. 360-270B.C.）。他的懷疑論可分為三點：第一，我們沒有能力認識物的真象，因為不同的人對於同樣的物，有不同甚至相反的感覺。所以我們認識的只是物的現象，而不是物的本質。物究竟是什麼？我們無從得知。就是物的現像是什麼？我們也無從查考，因為我們無法把物的現象與物的本身做比較。第二，我們既然不能認識物，那麼對於任何事就不應當作判斷，對於不

同哲學家的主張，既不接受，也不駁斥，常常保持緘默就是了。第三，由於我們對於物一無所知，又常保持緘默，所以我們應當追求安靜，度一個平安寧靜的生活。

不管是學院派的懷疑論或是皮羅學派的懷疑論，在實際生活上既無法履行，在理論上也矛盾重重。他們主張對什麼事都要懷疑，認為沒有真理，因此不要作判斷；然而這在實際生活上根本是不能實踐的。第一，他們不能懷疑和否定他們自己的存在。第二，在食、衣、住、行等實際生活上，他們不可能不作判斷，而且時時刻刻都要作判斷。第三，如果真要在生活上貫徹懷疑論，疑東疑西，那麼他們什麼東西都不能吃，什麼事都不能做，只能坐以待斃。

在理論上，懷疑論者不是陷於自我矛盾，就是強詞奪理：第一，懷疑論者說，我們對於任何事都不能確定，所以不要做判斷；然而他們已經率先確定了一件事，即：我們對於任何事都不能確定。同時他們自己也作了一個判斷，即：我們不要作判斷。第二，懷疑論者主張，我們不要接受任何主張有真理的學說，因為那些學說不能被證成；這不禁令人質疑，到底他們要我們接受他們的懷疑論是有真理的學說呢？或者要我們不接受他們的主張？第三，懷疑論者主張，我們對於任何事都應當懷疑，因為我們不能認識真理。但是，如果有人對什麼都懷疑，那麼他在某意義上一定認為自己才知道什麼是真理。第四，學院派的懷疑論主張，我們雖然不能得到真理，然而能夠達到概然性的知識，而且還能夠得到較高的概然性的知識。但是什麼是概然性的知識？只能夠說是距離真理不遠的知識。因此，如果我們能夠達到概然性的知識，那麼在某一個意義上假定了我們知道什麼是真理。總而言之，懷疑論者的基本主張在於兩句話：「我們對於任何事都應當懷疑」和「沒有真理」。但是這兩句話包含著自我矛盾，因為至少懷疑論者不能懷疑自己的存在。至於說「沒有真理」，奧斯定已說過：「如果沒有真理，沒有真理便是真理。」

四、近代的懷疑論

在文藝復興時代懷疑論再度興起。蒙田（Montaigne, 1533-1592）是近代最著名的一位懷疑論者，他堅決主張，我們的感官和理智無法得到真理，他的理由如下：第一，我們的知識是靠理智推理和感官經驗得來的，而理智推理最後必須依賴感官的經驗。問題是我們的感官經驗不到事物的本質。第二，我們認識的能力與我們所處的環境，以及我們當時的信念，有著密切的關係；然而我們的環境與信念常常在改變，因此我們的認識能力也隨之在改變。第三，我們的知識都來自感官的經驗，但是也許我們並沒有足夠的感官以經驗事物。而且，縱然我們有足夠的感官，幻想與錯覺也會欺騙我們，疾病與醉酒也可以誤導我們。第四，為證明我們的經驗的可靠性，我們需要使用一種標準來證明；但是這個標準是否可靠呢？所以這個標準需要另一個標準來證明它。這樣證明下去，一直到無窮，因此永遠得不到一個結論。從以上的理由，蒙田結論說，真理對我們而言，是遙不可及，單憑我們自己，永遠達不到真理，只有靠上帝的恩典，我們才能得到某些真理。

五、休謨的懷疑論

(一) 否認普遍概念

最徹底和最有系統的懷疑論者，則首推休謨（David Hume, 1711-1776）。他的主張代表了經驗主義的懷疑論。他贊成柏克萊（George Berkeley, 1685-1753）的觀點，認為我們不可能有抽象的觀念。自然地他也否定了一切所謂的普遍概念，因為普遍概念來自於心靈的抽象活動。否定了普遍概念，順勢地也就邁入了懷疑論。因為如果沒有普遍的概

念,我們便不能定義任何事物,提到人時只能說這個人或那個人,談到事物時就僅能說這件事或那件事。但是,知識的性質就是得脫離物的個體性,以形成普遍的概念。如果沒有普遍概念,不但應當沒有科學,其他一切學問也不可能存立。

(二)——否認因果原理和齊一原理與歸納推理

此外休謨否定因果原理。他認為原因的事實與結果的事實是兩回事,它們之間沒有必然性的連結,但由於在經驗中我們發現它們經常地一先一後相續發生,久之也就「習慣」它們這樣發生,而「相信」前者的事故必然具有能導致後者事故發生的能力。事實上,原因並沒有可以導致另一個事故發生的能力。因為一切有關事實的知識都是從經驗得來的;從經驗得到印象,由印象得到觀念。而我們並沒有原因必然產生結果之能力的印象,自然也就不能有原因與後果必然連結的觀念。

否認了因果原理之後,休謨進一步否認大自然的齊一原理。也就是說,我們不能證明我們沒有經驗過的事故會如同經驗過的事故一樣發生,因此也不能證明將來會有相似我們經驗過的事故的事情發生。

否認了因果原理和齊一原理之後,歸納推理也成為可疑的,因為歸納推理及其應用是建立於因果原理和齊一原理。也就是說,從特殊事件歸納推理的結論不能成為普遍的真理,更不能由此有效推斷未來的事件必定與過去的事件相似。

(三)——否認對物獨立存在的認識

否定了普遍概念、因果原理、大自然的齊一原理、以及歸納推理的有效性之後,不可避免地要產生我們到底能不能夠認識事物的問題來。休謨先是排除我們由感官認識事物的可能性。他以反證的方式解釋說,如果只有當物呈現在我們的感官前時,我們才知道物的存在的話,那麼當物沒有呈現於我們的感官時,我們就應當是不能知道物的存在的。因

此，如果說感官使我們認識物的獨立存在的話，那麼感官就必須時時不停地工作，即使當物沒有呈現於我們感官前時，也不例外，這顯然是一個矛盾而不可能的事。

休謨不但否認感官有使我們知道物繼續獨立存在的能力，也否定了理智有這樣的能力。按照他的說法，我們的心靈認識物時，只是對於物的知覺（perception），而且是經由感官才有的知覺。因此，感官不能使我們知道物的獨立存在，理智同樣沒有這樣的能力。

既然感官和理智都不能使我們知道物有繼續獨立的存在，那麼為什麼我們相信物有繼續獨立的存在呢？休謨將之歸於物本身具有的恆久性（constancy）和一貫性（coherence），以及我們的想像力。譬如在我窗前的那些山、房屋和樹木，常以同樣的姿態顯示給我，有時我轉過頭去，暫時不看它們，當我轉過頭來再看它們時，它們依然如故，沒有什麼改變，這就是休謨所謂物的恆久性。再譬如，如果有幾堆炭火，它們都有同樣的木材、同樣的體積，在同樣的時間內燃燒，它們的變化會是相同的，這就是所謂物的一貫性。物的這種恆久性和一貫性，使我們相信物有脫離我們心靈的認知，繼續而獨立的存在。

問題是，物的恆久性和一貫性雖然使我們相信，物有繼續而獨立的存在，然而它們並不使我們的信心到達堅信不疑的程度，因為畢竟我們對於物的認知或印象隨著我們的感官與物接觸的中斷而中斷。因此，縱然物有它們本身的恆久性和一貫性，但是它們並不能絕對的保證，物在脫離我們心靈的認知後，有繼續獨立的存在。為瞭解這個問題，休謨提出我們的想像力。這就是說，由於我們看到物顯示於我們的恆久性和一貫性，我們的心靈便會想像，在我們心靈的認知中斷時，必須有一個繼續而獨立存在的物，否則物不會在顯示於我們時有它們的恆久性與一貫性。換句話說，是我們的想像力將物的恆久性和一貫性，與物繼續而獨立的存在給聯繫在一起的。

綜合以上所述，究竟我們有沒有充足的理由相信，物有脫離我們心

靈的認知繼續而獨立的存在呢？休謨持否定的態度。究其原因，是因為他的基本主張是：我們直接所認識的對象只是我們對物的知覺或印象，然而我們對物的知覺或印象是否就代表實際存在的事物呢？對休謨而言，這是永遠不能解決的問題。其實，這也正是所有懷疑論者都認為是永遠不能解決的問題。

（四）——否認對自己位格同一性的認識

在休謨的經驗主義理論下，還會產生另一個問題，就是對於自己位格同一性（personal identity）認識的問題。普通我們都相信我們有位格的同一性，也就是說，我相信我就是我，我常是我，這是不會變的。但是我們真能認識自己位格的同一性嗎？休謨認為在哲學上沒有比這個問題更難的了。我們先問，我們能不能認識自己的身體？休謨的回答是：真正來說，我們認識的不是我們的身體，而是我們的感官所得到的一些印象而已。

那麼我們看一看休謨如何看我們對於心靈認識的問題。休謨不否認我們有心靈，然而他否認心靈是實體。他認為我們沒有心靈是實體的觀念。因為，如果我們有心靈是實體的觀念，我們也必定有心靈是實體的印象，因為觀念來自印象，但是我們並沒有心靈是實體的印象，況且印象不能代表實體。那麼心靈究竟是什麼？休謨說：「心靈是一種劇院，在那裡不同的認知連續的出現、過去、消失，而混入形態與環境的無止的變化之中。」或說：「我只是一堆不同的知覺，或不同知覺的集合，那些知覺以不可想像的速度，一個接一個的發生，且在永恆的流動之中。」這就是哲學家們所說的休謨的「一堆的理論」。很清楚地可以看出，他否認了我們位格的同一性。

（五）——對感官和理智的認識能力的質疑

關於我們感官的認識能力，休謨強調，我們在認識事物時，事物並

不能直接與我們的心靈相接觸，我們心靈認識到的只是事物的形象或知覺，而感官是事物的形象或知覺進入我們心靈的入口。因此，哲學使我們看出相信感官的自然本能是錯誤的。可是理智又不能證明事物的形象或印象僅是事物的代表，實在的事物不是形象或知覺；也許事實上事物就是形象或知覺。總而言之，休謨認為，我們沒有任何論證可以證明，我們的心靈所得到的物的形象或知覺是來自外界的事物；然而我們也沒有任何論證，足以證明那些形象或知覺與外界的事物完全不同。由於以上對於我們感官知覺與形象的質疑，休謨認為懷疑論者懷疑感官認識真實性的理論，是有理由的。

關於我們理智的認識能力，休謨分別從「抽象推理」與「事實推理」兩方面來檢討。從「抽象推理」方面來看我們理智的能力，休謨認為使我們對理智發生懷疑的理由，主要在於幾何學家與形上學家所講的空間與時間的理論。根據幾何學家與形上學家們所說，物體可以分成無限的部分。譬如甲這個物體，在它內包含乙這一部分；乙這一部分與甲相比，能夠無限小於甲，因為甲這個物體可以分成無限的部分。同樣在乙這一部分內包含丙；丙這一部分與乙這一部分相比，也能夠無限小於乙，因為乙這一部分也可以分成無限的部分。而後丙又包含丁等等，這樣推演下去，一直到無窮。休謨說，這種理論充滿荒謬與矛盾。

論到幾何學家們與形上學家們對於時間所講的理論，休謨認為更是荒謬絕倫。因為根據他們所說，時間有無限的部分，每一部分都是真實的，但是時間一部分接續另一部分地耗盡而消失。休謨說這種理論是如此的荒謬不經，不論誰，只要他的判斷力沒有被腐化，永遠不會承認這種理論的。

從「事實推理」方面來檢討，休謨把懷疑論者分為兩派：普通的懷疑論者與哲學的懷疑論者。前者之所以認為我們理智認識的能力不可靠，是由於看到不同時代和不同地區的人有不同的主張，即連我們自己在不同的情況之下也會有不同的判斷；這個指的是皮羅主義的懷疑論。

休謨認為這種懷疑論經不起實際生活的考驗。因為在日常生活裡，我們無不根據我們的理智在生活，誰也不懷疑我們理智認識的能力。但是休謨贊同哲學的懷疑論，它只限於對事實與存在問題的探討。這類的問題容許矛盾命題的存立，因為任何的存在者可以不存在；任何一個物的不存在，和它存在一樣，都是一個明白而清晰的觀念。這是建立於經驗的事實知識，不是來自於先驗的推論。換句話說，休謨支援的哲學的懷疑論，只承認由經驗得到的事實知識，不承認或是懷疑由先驗推論出來的知識。

綜觀以上休謨對我們的感官與理智認識能力的理論，沒有人會懷疑他不是懷疑論者，但是他不承認自己是懷疑論者。為什麼呢？能夠有兩個理由：第一，如同他反對皮羅主義的理由一樣，如果我們在日常生活上作判斷，我們便不是懷疑論者。第二，如果他承認自己是懷疑論者，那麼他也必須懷疑他自己的主張。

(六)── 評休謨的懷疑論

首先我們評休謨有關因果關係的理論。他不相信原因有產生後果的能力，而認為，人以為原因有使後果發生的能力，完全是習慣問題。對此我們可以提出兩點來反駁。第一，有時我們只要一次看到一個事故使另一個事故發生，不必有一百次或一千次看到，我們就相信它們之間有必然連結的關係。第二，如果我把手放進火裡，我「知道」火會燒我的手，不是我「相信」火會燒我的手。休謨還強調，我們是靠經驗才知道原因與後果的關係，因為我們不能證明我們沒有經驗過的事。因此，我們也不能證明將來相似過去。但是每當我們做某一行動的決定時，我們無不假定了將來會相似過去。沒有大自然齊一原理的觀念，我們不可能做任何的決定，而是盲目行動。此外休謨也質疑建立於因果原理和齊一原理的歸納推理的有效性。然而大半的自然科學、社會科學、人文科學，都以歸納推理為主要的依據，如果歸納推理被否認的話，那麼這些

科學的基礎就動搖了。這樣的結果顯然非常荒謬，而且不符合事實。

　　休謨的「一堆知覺」的理論否認了我們位格的同一性，沒有所謂的「自己」。但是，如果沒有一個知覺者，如何能夠有那一堆的知覺？如果「自己」只是「一堆的知覺」，我們如何分辨這「一堆知覺」和那「一堆知覺」的差別？我怎麼能夠知道這是我的認知，那是你的認知？我如何說「我」、「我自己」、「我的」？對於「我」認為「我」常是「我自己」的事實，休謨解釋說，那是因為我們有記憶力的關係。記憶力使我想起我以往的認知和它們之間的關係來，因此我便認為「我」常是「我」，有一個位格的同一性，其實那是虛構的。不過，休謨以記憶力說明我們位格的同一性，犯了循環論證的錯誤。因為記憶力要求我常是我，沒有「我」位格的同一性，不可能有我從前認知的記憶。

　　休謨的基本問題是，他是一個徹底的經驗主義者，認為經驗是一切知識的來源，反對心靈抽象說，而否定一切普遍概念，進而否定一切普遍命題。但是，休謨自己的經驗論中就預設了一些普遍命題，諸如：「經驗是知識的唯一源頭與判準」。所以休謨的經驗主義懷疑論是有問題的。

第 二 節　獨斷論

　　在知識論上，與懷疑論對立的極端立場，是獨斷論（dogmatism）。懷疑論質疑我們知識的可能性與真確性，而陷入於自我矛盾，是我們應當避免的一種知識論立場。獨斷論肯定我們知識的絕對可能性和絕對真確性，同樣也是我們應當避免的另一種極端主張，因為它對於人類認知能力未加說明的誇大肯定，會阻滯我們的哲學思考。

　　哲學家從不同的知識論立場所反駁的獨斷論，它們所意指的不是同一個立場的獨斷論。學院派的懷疑論者和皮羅學派的懷疑論者，當他們

提到獨斷論者時，所指的僅是不認同他們懷疑論的主張，而跟他們唱反調的學說，也就是泛指，凡認為我們人能夠得到某些真知識的學說。後來德意志觀念論者費希特（J. G. Fichte, 1762-1814），他口中的獨斷論者，則是指著康德（I. Kant, 1724-1804），因為康德的知識論承認，知識的構成除了悟性的思想之外，還需要感性的與料，而假定了物自身的存在。但是對費希特來講，如果假定物自身的存在，「我」便會失去自由，因為悟性的行動還要受到質料的限制，而他的觀念論（idealism）肯定「我」的整個自發性，就是認識的質料也必須是來自意識主體的設置。然而對康德本人來說，凡是不知道我們認識能力的性質及界限，卻仍大發議論者，是獨斷論者；因此，所有的理性主義者都是獨斷論者，因為他們的形上知識未經過批判卻認為真。鑑於以上對「獨斷論」名詞使用的混亂現象，我們有必要對獨斷論做一個界定，以分辨真正構成知識障礙的獨斷論，與不同學者口中的獨斷論；後者不一定是我們應當拋棄的獨斷論，相反的，駁斥別的主張是獨斷論者的，他自己也可能才是真正的獨斷論者呢！

　　鄔昆如教授給予獨斷論的定義是：「未經哲學論證就肯定一切，而且信以為真者」。簡單地說，獨斷論是未經過批判就相信。

　　由以上的描述，可以看出，獨斷論事實上不是一種學說，而更是做學問的一種態度，把未經證實的知識當作不可改變的真理。這種獨斷態度使真正的哲學工作無法進行，是我們應當避免的一種態度。

第 三 節　批判論

　　獨斷論的方法是未經批判就相信，與之相反的則是批判論的方法。最徹底的批判論的方法，出現在康德的《純粹理性批判》。鑑於理性主義的過分強調理性的洞悉能力，經驗主義太誇大感官經驗的認知作用，

康德意圖調和兩者。他採取的方法是，對我們的認識官能做徹底的分析，找出認知的先天因素，即主觀的認知條件，探討我們認知的過程，然後以這種分析為根據，劃定我們認知的範圍。按照他的分析，我們人的認知官能具有三層的結構：感性、悟性、及理性。這三層官能各有其先天的結構，各有其功能，不能混淆，次序也不能顛倒。

一、感性

感性的功能是「直觀」。所謂直觀即是直接的「看」。康德視之為接觸對象的最前線。感性怎樣地直觀，怎樣地看，決定我們認知對象的方式。

感性直觀能夠怎樣地看，決定於感性的先天結構。就像我們的肉眼能夠怎樣地看，決定於我們眼睛的先天結構一樣。感性直觀的先天結構，是空間與時間的先驗模式。空間與時間本身不是什麼客體存在的東西，也不是取自經驗的概念，更不是物自身，而是感性直觀的先驗模式。空間是外感官的主觀先天模式，它不是事物關係的普遍概念，也不是事物客觀的存在方式。時間是內感官的主觀先天模式，即直觀我們自己和我們內在狀況的先天模式。

空間與時間是使感性直觀成為可能的主觀模式條件。在空間與時間的先驗模式內所直觀到的，不是物自身，而是物的現象；也就是已被空間和時間模式所接納，而被安頓和被改造了的表象。物自身是不能被感性直觀的，而我們人只有感性直觀；康德只承認上帝有理性直觀。因此，對我們人的認知官能而言，物自身是不可認知的；雖然康德假定了物自身。他說，在直觀發生之前，必須有東西呈現出來，刺激感官，引起感官的活動。這些東西是認識最原始的材料，它們是混沌的、而無意義的。但是，這些「原料」與物自身的關係不明。而當它們被感性知覺（直觀）時，則又是已然透過空間與時間之先天模式所安頓了的現象，

它們與物自身的關係更是曖昧不明。

感性直觀到的現象雜多，為形成概念，需要加以綜合統一。綜合統一雜多的現象，是悟性的工作。

二、悟性

悟性是反省思考的官能。悟性的工作是針對感性直觀所產生的現象進行思考與判斷。現象就為悟性思考的與料，也是雜多；悟性的思想，就是以共同的概念，即先驗範疇，去統一和安頓這些雜多的表象，而產生普遍的概念。針對這些普遍概念，悟性再按照自己的先驗原理進行判斷，而構成所謂的普遍的與必然的判斷。因此，直接涉及「對象」的只是直觀，悟性的概念從不直接涉及對象，而是涉及「對象」的表象，不管它們是被直觀的現象或是已被思想為概念的表象。換言之，悟性的思考與判斷，是對「對象」間接的認知活動。

要完成知識，對悟性所獲得的普遍與必然的判斷，還要進行系統統一。這是理性的工作。

三、理性

理性是以先驗觀念系統統一悟性之概念與判斷的官能，這個工作稱為推論。理性對認知對象具雙重的間接關係，因為理性的推論，不是對感性直觀，而是針對悟性的概念與判斷。理性從不直接涉及對象，而只涉及悟性。所以理性的觀念比悟性的範疇，更遠離了客觀事實。

理性不製造概念，而只是安頓概念，即透過一個先驗觀念對悟性的概念做最大可能範圍的系統統一。如果說，悟性是以規則（概念）統一現象的官能，理性就是以原理（觀念）統一悟性規則的官能。

理性的行動是推論。理性的每一個推論，在求有條件存在者的先決

條件，此先決條件本身又預設其先決條件，條件系列之總合或最終原理是個無條件者，即一個統一原理的先驗觀念。透過先驗觀念，理性進行系統統一。康德提出三大觀念，進行三大系統統一：「靈魂」是思想主體無條件的絕對統一觀念；「世界」是現象條件系列的絕對統一觀念；「上帝」則是一切可思對象之條件的絕對統一觀念。

　　理性的先驗觀念，不是存有的原理；而是先驗的認知原理，即理性在認知的時候用以系統統一經驗認知之雜多的一個主觀原理。因此，先驗觀念沒有本體的應用性，而只有理性主觀認知的應用性。

　　其中「上帝」是最高的先驗觀念，康德稱之為「先驗理想」。就為理性的「先驗理想」，它也不是一個存有的原理，即不是一個本身必然存在而能說明世界一切存在的充足理由。它是理性最高的認知原理，也就是說，在「上帝」這個理想觀念之下，理性這樣看世界內一切的連結，「擬似」它們都出自「上帝」。它的作用是，使理性在認知過程上能夠儘可能地系統統一表象。

　　總而言之，一切認識由感官開始，經由悟性，結束於理性；或者說，一切認知由直觀開始，經由概念，結束於觀念。其中，悟性只對感性現象加工，理性則只對悟性加工。而且悟性與理性兩官能不是直觀的官能，因此不具認知的積極性格，對感性直觀而言，它們並不提供有關對象新的實在的認知。按照人的認知方式，我們的認識決定於感性直觀。感性直觀所獲得的，是現象。因此，人能夠認識的，只是現象，不是物自身，與物自身無關。

四、批判

　　康德對知識論的貢獻，在於他提出認知的主觀先驗條件。不過他的知識論最受爭議的是，按照他的批判，人只能認知現象，與物自身無關。雖然康德承認首先必須有東西刺激我們的感官，感性才開啟認識的

活動，但是這東西，即原料，它與物自身的關係曖昧不明。如果你說，原料應當來自物自身，那麼你已應用了因果觀念，而在康德的知識論裡，因果關係屬於悟性的先驗範疇，它只能應用於現象界，不能應用於現象之外的東西。此外，當我們知覺到東西時，這東西已是被感性直觀了的現象，也就是說，它已經通過空間和時間的感性先天模式的安頓，已被改造過了的表象，它與物自身的關係，比原料與物自身的關係更不清楚。這樣的認知，如同無源之水，完全不可理解。而且，若人的認知果真是如此，則令人質疑，自然科學是怎麼可能的呢？自然科學預設我們能夠認識事物本身的實在。

　　問題在於，康德以為我們人的認知決定於直觀，即決定於與對象直接的接觸關係。因為只直觀能夠直接「看」到對象。要認知，就必須看；而哪個官能看了，哪個官能就決定認知的方式。而我們人只有感性直觀。感性直觀到的，只是物的現象，因此我們人能夠認識的僅是現象。

　　雖然康德說：「思想無內容是空虛的，直觀無概念是盲目的」，好像知識無差別地出自直觀與概念、感性與悟性的組合。但是仔細地分析，不難發現，感性與悟性不僅在作用與作用的方式上不同，而且它們的作用有一定的次序，不能顛倒。先有感官提供對象，然後才有悟性的思想對象。提供對象的，不是悟性，而是感性。沒有感性直觀對對象的傳達，不能有悟性的範疇提供對象的概念。悟性的思想只透過感性直觀，才間接與對象有關。它只以概念綜合感性提供給它的與料，所以它對對象並不提供新的認知。能夠被認知的，自始已經由感性直觀所提供。因此，決定認知方式的，還是感性直觀，而不是悟性的概念。

　　與對象有直接關係的，是感性直觀。因此，認知的目標應當是感性直觀的目標，即現象的狀況。反過來，認知對象的判準決定於感官的知覺。能夠被感官知覺的，才可能是認知的實在對象；不能夠被感官知覺的，不可能是認知的實在對象。換句話說，感性直觀已規定了，我們人的認知不能超過現象的範圍。

　　至於理性的先驗觀念，對於對象的認知，在內容上也無所增益。它們在感官沒有相符應的對象，因為感官不能直觀先驗觀念所表達的對象。它們本身不是存有的原理，不能提出對象來。它們只具認識的作用，在認知上系統統一悟性的概念。理性對認知對象因而隔著雙重的間接關係，理性的先驗觀念比悟性的先驗範疇更遠離了客觀實在。因為理性的推論不是對感性直觀，而是針對悟性的概念與判斷。

　　換言之，悟性只對感性直觀加工，理性則只對悟性加工，所以認知的可能性與對象存在的方式決定於感性直觀：與感性直觀的條件相符合的則可認知，與之不相符合的則不可認知。我們認知的範圍被限制於現象的範圍，因為感官只按其主觀先驗條件傳達對象。

　　從以上的分析可以看出，康德在「認知」與「直觀」之間，劃了等號：認知是直觀。為什麼康德會在認知與直觀之間劃等號呢？這只能夠說是由於他將對象世界當作一個「圖片世界」來觀察所致。面對「圖片思想」的世界，要認識，就得「看」。但若對象不是圖片世界，而是存有的世界，那麼狀況應當有所改變。把握對象的不再是直觀，而應當是意向；意向以存有作為認知追求的對象。認知也不應毫無批判地決定於某個認知官能，更不能決定於感性直觀，因為感性直觀的只是原料，而原料本身是混沌的；所以將認知決定於感性功能是無意義的。認知應當決定於整個的認知過程，完成於判斷。

第 四 節　不可知論

　　不可知論可以追溯到古希臘詭辯學者果奇亞斯，他有三個命題，其中的第二個命題就是：「即使有所謂存在，也不可認知」。這樣他排除了一切知識的可能性與真實性。中世的唯名論也與不可知論有關聯，其中可作為代表的，首推歐坎（Wilhelm von Ockham, 1285-1349）。按照歐

坎，普遍概念只是思想物，代表著某個事物的記號。因此，普遍概念事實上只是普遍名詞。作為事物的記號，普遍名詞常是約定俗成的，也就是來自於我們人的一個虛構。換句話說，普遍名詞只是一個名目，我們以此稱它所表記的事物。但是它們不能表達被表記的事物的內在本質。因為對於事物的內在本質，我們根本無法認知；只有上帝能夠洞察。這樣在歐坎的唯名論下，對於事物內在本質的知識可能性，也遭到排除。不過真正有系統架構的不可知論，出現在近代，洛克和休謨及康德為代表。

一、洛克的不可知論

洛克（J. Locke, 1632-1704）區分物的第一性質與物的第二性質。物的第一性質是實際存在於物的性質，包括堅實性、延展性、型態、運動、靜止及數目等。物的第二性質則根本不存在，它們只是物的第一性質在我們的感官所產生的不同的主觀感覺觀念，諸如顏色、聲音、氣味等知覺。物的第一性質實際存在，洛克把它們歸屬於「某個東西」，並稱這個「某個東西」為「實體」。他還說「實體」就是「支持性質的東西」，或者就是「性質所依附的東西」。至於這支持性質的「實體」究竟是什麼？他說，那是我們不知道是什麼的某個東西。換句話說，洛克承認有實體的存在，而且區分精神實體與物質實體及第三類實體：上帝，但是對於實體的性質進一步的認識，他認為是不可能的。

二、休謨的不可知論

按照洛克，實體存在，但是不可認知；到了休謨的懷疑論，實體的存在被否認掉，因為我們並沒有實體的感覺印象。事實上休謨的懷疑論包含了某些的不可知論。按照他的經驗知識論，感覺經驗是人類知識的

唯一源頭。理性的功能，只在於將感覺經驗所提供的材料加以組合與整理。如果理性的推斷超越了經驗材料，則其推斷便是無效的。而感覺經驗所能掌握的，是呈現在我們面前的現象。因此，所謂事物的本質，根本就是一種幻相，因為它沒有呈現出來，不是我們感覺經驗的對象，是不可知的。所以肯定本質的存在，按照休謨，是不合法的。

如果事物的本質不可知，那麼對事物普遍而必然的判斷也不可能了，因為否認了事物本質的可認知性，對事物普遍而必然的判斷就失去了立足點。呈現在我們面前的現象，都是個別的和具體的，其中沒有普遍性與必然性。我們不可能根據具體和個別的現象，求得普遍而必然的判斷。一切普遍而必然的判斷或原理，都超越了經驗或現象，所以都是無效的。

但是我們怎麼有普遍而必然的判斷和原理呢？例如因果原理？休謨解釋說，我們之所以肯定某些原理是普遍而必然的，那是因為透過經驗的重複，而養成了一種「習慣」，每次遇到類似的現象，就發生類似的想法。久而久之，我們就不由自主地結論說：一切類似的事件都必須遵守同一的法則。其實，這完全是主觀的，在事實及邏輯上，都沒有根據。

休謨肯定感覺經驗的價值。事實上，感覺經驗在認知過程上，的確扮演著極重要的角色。不過，他的學說過分偏向感覺經驗，而產生了自我矛盾的問題。對此，孫振青教授在他的著作：《知識論》提出了正確的批判。首先，根據休謨的學說，普遍而必然的原理是無效的，但是他的根本主張：「經驗是知識的唯一源頭」，就是一條普遍原理。按照他的說法，普遍原理不可能是單靠經驗成立的，所以他的這個原理也不可靠，它只是理性一個荒謬的假設而已。其次，我們必須承認感覺對象應該有其客觀的和獨立的存在，有其客觀的本質，否則我們的感覺的「被動性」不可能獲得合理的說明。另外，客觀對象中即使不含普遍的性質，但卻含蘊著「具體的通性」。這些具體的通性，即是普遍概念和普遍原理的客觀基礎。最後，悟性之能夠形成普遍而必然的原理，我們必

須承認，乃是因為悟性具有先天的模式與邏輯規律。關於這一點，休謨完全忽略了，而康德已經提出糾正了。

三、康德的不可知論

康德假定「物自身」的存在，但把它歸列於不可知的範圍。因為，按照康德所說，呈現於我們感官面前的，是些不確定的東西，稱為「原料」。原料被納入感性先天的時空模式，而取得了空間性和時間性之後，稱為「現象」。現象再被悟性的先驗範疇綜合統一之後，才能形成概念與判斷。「現象」是一個關係名詞，是物自身或本體的現象。如果說現象是「現」出來的東西，那麼本體就是沒有對我們的認知官能「現」出來的東西。如果說現象是進入感性和悟性之先天模式的東西，那麼本體就是不能進入感性及悟性之先天模式的東西。如果稱現象為「可感的」，那麼本體就是「可理解的」。現象與本體這兩個概念是分不開的，現象是本體的現象，本體是現象的本體；因此，康德的現象知識論必須假定物自身的存在。但是，物自身是不對我們的認知官能「現」出來的東西，所以物自身或本體是不可知的。

康德將物自身或本體排除在可能認知的範圍之外，完全符合他的哲學系統。按照他的哲學系統，因果原理只能應用於現象界，而不能應用於本體界。因此，我們不能根據原料，透過因果原理，而推論出一個本體界。其次，「原因」和「存在」都是悟性的先驗範疇，若將這些先驗範疇應用於本體界，則毫無意義。如果有一個本體界的話，那也應該是不可認知和不可言說的。

關於康德對現象與物自身的看法，孫振青教授的批判切中問題所在，我們摘要引述如下：第一，依照康德，範疇、圖式、原理、統覺等等，這一切知識的主觀條件，都不是憑經驗或論證而獲知的。它們是根據普遍而必然之知識的事實而設定的。意思是，我們有普遍而必然的知

識，而這只能來自這些先驗的主觀條件，所以我們必須設定這些主觀條件。否則的話，普遍而必然的知識這一事實即是不可理解的。孫教授採取同樣的步驟證明物自身的實存。因為呈現於感官面前的原料，是一項事實。根據這項事實，我們必須設定客觀對象的存在，否則無法解釋原料的事實。第二，依照康德，因果原理不僅是先驗的，而且是純粹的。這即是說，在實在界並沒有相應的因果關係，因果原理沒有絲毫的經驗基礎。為此，依照康德，因果原理只能應用於現象界，而不能應用於本體界。對此，孫教授指出，因果原理雖是先驗的，然而卻是以客觀事實為基礎。因此它可以應用於「整個」實在界。所以可以憑著因果原理而證明客觀對象的獨立存在。即物自身存在。第三，原料被納入感官的模式之後，稱為現象。所以現象是客觀原料與主觀模式的結合體。物自身則是指客觀對象的本然狀態，它們不能被納入感官的模式。就此意義言，現象與物自身是有區別的。但是，依據孫教授，我們的先天模式只能「改造」原料，而不能「創造」原料。原料必須另有來路。這來路即是物自身。如果否定物自身，則原料變成無源之水，而不能獲得充分的說明。原料既然來自物自身，則它與物自身必有密切的關係。一切現象皆含有指涉性，它們必然地「指涉」著物自身。現象是物自身的作用與表現，物自身是現象的根本與能源。就此意義言，現象與物自身是絕對分不開的。第四，因此，我們的感性至少間接地觸及了本體界。我們的概念不僅代表現象，並且指涉著整個實在。我們的原理不僅統轄著現象，而且統轄著整個實在。換句話說，我們知識的對象是整個實在。

　　康德的不可知論還出現在他對形上學對象的主張。按照他的說法，靈魂、自由、及上帝等等形上學對象是不可知的，所以形上學是不可能的。因為他認為，知識的與料只來自感性直觀，而這些形上學的對象不是感性直觀相稱的對象，因此不可知。它們只是理性的先驗純觀念，僅具有認識的作用，即是認識的原理，不是存有的原理。不過，這些觀念不含矛盾，因而我們也不能肯定它們不可能存在。我們根本不知道它們

是否存在。

　　但是，如果我們承認知識完成於認識的整個過程，而不是單單決定於感性直觀，那麼不能如同康德一樣，以能否被感性直觀來決定是否可知不可知。所以康德以不是感性直觀相稱的對象來斷定靈魂、自由、及上帝等形上學的對象不可知，是一個錯誤的理論。況且康德所列出的人類知識的一切先天因素或主觀條件、時空模式、悟性的範疇及原理等，也都不是感性直觀的對象。然而它們是《純粹理性批判》的中心思想和主要討論的內容。康德如何列出這些先天因素的呢？這是因為他認為，普遍而必然的知識是一項不可否認的事實，這一事實「要求」我們設定先天因素的存在。

第 五 節　相對論

　　相對論者主張，世界上沒有所謂的絕對真理，只有相對的真理。對一個人來講是真理的，對別的人不一定是真理；在一個時代人認為是真理的，在另一個時代人能夠認為是錯誤的；在某一個地區人奉為真理的，在另一個地區人能夠不那麼認為。支持相對論的理由不同，產生不同型態的相對論，根據柴熙教授，主要可分兩種：真理決定於認識主體條件的相對論與真理決定於認識目的相對論。

一、決定於認識主體條件的相對論

　　在哲學史上首先出現的相對論是普羅達哥拉斯（Protagoras, 481-411 B.C.）所提倡的感覺相對論。按照他的說法，對於事物的感覺因人而異，對於事物的認知也因人而不同，就像老人與少年走路不同一樣。因此，事物對於我顯示如此，對你顯示不見得如此；一陣風颳來，我覺得冷，

你可能覺得不冷。他的名言：「人是一切事物的衡量」。還有另外的兩
句話，也都說明人如何衡量事物，事物就是那樣：「什麼對我是存在的
物，什麼對我是不存在的物，我是審判者。」「我們每一個人都是什麼
存在與什麼不存在的衡量。」問題是，既然人人都是事物的衡量或審判
者，而人人對於事物的認知又各不同，那麼誰的認知是對的，誰的認知
是錯的呢？普羅達哥拉斯的答覆：每個人的認知都是對的，因為每個人
都有個人的認知情況，只是有些人的認知較好，有些人的認知較不好。

狄爾泰（Wilhem Dilthy, 1811-1911）首創心理說的相對論。他認為個
人的思想結構與趨向不同，對於真假的認知也不同。他依照不同的人生
觀將人類分屬三種不同的思想型：(1)自然主義的思想型，重視物質能
力；(2)自由理想主義的思想型，主張精神能克服物質；(3)客觀理想主義
的思想型，否認物質能力而主張物質是自我精神的形成物。三種思想型
的心理因素不同，個人的真假認知也就有了差異。此外，斯普蘭格（Eduard
Spranger, 1882-1963）主張一切人都不出下列六種思想型：即社會的、經
濟的、政治的、理論的、美術的、和宗教的。他同樣把認識的原因歸於
人心理的不同結構，主觀的色彩濃厚。

另有學者認為我們對真理的定奪，受社會環境、或團體與時代的
「客觀精神」，或「時代思潮」的影響，也就是說，真理是有時間和地
方性的，隨時代和地區而變遷，這種主張叫作歷史觀的相對論，其中斯
賓格勒（Oswald Spengler, 1880-1936）為代表。他以為真理屬於文化的個
別精神。他將西洋文化區分為埃及、希臘、羅馬、及阿拉伯等四種文
化。它們各自有其特殊精神與特殊性格。在此地承認的真理，只限於此
地適應。屬於此種文化內的人，絕不能曉得另一種文化內的人的思想。
即使在同一文化下培育的人，由於自己時代精神的約束，只能看見自己
先人的文化產物的外表，難能體會它們的真相。

二、決定於目的的相對論

支持目的相對論的學者，認為我們的思想為目的所支配。按照他們的主張，我們人類的認識，概念、判斷、推理、以及一切信念之所以有價值，不是因為它們符合客觀的事物，而是因為它們有「效率」。也就是說，因為它們能推進並且提高我們的生活，所以是真。對生活不同面的強調，看出不同的需要，而產生不同的相對論。譬如因果律被認為真，因為它能夠滿足我們理論的需要，幫助我們瞭解新事物的發生。自由意志對於道德生活是必要的，所以也被認為真。總而言之，意志實際上是否自由，因果律是否合乎實際的現象，無須考察其客觀的真實性，只要探究這些信念或假定有著什麼效驗。

三、對相對論的批判

相對論者主張，人類具有不同的思想型和不同的認知目的。這講法在某種意義下是真的。我們的判斷往往受到主觀因素，諸如個性、心態、教育、環境、以及文化背景等等的影響。這些的確能夠說明對一個對象所以有不同思想、甚至錯誤的產生，但是若把它看作一種理論的學說，則缺少足夠的基礎。最後相對論自相矛盾。相對論者提出相對論，無異宣示有一個絕對真理，即人的認識是相對的；而相反了自己的主張。

1. 試述懷疑論者的主張。

2. 試述獨斷論者的主張。

3. 試述批判論者的主張。

4. 試述不可知論者的主張。

5. 試述相對論者的主張。

參考文獻

1. 柴熙著，認識論，台灣商務印書館，民 80 年第六版。

2. 孫振青著，知識論，五南圖書出版公司，民 83 年三版二刷。

3. 王臣瑞著，知識論‧心靈與存有，台灣學生書局，西元 2000 年初版。

第 4 章

知識的理論

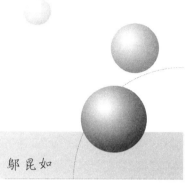

鄔昆如

學習目標

1. 學習如何獲得「真」知識？
2. 運用「主體」所有認知官能：「感官」、「悟性」、「理性」→
   銳敏頭腦的訓練。
3. 「客體」全方位的對象：「知物」、「知人」、「知天」。
4. 「真理」的定義：「符應」或「開顯」。
5. 知識的目的：「知即德」或者「知識即權力」。

摘要

1. 以縱的「歷史發展」，依編年次序介評自古到今的「知識論」學
   說。西洋「知識論」較有體系的鋪陳，而中國「知識論」多隱藏
   在道德之中；不過，二者都以「才德兼備」作為學者的條件。

2. 知識乃哲學「入門」；「入門」意義，是要引導學者登堂入室，
   進入「形上學」。形上「本體」的認識，以及其開展的宇宙和人

生，雖可以是「知識論」的範圍，但畢竟超越「知識」而進入「本體」。

3.「知識論」學說多彩多姿，百家爭鳴；吾人設法「存異求同」，讓人類「知性」能發揮功能，攀爬至「存有本體」高峰；而不去「刻意求異」，褒貶各種「知識」的真假對錯或學說優劣。

4. 本章重點在於下列幾大課題：「知識如何產生」？「知識內涵為何」？「知識」功能為何？求「知」方法大觀。

第一節　希臘時期

　　西洋文化發源和發展都在地中海沿岸，尤其是希臘半島是哲學發展的領域。西元前八世紀開始就先有神話，敘說人與神之間的趣事，後來才興起哲學。哲學使人的「悟性」，向上攀爬至「無限」（A-peiron），而成為「形上學」，往下探底到至小的「不可分」（A-toma，「原子」），而開創「物理學」。無論向上攀爬或往下探索，都是「知識」的課題，都是人性利用自身的認知工具：「感官」、「悟性」、「理性」等，針對客體的「分析」或「綜合」、「歸類」或「抽象」而獲得知識。

　　早期哲學家尋找到「無限」和「不可分」，正如《莊子》書中惠施所提出的「至大無外，謂之大一」以及「至小無內，謂之小一」，可以說把宇宙的兩端：至大的「無限」以及至小的「不可分」都刻畫出來。

一

　　蘇格拉底（Socrates，470-399 B.C.）述而不作，其弟子柏拉圖在《對話錄》中，記載乃師蘇格拉底的生平和學說。蘇格拉底學說在「知識」課題上有兩大貢獻：一是解說「知識」的「形成」，二是說明「知識」的「功能」。

　　在「知識」的「形成」上，蘇格拉底用了「概念」（eidos, concept）一詞，這「概念」是由「悟性」的「歸類」和「抽象」所得。吾人「悟性」能把具體的、個別的、單獨的事物，透過「歸類」和「抽象」，促成抽象的、普遍的、共相的「概念」。

　　比如從張三、李四、王五、趙六等，歸類出「人」的「概念」，再從這隻鴿子、這隻狗或那條魚，抽象出「禽獸」的「概念」；再從「人」和「禽獸」往上歸類出「動物」，與那從這棵樹、那朵百合花、這株含羞草所綜合歸類出的「植物」，再歸類為「生物」，「生物」還可以和這堆沙、那團土、那塊石頭所形成的「礦物」，再往上歸類為「物」、「存有」、Being。從個別的事物一直「歸類」到最高概念的「存有」（Being），也就形成金字塔型的架構，這架構顯然就是宇宙的「概念」藍圖，包含了天地萬物。

　　「概念」以上的世界，是共相的、抽象的、普遍的；「概念」以下的世界，是個別的、具體的。蘇格拉底的弟子柏拉圖（Plato, 427-347 B.C.）因此而開展了「二元論」（Dualism）的世界藍圖：「觀念界」與「感官界」（Kosmos noetos & Kosmos huratos, Ideal world & Sensible world）。

　　蘇格拉底對「知識」功能的釐定，首先是那句「知汝自己」（gnothi seauto, know thyself），把「自知之明」作為「知識」優先的考量；再來就是「知即德」，把「知識」和「德行」等同起來，把教育的目標定位在「做人」的道德事工上；教育是要教出「才德兼備」的學生；對那些

「有才無德」的知識份子，蘇格拉底是瞧不起的。「才」是銳敏的頭腦，「德」是豐饒的心靈，人性的完備是二者兼顧的。

柏拉圖的二元世界，賦予乃師蘇格拉底金字塔型的宇宙藍圖的解釋及價值判準：「觀念界」是不變的、永恆的；「感官界」變化莫測，有時空的限制。不過，人由靈魂構成，靈魂乃常住「觀念界」，而肉體來自「感官界」。在「知識」的課題上，柏拉圖採用「記憶說」（Anamnesis, Memory）：意謂著「感官界」是「觀念界」的投射，乃「觀念」上之複印；靈魂常住「觀念界」，因而認識所有「觀念」，靈魂降凡塵世，受困肉體，但透過肉體官能對於外界的接觸，仍然可以「記得」以前在「觀念界」的知識。

當然，柏拉圖的這種「記憶說」，還包含了「知識」的內容，那就是「至善」（auto to agathon, Good itself）所包含的「真」和「美」，人的天生「觀念」，也就有對「真」、「善」、「美」的追求傾向。

柏拉圖弟子亞里斯多德（Aristotle, 384-322B.C.）雖然非常崇拜乃師，但亦有「吾愛吾師，但更愛真理」（Amicus Plato, sed magis Veritas!）的感嘆；亞里斯多德並不贊成柏拉圖的「記憶說」，而以非常實際的「感官」作用開始，從看得見、聽得到、摸得著的事物開始，走回師祖蘇格拉底的「歸類」和「抽象」，提升吾人「悟性」的能力，把乃師柏拉圖「向下之道」的「記憶」，轉化成「向上之道」的「訴求」；其大著《形上學》（*Meta ta physika*）開宗明義就是「人人生來求知」。「求知」是要知道真象，知道「真理」，知道「形上」本體。亞里斯多德建構了從「知

識」走向「形上」的道路，肯定及證成「思想和存在一致性」的古老傳統。

在這方面，亞里斯多德寫了五本書，作為「知識」方法論，那就是其《工具書》（*Organon*）書，有《範疇》（*Kategory*）、《分析前論》（*Analytica priora*）、《分析後論》（*Analytica posteriora*）、《論詮釋》（*Peri Hermeneas*）、《論題》（*Topics*）。「工具」是思想法則，是「邏輯」和「理則學」，分析和綜合語言所表示的意義。

亞里斯多德利用師祖蘇格拉底的「概念」，作為「知識」的原始單元，然後以「符應」為真的立場，把兩個或兩個以上的「概念」連起來（肯定「判斷」），或分開（否定「判斷」），就成為「判斷」。進一層，將兩個或兩個以上的「判斷」連起來或分開，就成為「推論」。這種三階段形成的「概念」、「判斷」、「推論」就是思想的進程。其中最後階段的「三段論法」（Syllogism），經由「大前提」、「小前提」到「結論」，把「思想的法則」闡述清楚。

「邏輯」是「思想」的法則的鋪陳，「範疇」則是「存在」的法則的描繪。「存在」有「自立體」（實體，Ousia, Substance）和「依附體」（屬性，Accidentia）之分：前者是事物本身，後者則需依存於實體之特性。實體如桌子，屬性如長、闊、高、顏色等。

亞里斯多德承傳師祖蘇格拉底，深信「悟性」可以把握客體，亦即可以建立「知識論」，人有能力認識真理，「悟性」能分辨真假對錯。進一層，「知識論」乃哲學之「入門」，「形上學」才是哲學的「體」，哲學的殿堂；「知識」的目的是引導人進入哲學的殿堂。「知性形上學」是可以成立的。為此，亞里斯多德除了研究「工具」，以及數不清的植物學、動物學之外，尚著作了《形上學》（*Metaphysica*）大著，闡明蘇格拉底金字塔型的宇宙藍圖中最高的「存有」概念；而「形上學」即為探討此「存有」的學問。

此外，亞里斯多德理論哲學包含了「知識論」和「形上學」，但哲

學除了「知」之外，還要「行」，是要知行合一的。「行」的「實踐」在亞里斯多德哲學體系中，就是那三大部《倫理學》（*Ethika*）。亞里斯多德哲學於是成了：「知識論」為「入門」，「形上學」為「體」，「倫理學」為「用」。二千多年來西方哲學的根本課題，都以這三門功課為基礎。

「倫理」的重視，也就是肯定「知即德」的傳統。

第 二 節　羅馬時期

希臘哲學從哲學之父泰利士（Thales, 640-546 B.C.）的生，到亞里斯多德的死（322 B.C.），一共三百年；但羅馬時期則長一倍（從亞里斯多德的死到基督宗教自由，公元 313 年）。希臘三百年哲學百花齊放，而羅馬六百年則乏善可陳，只有二、三流的哲學家可供參考：

先是司多噶（Stoa）學派，首先把「邏輯」（理則學）引進羅馬學界。不過，此派的學問多在「修辭學」（Rhetorica）方面；最多涉及一些「辯證」的技巧，談不上哲學的定位宇宙和安排人生。此外雖對「形式邏輯」有些推廣，不過皆無能從「知識」走向「形上本體」；而是在「思想主體」上找到「精神」（Logos），算是成果之一。

其次是伊比鳩魯（Epicureans）學派，否定「知識」的可靠性能依賴「邏輯」及「辯證」，而認定「知識」的唯一可靠來源是「感官」，這就是往後「經驗主義」所支持的理論。

第三個學派是「懷疑論」（Skepsis），一方面反對教條主義，另方面反對傳統。

第 三 節　中世時期

　　中世在西洋歷史分段中最長，最少有一千二百年（從信教自由 313
B.C.到宗教改革 1517 A.D.）。這悠長歲月都是基督宗教哲學的時期：前
半期是「教父哲學」（Philosophia Patristica），後半期是「士林哲學」
（Philosophia Scholostica）。

　　中世由於耶穌基督改革了希伯來信仰，融通了希臘哲學和羅馬文明
而成。因此，「信仰」和「知識」的衝突和和諧，成為思想界的大事，
也是核心的哲學課題。教父時代，設法融通「信與知」，士林時代則將
「信與知」分開。

　　「信仰」的真理是「從彼岸來的信息」，是「啟示」，因而給西方
哲學帶來了更深更廣的「知識」領域。

　　教父時代的「信與知」融通的嘗試，即以「信以求知」（Crede, ut
intelligas!）和「知以求信」（Intellige, ut credas!）雙向的交互作用。最先
有「知識主義」（Gnosticism），認為「信仰」的內涵也是「知識」的對
象，吾人有能力可以「理解」信仰的「啟示」。於是，在實際運作上，
信徒要設法以「理解」來詮釋「信理」，完成「信訴求知」（Fides quaerens
intellectum）的目標。

三

教父時代思想家輩出，其中尤以聖奧斯定（Aurelius Augustinus, 354-430）為首，開展了「心靈哲學」（Philosophy of Mind），以「心靈」的「愛」和「追求」，作為哲學的核心，甚至提出「我的份量乃我的愛」（Pondus meum amor meus）。奧斯定認為，對「啟示」的真理，是由上天的「光照」（Illuminatio），而「心靈」接受的「信」來完成。「信」與「知」是可以互換的。

最後的一位教父波其武（A.M.S. Boethius, 480-524），在「知識」上做了體系的貢獻，波其武提出「七門功課」，作為進入「知識」之門的初階，即是「七藝」（Septem Artes Liberales）。「七藝」分由形式的「三目」和內容的「四科」。「三目」（Trivium）是「文法」、「修辭」、「辯證」。「四科」（Quadrivium）是「算術」、「幾何」、「天文」、「音樂」。

四

八世紀時，德語區出現了一位英雄人物，即加祿大帝（Karl der Grosse, 742-814），其「養士」的設計，使北方三大蠻族（德、法、英）洗刷了惡名，而謀求在知識上與羅馬一較長短。公元 800 年，羅馬教皇冊封其為查理曼大帝，成為神聖羅馬帝國第一任俗人皇帝，開創了政教分離的端緒。大帝「養士」是全方位的，圖書館乃過去之知識份子，士大夫為當時之知識份子，而學生則是未來的知識份子，十三世紀之所以可以創立大學，大帝之功不可沒。

五

查理曼大帝的「養士」（知識份子集結），加上十世紀到十三世紀悠長的十字軍東征，更集結了地中海沿岸的知識份子。十三世紀時，各種條件成熟，於是有「大學」（Uni-versitas，字義即為「趨向統一」）的設計，不但集結知識份子，也集結各種知識。

《舊約聖經・創世記》第一章的人性三重祝福，給了當時主事者靈感，設計了大學三階段：人文、社會、自然。人的靈魂是上帝的肖像，界定了「人」的本質，是人文學院研究的主題。亞當獲賜伴侶夏娃，界定了人際關係，是社會的主題。然後上帝託人掌管天上飛鳥、地下走獸、水中游魚，這乃「人與物」的自然科學課題。

此外，主管教育者又發現，在人類文明發展中，尚有兩種行業：那是醫生和教士，前者關懷肉體健康，後者提供精神生命之所需。於是，綜合大學除了人文、社會、自然之外，尚有醫學院和神學院。

於是，「大學」成為全方位的知識進路的場所。

六

當時，政教分離尚未徹底，教士們對俗世的名利權位仍懷有貪念，於是有志之士創立「修會」，會士們以「三願」：「絕色」、「絕財」、「絕意」作為奉獻心身的出家行為，以避免俗世的名利權位，以提升宗教情操。

會士們由於心無旁鶩，學問與德行都不斷精進，於是成為大學中的優良師資，對學生而言，他們身教兼言教，正如亞里斯多德對柏拉圖的崇敬一般：老師有學問、有德行、生活幸福。

「知」、「德」、「福」一致的教育設計，原是「大學」創設時的

理念。

七

初期「士林哲學」的「共相之爭」（Universalia-controversy），是哲學界的盛事，也是「知識論」問題決定性的爭論。心儀柏拉圖學說的學者，主張「先物共相」（Universale ante rem），意即「觀念界」的常住，乃所有「感官事物」的先天模型，追隨亞里斯多德學說的人士，則主張「後物共相」（Universale post rem），以為事物優先存在，吾人乃依存在物的「抽象」才得「共相」。

在你來我往的辯論沒有終結時，出現了折衷派的「在物共相」（Universale in re），結束了「共相之爭」。知識問題上也就重新肯定了「思想和存在的一致性」的傳統。

八

「士林哲學」全盛期最偉大的代表是聖多瑪斯（Thomas Aquinas, 1224/5-1274）。聖多瑪斯追隨亞里斯多德的學說，認定「自然理性」可以塑造哲學體系，以與「超然理性」的信仰接受「啟示」一般。聖多瑪斯用了全方位的「知物」、「知人」、「知天」的知識內涵，以及主體的「感官」、「悟性」、「理性」；並且把「理性」分為主動與被動，主動創造知識，被動接受資料。聖多瑪斯時代，亦為西洋各宗教融通時代：天主教、猶太教、伊斯蘭教三教學者都匯集巴黎大學，並且公推聖多瑪斯為代表，開設「神學」課程，在教外無神論者前，替有神論者辯護，這也就是其《駁異大全》（*Summa Contra Gentiles*）形成的背景。

聖多瑪斯利用「因果原則」（Principium Causalitatis）提出了證明「上帝」存在的「五路證明」（Quinque Viae），利用物理「因果」的觀察和

抽象，走向「超物理」（「形上學」字義就是「超物理」，Meta-physika）。

　　聖多瑪斯和亞里斯多德一般，認定「感官」知識為知識的入門，無「感官」即無法開展知識工作；不過，「感官」只提供資料給「悟性」，「理性」則真正把資料加工才形成「知識」。這「知識」的「真理」因而也就是「主客符應」（Veritas est Conformitas inter intellectum et rem）。

　　「知識」的目的是建立「形上學」，「形上學」是為了擬定道德規範，因而，「知識論」、「形上學」、「倫理學」的順序，是哲學學習的進程典範。

九

　　後期「士林哲學」逐漸沒落的理由：一是本身缺乏新血輪，二是主張「後物共相」的「唯名論」（Nominalism）死灰復燃。其核心人物是歐坎（William Ockham, 1285-1349），歐坎否認「悟性」有「抽象」和「歸類」的能力，因而亦認為所有「概念」都是「空言」（flatus vocis），都無所謂。歐坎的名言「除非必需，存在不必增多」（Entia praeter necessitatem non sunt multiplicanda），此語被譽為「歐坎剃刀」（Ockham's razor），意即刮掉「形上學」鬍子。

　　「唯名論」的興起和發展，宣告了中世哲學的沒落。

第四節　近代

一

　　近代自然科學的興起和發展，加強了哲學「知識」的研究，相對

的，減低了對「形上學」的興趣。近代哲學之父笛卡兒（René Descartes, 1596-1650）發現了人的認知「主體」，才是「知識」的關鍵，於是開展了「我思故我在」（Cogito, ergo sum）的悠長思辯。「知識」本來就是「主客關係」的釐定，笛卡兒的主體「確定」（Certitudo），以及客體的「清晰」（Evidentia）所構成的知識條件：「清晰明瞭的觀念」（Idea clare et distincta），事實上證明「主體」存在有餘，若為「客體」的存在卻嫌不足。因此，笛卡兒自知，論證努力所得，仍為「思維物」（Res cogitans），而不涉及「擴展物」（Res extensa）。亦即辛苦證明所得，不過是「心」而已，卻無能證明「物」的存在。讓「心」和「物」平起平坐的初衷，仍然付諸流水。情急之下，笛卡兒請出「上帝」，賦之以「最清晰明瞭的觀念」（Idea clarissima et distinetissima），企圖支持「物」的存在。

再加上「體」（Substantia）、「性」（Attributum）、「相」（Modus）的三分，使「心」、「物」二元更形疏離；到笛卡兒學派（Cartesians），已經蔚成了「心」、「物」、「神」三元，「知識」把握「本體」的企圖愈來愈困難了。

史賓諾莎（Baruch Spinoza, 1632-1677）設法把笛卡兒分裂的「心」、「物」、「神」重新統一，成為「神即實體即自然」（Deus sive substantia sive natura），以宇宙的大一統挽救「知識」的淪落；再以「在永恆形相之下」（Sub specie aeternitatis）的觀點，使「心」和「物」再度合一在大一統的宇宙中。

三

　　萊布尼茲（G. W. Leibniz,1646-1716）以科學的「單子論」（Monado-
logie）來瞭解多元的宇宙，為「心」、「物」分離背書；又以「預定調
和」（Harmonia praestabilita），作為「心」、「物」統一的契機，還是設
法以「本體」來解釋「知識」。可是，「單子無窗戶」（Fensterlos），
卻也阻礙著「知識」相互交往的可能性。

四

　　英國「經驗主義」（Empiricism）者洛克（John Locke, 1632-1704）隨
俗，往「哲學家之城」（Civitas Philosophorum）巴黎取經，遇見笛卡兒
學派的學者，得知有「天生觀念」（Idea innata）一說，大感不滿；回英
後著作《人類悟性論》（*An Essay Concerning Human Understanding*），強
調「人心」生來是「白板」（Tabula rasa），唯有「感官」經驗，才能在
其上書寫事物。「非經感官，悟性一無所有」（Nihil est in intellectu, quod
non antea fuerit in sensu）。

　　洛克用「分析」（Analysis）法，解釋「悟性」官能的耳、目、口、
鼻、手足，如何對應「客體」之聲、色、香、味、觸，透過「記憶」和
「反省」而成「知識」；但轉念一想，所得之「觀念」、「印象」，乃
至於「記憶」和「反省」，都在「主體」之內，不在「客體」之中，因
而所得「知識」仍為主觀，而無客觀因素。因此，洛克還界定：「感覺」
知識最低，「論證」知識次之，「直觀」知識最高。

柏克萊（George Berkeley, 1685-1753）繼洛克之後，索性把所有「知識」放入「主體」，說出「存在乃知覺」（Esse est percipi），根本否定「知識」的客觀性。

休謨（David Hume, 1711-1776）甘脆否定「本體」，認為一切都只是游離的「印象」（Imperssions）。其「反因果」的論證，更是設法推翻傳統「形上學」的努力。

「經驗主義」發展到休謨，已經否定了「存在」，因而「知識」無所指，亦成為空談。「經驗主義」另一支，提出各種「偶像」（Idola），以避免犯錯的學者法蘭西‧培根（Francis Bacon, 1561-1626），不但出版了《新工具》（*Novum Organum*），設法提出「歸納法」（Induction）取代亞里斯多德的「工具」（Organon）的「演繹法」（Deduction）；更把「知即德」的原理，轉化成「知識即權力」（Knowledge is power）。斬斷「才德兼備」的學問與德行的聯繫，而把「知識」推向「權力」的爭取。

康德（Immanuel Kant, 1724-1804）斬斷了通往「知性形上學」的通

路。其「主體性」（Subjectivity）的理解從「知性」走向「德性」，設法在否定「純知性」獲得「真象」之後，以「道德形上學」來取代。

在西洋近代哲學思想的流變中，康德左右開弓，一方面批判笛卡兒的「我思故我在」，認為那是「謬誤推理」（Para-logismen），錯把「思想」當「存在」；另一方面批判「經驗主義」的「後天」知識，而以「先天綜合判斷」，作為真理的標準。

康德所著作的「三大批判」原為針對哲學三大問題：用《純理性批判》（Kritik der reinen Vernunft）針對「我能知道什麼？」（Was Kann ich Wissen?），用《實踐理性批判》（Kritik der praktischen Vernunft）回應「我應該做什麼？」（Was sol l ich tun?），用《判斷力批判》（Kritik der Urteilskraft）答覆「我可以希望什麼？」（Was darf ich hoffen?），康德否定「純理性」抵達「真象」的可能性；卻企圖建立「道德哲學」，但事實上，真正對後世哲學有貢獻的，還是第三批判對「美學」的探究。

康德否定傳統的「思想與存在的一致性」，原則上並不困難，困難在於其所作的比方；他說，自己想著一百元，但伸手入口袋，卻發現袋內沒有一百元，這不就證明「思想」與「存在」不一致？關於這點，引起了後來黑格爾的「歷史哲學」的批評。黑格爾用「發展」和「進步」的思想，告訴康德，想著一百元，而口袋中沒有，可以設法去創造啊！沒有一百元的人想要一百元，那就得自己設法找工作賺錢，等錢賺到手，放入口袋，豈不是圓滿的解答？

「德國觀念論」（German Idealism）者，從費希特（J. G. Fichte, 1762-1814）發展「辯證法」（Dialektik）之後，就希望透過此法，重新建立「思想與存在一致性」。其「正」（Thisis）、「反」（Anti-thesis）、「合」（Synthesis）的順序，同時是「思想」的法則，也是「存在」的法則。

黑格爾（G. F. W. Hegel, 1770-1831）用天羅地網的方式，運用「辯證法」的「揚棄」（Auf-hebung）方案，從物體的「量」、「質」、「關

係」等等,一步步走向「意識」,再超越到「絕對精神」(Der absolute Geist),重新展現蘇格拉底的金字塔型的架構;配合縱向的「歷史」和橫向的「社會」,完成全方位的「知識」和「本體」的研究。不過,蘇格拉底的金字塔型的宇宙藍圖,是透過積極的「歸類」和「抽象」而成,黑格爾的「揚棄」則是消極的、否定的,如何可能由不斷的「揚棄」和「否定」,可以獲得積極的、肯定的「絕對精神」?

第 五 節　現代

黑格爾死後(1831 A.D.),西洋步入現代,即十九世紀後半期,此期哲學是式微的時代,英國出現了「功利主義」(Utilitarianism),法國有「實證主義」(Positivism),德國興起了「唯物主義」(Materialism),美國有「實用主義」(Pragmatism)。這些主義都對「形上學」沒有好感,因而都認為「知識論」不必替「形上學」服務,不必為奠立形上「本體」而努力,彼等要拆毀「哲學」的殿堂。

可好,就在達爾文(Cherles Darwin, 1809-1882)發表其《物種原始》(*The Origin of Species*)主張「進化論」(Evolutionism)的同一年(1859年),西方出現了三位先知,而且分由三個不同的語區:在德語區出現了胡賽爾(Edmund Husserl, 1859-1938),在法國誕生了柏格森(Henri Bergson, 1859-1941),在美國出了個杜威(John Dewey, 1859-1952)。這三位

思想家，在步入二十世紀時，都屬不惑之年，都以自身的作品和思想，修正了該地區的思想偏差。

胡賽爾的「現象學方法」（Phenomenological Method），用數學上的「放入括弧」（Epoche），和心理學上的「意識」（Bewusstsein, Consciousness），重新打通從「思想」走向「存在」的通路；柏格森的「生命哲學」（Philosophy of Life），用其「生命衝力」（elan Vital）和「綿延」（Duree）指出「實證主義」的偏差。柏格森能在「物質」中窺見「生命」，在「生命」中直觀「精神」的光輝。杜威的「教育哲學」（Philosophy of Education），利用「啟發」式教學，肯定了人的「心智」的「創造力」。

人類「悟性」的功能，透過這三位同年出生的學者的努力，也恢復了昔日從「知識」走向「存在」的信心。

由胡賽爾「現象學方法」導引出來的「存在主義」（Existentialism），或是「詮釋學」（Hermeneutik），對「語言」都有極大的興趣，古聖先賢的片言隻字，都是智慧的結晶，這些智慧在當代哲學的探討中，都有承先啟後的功能。

海德格（Martin Heidegger, 1889-1976）就以為「真理乃主體開顯」（A-Letheia），而不再是「主客符應」，「主體開顯」乃因「真理」向來被遮蓋不彰，而人的「主體」有能力，能揭開「遮蔽」的面紗，讓「真理」開顯出來。

另一派由維也納學圈（Wiener Kreis）發展的「分析哲學」（Analytical Philosophy），對「語言」也頗感興趣，甚至自稱為「語言分析派」（Linguistic Analysis）。不過，這種在英、美成為顯學的流派，對「形上學」不懷好感，認為「知識」乃是「為知而追求知」，對「形上語言」都貶為「無意義」（Meaningless）。

此外，由天主教主導的「新士林哲學」（Neo-Scholasticism），承傳亞里斯多德、經由多瑪斯的傳統，堅持「知識論」為哲學的「入門」，「形上學」為哲學的「體」，「倫理學」為哲學的「用」，同時肯定「思想和存在一致性」的傳統智慧成果。

1. 人性求知的工具：「理性」和「感官」如何互動？

2. 獲得知識的方法：「演繹」和「歸納」有何不同？

3. 真理的標準：「主客符應」和「主體開顯」有何差別？

4. 知識功能：「知即德」與「知識即權力」二者對人生有何不同的影響？

5. 「新士林哲學」在當代有什麼「知識論」的見解？

第 2 部

形上學

(Metaphysics)

引言

鄔昆如

學習目標

1. 認知哲學的「體」乃「形上學」。
2. 認知「形上學」為「第一哲學」。
3. 「悟性」可以從「知識」到達「形而上」。
4. 當代有些學說誤解「形上學」。
5. 吾人如何發揚「形上學」。

摘要

　　人類「悟性」有「向上攀爬」至「抽象界」的功能，即從「知識」超越至「形上本體」之潛力，能用最抽象的「概念」旁通統貫所有具體的、個別的事物。學問的多元性、複雜性，可以由「單元的」「形上本體」去涵蓋。

　　「形上學」分為「一般形上學」以及「特殊形上學」，前者即「本體論」（存有學，Ontology），後者即「存有」所開顯的「宇宙

論」（Cosmology）和「人性論」（Anthropology）。

　　「本體論」討論宇宙的最終「本體」，可以分為「量」、「質」、「能」多方面的探討，尋獲「本體」的「單一」、「精神」、「完美」等積極的概念，也可以由人類歷史文化的「科學」、「道德」、「藝術」、「宗教」等層次，獲知「存有」的「超越屬性」：「真」、「善」、「美」、「聖」。

　　「宇宙論」需要解決宇宙起源問題，問及「世界怎麼來的」，同時，在變化莫測的現象中，問及「常」與「變」的根本問題。

　　「人性論」先問及「人的結構」，其縱向的「靈與肉」，其橫向的「男與女」，都是在抽象以及具體的層面，瞭解人的「個別性」和「群體性」的根本問題。再問及「人生意義」，哲學能否從「今生今世」，回頭去看「前生前世」，前瞻「來生來世」，以至於能與宗教接軌？「行善避惡」的規範如何定位？苦難的因緣如何理解？諸如種種的問題，都可以從「形上學」引申到「人生哲學」。

第一節　知性形上學

　　人類「悟性」的基本功能，一是「向上攀爬」至「無限」領域，一是「往下探索」至構成「物質」的微粒。前者就是「形上學」，後者即是「物理學」。「形上學」是「哲學」的「體」，「物理學」是「科學」的「體」。「形上」的「哲學」，「形下」的「科學」，都是吾人學問的範圍和對象。

引言

　　吾人在「形上學」的課題上，肯定「知性」可以對「形而下」世界的研究，走向「形上」世界；從對「現象」的觀察，到達「形上」的「本體」。這就看吾人天生來的「歸類」和「抽象」的能力。

　　就連幼稚園的小朋友都會堆積木，這是「歸類」能力的運用。吾人能以「存異求同」的方式，把張三、李四、王五、趙六歸類為「人」，同樣，亦可以把鳥、獸、蟲、魚歸類為「禽獸」；進一層，也可以把「人」和「禽獸」歸類成「動物」。在許許多多的「動物」世界旁邊，還有更多的樹木、花、草，吾人將之歸類成「植物」；同理，「動物」和「植物」可以歸類成「生物」。在眾多的「生物」旁，有更多的沙土、石頭，可以總稱「礦物」，再把「生物」和「礦物」歸類成「物」（Being），而形成一金字塔型的宇宙藍圖。金字塔底部是所有「個別的」事物，金字塔整部都是「歸類」的「概念」。這些「概念」全都是「形上的」，「形上學」可以從「知識論」奠立，也就是「知性形上學」奠立的基礎。

　　「知性形上學」以「知識論」為基礎，可是，並不停留在「知識」層面，而是超越「知識」，進入「本體」的領域。「形上學」是討論「存有」的學問，被稱為「第一學問」，其他個別的學科稱為「第二哲學」。

　　「存有」不是靜止不動的，它會活動，它活動時，首先就是本身的完整呈現，就是「至善至美」的「天」（上帝），再來是「分受」了「真、善、美」的「世界」和「人類」。

　　「知性形上學」是相對於「知性物理學」而言，人類「知性」「向上攀爬」造就了「形上學」，「往下探底」形成「物理學」。

　　「人性」除了上有頭腦，有「知性」之外，尚有心靈，有「德性」，「德性」的「往上攀爬」是「道德」的提升，直至「天人合一」的境

界；「德性」的「平行發展」是人際關係的「愛人」；「德性」的「往下發展」，是「宰制物」的自然科學中，講求「愛物」、「惜物」。因此，人的各重關係，對「天」的「敬天」、「事天」，對「人」的「愛人」、「關懷人」，對「物」的「用物」、「惜物」，都是「德性」進路。中國儒家所走的「哲學」思路，就是這種進路；是在「倫理學」之後，找出「為何」要倫理道德的最終理由，是「後設倫理學」（Meta-eth-ica），與前面的「後物理學」（Meta-physica）相對。

除了走「物理學」和「倫理學」之路以外，尚有「藝術哲學」之路的道家，道家能以「心靈」的境界，提升「人性」的「精神生命」。其「上與造物者遊，下與外死生，無終始者為友」的境界，同時也是「物我相忘」的境界。如果說儒家的人生理想是「天人合一」，則道家思想的核心是「物我合一」。「天地與我並生，萬物與我為一」是道家的心境。

中國哲學的儒、道二家，分別在「天」、「地」、「人」三才的面向，做著融通的工作：儒家的「天人相通」，道家的「人物相通」。

哲學的「定位宇宙」，以及在宇宙中「安排人生」，所走的「思想」進路，首先是透過入門的「知識論」；從「知識」走向「哲學」殿堂的「體」的「形上學」，然後，以「形上學」中的原理原則，落實具體人生的「倫理學」。

因而，「知識論」的目的是「形上學」，「倫理學」的依據也是「形上學」；「形上學」成了「哲學」中最核心的課題。

中國哲學中的「形而上者謂之道，形而下者謂之器」《易經・繫辭》，其「道」「器」之分野在於「形」概念。「有形」之物是「形而下」，「無形」事物是「形而上」。不過，「形而上」的原理一旦落實「成形」，就是「形上的」活動「創生」「形而下」的世界。人的「知性」進路由下而上，由「具體的」個別事物走向「普遍的」、「共相的」、「抽象的」世界，直至最終的「存有」概念，這是「思想」進路。另一條方向相反的進路則是「存在」進路，是由「存有」開始，「存有」活動，以自身完整的表現就是「存有」本身，也就是「神」，由「本體論」（存有學）來探討；再來是以「存有」的分身，以「分受」的方式呈現，即是「人」和「世界」。於是，「天」、「地」、「人」三才都在「形上學」的研究範圍內。

五

「存有」不但可以開展自己，成為「天」的「存有學」，成為「地」的「宇宙學」，成為「人」的「人性論」，它也有一些基本的「超越屬性」（Transcendentalia），如「一」、「真」、「善」、「美」、「聖」。「存有」的「一」，是人性「知性」進路，從所有個別事物「存異求同」的成果。事實上，「存有」的「一」，表現在所有個別事物之中。原來，人間世所有個別事物都是「一」，都只與自己等同，與自己之外的其他一切事物都不同，這「單一性」、「特殊性」，是所有事物與「存有」的共通性格。

人文世界脫胎於自然世界，人文世界中的文化、文明，很清楚的有「科學」、「道德」、「藝術」、「宗教」。「科學」求「真」，「道德」求「善」，「藝術」求「美」，「宗教」求「聖」。人文世界中的「科學」、「道德」、「藝術」「宗教」都分受著「存有」的活動，而這活動所訴求的特性，恰好就是「存有」的「超越屬性」：「真」、

「善」、「美」、「聖」。

第 二 節　第一原理

「思想」有「思想」的法則，「存在」有「存在」的法則，要把這兩種法則綜合起來；這是「知識論」的工作，「思想」法則的「邏輯」，「存在」法則的「自然科學」，一個看重「形式」，一個注重「內容」。「形式」和「內容」合作無間，才真正造就「知識」。不過，在探討「存在」的法則和「思想」的法則之前，還是先要超乎二者之上，先探討對於「思想」和「存在」都重要的「第一原理」。

人心中有一把尺，總會衡量事物的真假對錯、是非善惡。「第一原理」的形成，也就是研究這把尺的本質和特性。「第一原理」就是探討「思想」和「法則」之前，雙方都得遵循的規則。

首先是「同一律」（Principium Identitatis）：「一個事物與自己等同」，可以用公式「A＝A」來表明。這「同一律」最先發現的，是埃利亞學派的巴門尼德斯（Parmenides, ca. 540-470B.C.），巴門尼德斯藉女神口中的「是就是是，非就是非」，作為哲學最基本的「思想」法則以及「存在」法則。

從「同一律」直接延伸下來的是「矛盾律」（Principium Contradictionis）：「一個事物不可能與自己之外的任何事物等同」，可以用公式「A

不=非Ａ」表示。巴門尼德斯的說法是：「是不能是非，非亦不能是是」。這說明「是」與「非」是互相對立的、矛盾的。

從「同一律」和「矛盾律」二者共同延伸下來的，便是「排中律」（Principium tertii excludi），「一件事物不可能同時與別的事物等同又不等同」，數學公式的表達是「Ａ不＝Ａ，同時又＝Ａ」，意即「是不可能同時是，同時又非」。

前面「三大思想律」，其實不只是對「思想」有效，對「存在」亦同樣有效，其最終要說明的是：「是」與「非」都是全面的，沒有部分，「是」即是「全是」，「非」就是「全非」；「是」與「非」之間沒有折衷的可能性。同樣，在「存在」的層次上，「有」就是「全有」，「無」就是「全無」，「有」和「無」之間亦沒有折衷的空間。

由於「思想」的法則，在「第一原理」的探討下，與「存在」法則是一致的，因而有「思想與存在一致性」，其最終的結論是，最高的「思想」也同時是最高的「存在」。

 ## 第 三 節　形而上者謂之道

日本在「明治維新」時代翻譯了西洋的主要典籍，把亞里斯多德的「後物理學」翻譯成「形上學」，乃採取《易經・繫辭》的「形而上者謂之道」的意涵。因此，「形上學」即是「道學」。

　　「道」學所研究的是「形而上」；但「形而上」並非「形而外」，其「形」的意義，一方面是使之「成形」的「創造」功能，另方面是在「成形」之後對「形之美」的「欣賞」。原來，「人與物」的二大功用，就在於「欣賞」和「創造」，「創造」使人解決了生活必需的食、衣、住、行各問題，以及生活娛樂的育樂問題，這便是自然科學「宰制物」的成果，此外，人對物的「欣賞」，則「創造」了藝術，而提升了人性的靈性生命。「欣賞」物不是「宰制」物，而是與物共存共榮，達到「勿我相忘」的意境。

　　希伯來的《舊約聖經》，在一開始的〈創世記〉中，描繪了上帝一面「創造」，一面「欣賞」的雙重行為。致使希伯來民族在「欣賞」世界之時，由「聽覺」分別出「七個」音符，由「視覺」分別出「七種」色彩，因而認定「七」為神聖的數目，配合上帝「七天」造好天地萬物的記述，而有了「星期制」的釐定：六天工作，休息一天，不但是教會的令諭，也是從「時間」定點，走向「空間」定點的契機，因而用休息的那天進教堂、讀經、唱詩、禱告、聽道；「星期制」的時空定點，畢竟將人的「有限」生命，提升到「無限」和「永恆」的境界，使「人與天」的關係透過「宗教情操」以及「宗教實踐」，超度「人與人」之間以及「人與物」之間的所有可能的疏離，而趨於正常化，成為個人安身立命，社會安和樂利，人人要安居樂業的社會景象，完成地上天國以及人間淨土的理想。

第 四 節　本體論（存有學，Ontologia）

　　從吾人「知性」進路開始，跟隨著蘇格拉底的「概念」（eidos, concept），蔚成金字塔型的宇宙藍圖；在藍圖的峰頂安排了「存有」，作為萬事萬物的極終範疇。這「存有」對一切「存在」看來，就是「存在」進路的起點。從「存有」的活動，首先開展了「存有」本尊「本體論」；「存有」完整地開顯自己，就成了「存有本身」（Being, itself），再來是「存有」的分身，是「存有」將自身部分的完美「分受」下去，這就是「人」和「世界」。作為「存有本身」的「天」，作為「世界」的「地」，以及「人」，就是「天」、「地」、「人」三才，就是全部「形上學」的內容和對象。

　　「存有學」本身討論「存有本身」，因而是「一般形上學」（Metaphysica generalis），「宇宙論」與「人性論」因為只分受了「存有」，因而是「特殊形上學」（Metaphysica specialis）。

　　「存有學」的課題可以分為三個面向探討：先是「量」方面，「存有」究竟是「一」？是「二」？是「多」？或是「一」中有「多」，「多」中有「一」？再來是「質」的問題，「最終存有」是「精神」？或是「物質」？或者是「心物合一」的？最後是「能」的考察，在這方面，宇宙變化問題也預先派上用場，用了事物的變化莫測，而變化的原

理原則是不變而恆常，亞里斯多德的「形質說」、「潛能實現說」都要在這裡展開討論。「從無到有」的確是一件奧秘，但也是經驗事實，事物的伊始，連吾人自己亦有開始，如何去解釋？

三

「存有」的「量」的問題，基本上與「宗教」的「神觀」有密切的關係。「一神論」（Mono-theism）者主張「存有唯一」（Monism），是「一元論」，專注於人類行為善惡問題的，容易掉入「善惡二元」，是「二元論」（Dualism）的理論基礎。不過，古代宗教也好，目前傾向於科學的思維也好，亦都以「多樣化」為體裁，而主張「多元論」（Pluralism），連帶的對「神明」的數量，也是採取「多元」的「多神論」（Poly-theism）。

四

「質」的課題，由於世界四階層的「物質」、「生命」、「意識」、「精神」的劃分，而且愈高級的「存在」，其「物質性」就愈少，這就推論出「最高存在」是「純精神體」。但是，「唯物論」者卻仍然認定「物質」乃一切「存在」根本，還是認定「存有本身」乃「物質性」。當然，依照「近取諸身，遠取諸物」的方式思考，「人」本身的「心物合一」，也許能說明「宇宙本體」應是「精神」和「物質」的綜合，是「心物合一」的。

五

「能」的課題是在「從無到有」的變化過程中主要的考量。一個原

來不存在的事物，一旦開始存在，就涉及「如何開始」存在的課題。從「潛能」到「實現」的事實，在人文世界中到處可見，「形式」界定「質料」的事實亦隨時出現，於是，對「無」的解釋就非常重要，它不是絕對的「無」，而是有變成「有」的可能性。在人文世界中，桌子的「從無到有」，是有木匠利用木材，依照桌子的圖樣製造出來的，在木匠沒有做這張桌子之前，這張桌子是「無」，但不是絕對的「無」，因為有木匠，有木材，有桌子的圖樣，一句話，桌子有「原因」，這些「原因」就足以使這張桌子「從無到有」，從不存在變成存在。

　　自然界的生命現象更是清楚，種子落在地上，發芽、吐葉、開花、結果，可以一直生生不息下去，都是從「無」開始，因為「原因」的運作而成了「有」。

第五節　宇宙論（宇宙學，Cosmologia）

　　「存有」的活動，把自己的「存在」和一些特性，「分受」給「世界」，於是「世界」成了「存有」的「分身」，就「存在」而言，「存有」存在，「宇宙亦存在」。

　　「宇宙怎麼開始？」的課題，事實上就是問及「存有」如何將自己「分受」給「宇宙」？「宇宙」萬物雜陳，是「多樣性」的，是「個別性」的，而「存有」「唯一」，這「一」如何產生「多」？這抽象的、普遍的，如何變成「個別的」、「具體的」？「個體化」（Particularisatio）的課題，原就是「本體」（存有）如何演變成「宇宙」的課題。

「宇宙起源論」在希臘神話時代，或是希伯來民族、阿拉伯民族，都主張「創造」（Creatio），意即「神明」「創造」「世界」，「神」是「造物主」，「世界」是「受造物」。

希臘哲學家亞里斯多德透過「因果」的考察，認定「神明」是「宇宙」行動變化的「原因」，可是並沒有發展到「創造」概念。「新柏拉圖主義」者柏羅丁（Plotinos, 204-269），用「流出說」（Emanatio）解釋宇宙起源；認為「太一」流出「Logos」，再流出「精神」，最後流出「世界」，「太一」如陽光，一直照射，比較近「光源」的就比較光明，一直到「物質世界」時就已暗淡。「流出說」有「泛神論」（Pan-theism）之嫌。

近代自然科學，以世界上的「物質」、「生命」、「意識」、「精神」四階層的明顯劃分，也明顯有先後之分，於是提倡「進化」（Evolutio），「物質」由微而顯，一直發展到猿猴，乃至人類。

不過，由於「進化論」所持原則為「弱肉強食」，有違人性道德，而且又無法用「科學」實證，到今天還是在學說階段，無法獲得「科學」的證明。

近來，亦有「創造進化論」（Creative Evolutionism）出現，先由法哲柏格森（Henri Bergson, 1859-1941）提出「生命哲學」，以「生命奮進」

（Elan vital）為原則，提出「創造」和「進化」同步發展，更有德日進（Teilhard de Chardin, 1881-1955），直接連結「創造」和「進化」二概念，支持其對「地質學」的研究成果，原來，「物質世界」到「生命」，到「意識」、「精神」，相當明顯是「進化」，不過，「物質」的來源，「進化」的原則，則不是「進化」的，而是由「神明」「創造」的。

五

「宇宙」生成變化問題，亦是「宇宙論」的一大課題，是「機械的」，或是「目的的」？亞里斯多德在其自然科學研究中，結論出「因果原則」，而後者則支持著「內在目的性」（Entelecheia），認定「宇宙」的一切都有「目的」，都不是「機械的」，其中，尤其是生在「宇宙」的「人類」，其思言行為非常清楚是自選目的的，「人」的身體變化可以是「機械式」的，但其「精神」卻是「目的」的。

「宇宙」生成變化的「目的性」，無論是在「植物」、「動物」、「人類」的各種結構和功能，都可以窺探出「內在目的性」的設計。其中，尤其是人文世界的一切，都是「目的」才是其他原因的最終推動者，幾乎可以斷言，沒有「目的」就不會有「存在」。

在「士林哲學」的研究成果中，「宇宙」中的「物質世界」，其「目的」在「上帝」創造時所設定；到了「人」的階段，則是由於「人」有「理知」的意志，因而由「人」自己負責，吾人在生活體驗中，很清楚知道「目的性」對所有發生的事情，都扮演著最核心的角色。

第 六 節　人性論（人類學，Anthropologia）

　　「人」的頂天立地性格，不只是「靈魂」乃「上帝肖像」，以及「肉體」源自「世界物質」，而是在「天」、「地」、「人」三才中，「人性」的確居中，其上有「天」，其下有「地」。無論是否「人性」受「天」託付管理「世界」，或是，「人」本身的各種需要，必然從「物質世界」中獲取，其基本的理念，還是要「事天」，其下要「仁民」，要「愛物」。「人」的媒介功能，凸顯出其作為中介的角色。

　　因此，針對「人」的課題，首先就是其「結構」（關係）課題，再來就是從「結構」解讀出其意義，解釋並彰顯「人」的地位、尊嚴和價值，以及其從生到死，不算漫長，但也不算短的歲月中，有何「存在」的意義。

　　「人」的「構成」因素，首先是縱向的「靈魂」和「肉體」，在希伯來傳統的智慧中，「靈魂」乃「上帝肖像」，「肉體」來自「塵土泥土」。一開始就指出「人性」頂天立地的性格，而且，在「天」、「地」、「人」三才中，「人性」居其中，是統一「天」和「地」的中介。

　　中國哲學的「人」，比較在其橫向的關係中追溯淵源：《易經》的宇宙元素的「陰」和「陽」，區分了宇宙整體的「二元」性格，而「陰」、「陽」二元凸顯在「人性」中，便是「男」、「女」，而「男」、「女」

引言

正是社會關係的開始，同時也是「陰」、「陽」，「天」、「地」，以及「生命世界」的「雌」、「雄」、「公」、「母」等等成雙成對的傳宗接代功能的儲備。「男」、「女」二元展現出傳宗接代，以及生生不息的宇宙活動藍圖。

因此，「人性」的完美意義是：縱向的「靈」、「肉」二元以及橫向的「男」、「女」二元，「靈」、「肉」二元完成頂天立地的中介性格，「男」、「女」二元肩負著生生不息的責任。《易經》的「生生之謂易」，展現了「宇宙」生命動態的畫像，而「人生」恰好也在這生生不息的洪流中，完成自己的生命。

「靈」與「肉」展示每個人的「個別性」和「獨立性」，「人性」的尊嚴和價值皆可在「不死不滅」的「靈魂」中找到基礎，同樣，「人性」的各種需要，以及它的限制也可以在其「有朽有壞」的「肉體」中體驗出來。

「男」與「女」的二元顯示出「人」的「群體性」和「社會性」，人際關係的各種規範都可以在「男」、「女」兩性互愛互助所組成的「家庭」制度中找到注腳。「人性」不是孤獨的，它有伴侶，這伴侶的同心協力，使人生中的許多困境，都可以獲得某種程度的化解。

「男」、「女」不是對立的，更非相互矛盾的，而是相互補足，相輔相成的。正如「靈魂」與「肉體」雖然「本質」不同，「性格」亦互異，但是，卻能成為一體，互相輔助，互相補足，而完成高尚的「人性」，使人安身立命；同樣，從「男」、「女」成家開始的社會，亦是人際關係的互愛互助，共同締造安和樂利的社會，共同經營安居樂業的社會。

因此，「人性」的「目的」在其縱橫兩面向的組成元素的探討中呼

之欲出，西洋十九世紀的「進化論」，曾一度誤認為社會的發展和進步是依靠「弱肉強食」的「進化」原則。原因在於：達爾文（Charles Darwin, 1809-1882）等人觀察了熱帶的禽獸生活，尤其觀察肉食動物的生活，直覺到「物競天擇」，推論出「適者生存，不適者滅亡」的發展和進步原則；當然，肉食動物的「弱肉強食」的確是生物界的事實，可是，這畢竟並非事實的全面，寒帶地區的蜜蜂和螞蟻，它們的生存並不依靠弱肉強食，而是依靠合作和互助。再則，老虎撕殺山羊當然殘忍，但母老虎愛撫小虎的行為不也非常溫馨？

「靈」、「肉」合一的「個別的」「人」的「自我認同」（Self-identification），因此就比任何主張「自我疏離」（Self-alienation）的心理學學說來得重要；「男」、「女」和諧的「群體性」的「社會認同」（Social Identification）以及「社會之愛」（Social love），總比社會中人際關係的「疏離」（Social alienation），或是人際關係的「仇恨」，來得高尚。

個人「個別性」的修成，一方面要依靠銳敏的頭腦，另方面更要依靠豐饒的心靈。銳敏的頭腦負責「知性」，而豐饒心靈則指導「德性」，「知性」和「德性」同步成長時，就成為「才德兼備」之人，才算是修成之人。《禮記·大學》中的「致知、格物」就是指「知性」的成長，「誠意、正心」則是指「德性」的修成；「知性」與「德性」都達到一定標準時，就是「修身」的完成。「修身」是「個別性」的完美，接下來的「齊家、治國、平天下」則是「群體性」的完善。個人個別性的「修身」，到達安身立命的地步，算是獨善其身的「君子」；個人「群體性」的「齊家」、「治國」、「平天下」，算是兼善天下的「聖人」，「君子」和「聖人」就是「仁者」，是儒家道德學說完美的「人」。

四

因此，人生「目的」是要完成「人性」，修成人格，一方面做獨善

引言

其身的「君子」，另方面做兼善天下的「聖人」，就是「愛己愛人」。

在儒家「亞聖」孟子的學說中，把「人性」完成的德目擴充得最為完備，其「事天」以及「親親、仁民、愛物」，完成了人生個個面向的正常關係。在細目上「父子有親、君臣有義、夫婦有義、長幼有序、朋友有信」，從家庭中的人際親情開始，由親及疏，設計了各種人際關係的規範。

孟子「知性」的設計也相當周延，「盡心、知性、知天」；其「德性」的實踐也相當配合，是「存心、養性、事天」。

五

事實上，從「道德」到「宗教」，就由「今生今世」的關懷走向「來生來世」的寄望，天堂和地獄的教義也好，輪迴報應的勸諭也好，亦都是希望在「此世」建立天國和人間淨土，同時寄望「來世」的福祉。

1. 人類「悟性」向上攀爬的功能，從「形而下」到「形而上」之路，如何定法？

2. 如何透過對「形下」事物的觀察，達到「形上」原則？

3. 「形上學」的「內涵」如何成為諸學問之總匯？

4. 「存有」的「量」、「質」、「能」如何理解？

5. 「宇宙起源論」有那些學說？

6. 人性的結構為何？

7. 人生的意義在哪裡？

早期形上學家

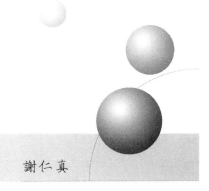

謝仁真

學習目標

1. 認識西方早期形上學家的主要思想。
2. 瞭解西方早期形上學思想發展的歷程。
3. 掌握主要形上學問題與討論方法。
4. 認識一與多、動與靜等的二元相對與尋找殊多中的統一性之努力。
5. 認識柏拉圖與亞里斯多德形上學的特性及其主要差異。

摘要

　　人們面對宇宙人生萬象的繁複多變，始終是感到好奇與驚怖的。基於此一好奇與驚怖之感，人類漸漸產生探求宇宙奧秘的欲望與努力。在希臘，基於其特有的抽象思辨能力，泰利斯提出第一個哲學問題：「宇宙萬物所據以存在的第一原理為何？」而打開了特有的探索之門，進入形上學世界。早期西方形上學的發展分為三個時期：第一為宇宙論時期，致力於說明自然存有的本原及其性質或即宇宙

論問題；第二為人性論時期，主要以探討人本身的理性思維為基礎，全面性地說明真實存有的特性及其與各領域的存有關係，發展出體系性的哲學理論；第三為神性論時期，從倫理學繁複討論以尋求人生出路的努力中脫穎而出，致力於說明宇宙的第一原理就是神，以期探討人如何提升自我內在靈魂，超越世俗的限制，與神合一。

古代的希臘與世界幾個主要的文明發源地一般，其哲學思想與神話、宗教並沒有分化，甚至可以說哲學的前身就是神話。因為哲學是以抽象的觀念、合理的推論和體系性的論證來說明世界，而這必須等人類思維發展到具有一定的抽象和推理等理性能力之後才會產生，但早在這些能力成熟之前，人類就已經針對宇宙的生成、世界的起源、日月風雨雷電等自然力量的展現以及權力爭奪、善惡消長、秩序與混沌交錯、表象與真實的模糊難辨等，展開種種解說的嘗試，只是這種嘗試主要是以想像及猜測的方式表現，而這就是神話階段。

哲學性思維出現以後，對神話及基於神話的宗教迷信產生了極大的破壞作用，因為神話中雖然包含了許多對宇宙及世界的想像與解釋，也有許多對人生的反省與智慧的雋語，但這些解釋缺乏科學的依據，以及理性的檢視；至於逐漸成熟的哲學思辨則逐步區分出人的感覺活動與理性活動，並將對宇宙世界的解釋置放在理性的普遍原理之下，於是傳統中對神靈的崇拜轉而變為對Logos（邏各斯，即原理、道或神）的探索。

在歷史上，使哲學與神話區別開來的，是在西元前六世紀的一個重要的問題意識：「宇宙萬物所據以存在的第一原理是什麼？」回答這個問題的方式不再是神話式的臆想，而是渴望真理的理性思辨。希臘哲學自此發展，粗略可分為三個時期。以下便分作三節說明。

第 一 節　宇宙論時期

一、米利都學派

　　希臘最早時期的哲學是在愛奧尼亞地區發展的米利都學派。此一時期的哲學家把自然看作是一個持續在形成和變化中的對象；那麼，這不變的起源是什麼？宇宙萬物又是如何從此一不變的本源中生成？面對這一個詢問，他們傾向將這個本源看作為一種物質性的根基，稱作「太始」（arche，始基），宇宙萬物自此生成，並在歷經變化之後復歸於它。主要有三個代表人物：泰利斯（Thales, 640-546B.C.，鼎盛年約在 585B.C.）、安納克西曼德（Anaximeder, 611-546B.C.）、安納克西曼尼斯（Anaximenes, 588-524B.C.，鼎盛年約在 546B.C.）。

(一)、泰利斯

　　泰利斯為當時「七賢」之一，他參與過政治，但更著名的是長於數學和天文學，傳說他是第一個研究星象學的，並且預言了日蝕和冬至、夏至的日期。這些表現預示著一種不依賴神話去說明事物終極原理的新興趨勢正悄悄地展開。

　　泰利斯把水解釋成是一切事物的太始（arche），認為萬物都由它構成，最初從水中產生，最終又復歸於它。此外，泰利斯似乎把一切物質都看成是活的，具有生命性質──靈魂。這種類型的看法，往往也被稱作「物活論」（Hylozoism）。

　　泰利斯被稱作是最早的哲學家，是因為他是第一個嘗試基於現象的觀察，用理性思辨的抽象方法而非神話方法提出宇宙起源的問題並給予

解答的人。儘管他的答案在現代人看來顯得粗糙，但是「宇宙現象變化萬千，必有一個單純而不變的本質可予說明，那是什麼？」的哲學探索，卻是由他所開啟的。

(二)── 安納克西曼德

安納克西曼德以天文和地理的知識出類拔萃。他發明了日晷用來測定冬至和夏至的平分點，還造了計時器，同時繪製了第一幅陸地和海洋的輪廓，並且造了一個地球儀。

在思考萬物本源的問題時，他認為萬物的太始是「無限」（to apeiron），萬物由此而生，而又消失復歸於它。「無限」是一種超越經驗概念的宇宙物質，不會在永恆的創世運動中消耗殆盡。至於宇宙的形成就是這個「無限」的永恆運動的結果。

安氏的哲學有進於泰利斯，主要是其思想的抽象性較高，他在經驗性太始中區分出非經驗性太始的概念，而且也嘗試對宇宙及萬物的生發程序進行初步的解說。

(三)── 安納克西曼尼斯

安納克西曼尼斯轉變了詩般的語言，而用簡單而純樸的方言寫作，肯定地指出萬物的太始是「氣」（pneoma），具有無限性和永恆運動的屬性。他認為「氣」處在不斷的運動和變化之中，並由此變化而產生出宇宙萬物。在永恆的運動，氣的變化產生兩種主要作用，一是稀化，一是凝聚，前者是一個熱化的過程，後者是一個冷卻的過程。

安氏在理論的創造力上明顯地不及安納克西曼德，而其哲學若有進於前者，則主要是指他對太始如何生成宇宙萬物的原理性說明，也就是他明確地使用稀化和凝聚兩種作用解釋宇宙發展程序，其中包含有對萬物的演化與其構成物質的量性變化的初步探索，這對後世原子論的哲學家們打開了一個解釋的空間。

二、畢達哥拉斯學派

　　畢達哥拉斯（Pythagoras,580/570-496B.C.，鼎盛年約在 532-529B.C.）在西元前532年建立了畢達哥拉斯社團。這個社團相信靈魂輪迴說，畢氏還宣稱：靈魂依照命運的規定，會從一個生物體轉移到另一個生物體中；他也主張要解脫生死輪迴，以便再度進入神的極樂世界。

　　儘管畢氏學派充滿了某種神秘的色彩，但他們對科學知識的追求、對宇宙萬物在終極知識上的領悟，以及對倫理生活的嚴格要求，也是主要的特色。這個學派的主要哲學理論為：一切事物的太始是數。他們認為在現實生活中各種現實物是可數的，兩件事物間的相互關係也可用數的比例來說明；此外，音律的特性和比例也可以用數來表現。由於在數目中見到了各種和諧的特性與比例，一切不定事物的明確呈現也都可以用數目來規範與說明，所以他們就推出數為一切存在物的基本範型，而且，整個宇宙就是一個和諧，一個數目。

　　畢氏學派的這些主張，使他們在抽象思維的路途上又大邁一步。他們得到了一個不包含在物質之內且可以超越感覺經驗的原理，數，是一種限定物質並給予物質形式的原理，同時還能兼及對抽象的事理和法則等的解釋。其次，畢氏學派主張整個宇宙萬有的存在包含著某種規律，並由此規律可以說明其存在的秩序和變化的法則；這對日後不論是科學或哲學的研究都產生了重要的影響，即理性思維所面對的，不再局限於探求具體的經驗事物的本原依據，而更進一步須發覺一切存在事理的內在律則。

三、赫拉克利圖斯

（Heraclitus, 535-475B.C.，鼎盛年約在504-501B.C.）

出生在愛奧尼亞地區愛菲索城邦的赫拉克利圖斯主張：宇宙世界是一團永恆的活火，火是萬物的太始，一切物質不過是火的變形，火產生了一切，而最後也都將復歸於火。「一團永恆的活火」正可以表現宇宙萬有變化不居的現實特性。

同時，他認為宇宙萬有雖然不斷在變化，但它是按照一定的尺度和規律來進行的。這個秩序的表現為「按一定的尺度燃燒，一定的尺度熄滅」。可以看出赫氏所以選擇火，更重要的原因是可以表達出對變化的規律或原理的掌握。赫氏指出這個規律或原理就是「道」（logos），萬物都依據「道」生成變化，互相轉化；人人都應遵循「道」來理智地說話。因此，理解有關「道」的知識與人透過感覺經驗來認識萬物是不同的，承認萬物的流變統一於一個共同的法則，才是智慧的。這個主張就使得赫氏不只是承認感官世界千變萬化的現實，而且強調理性的思維的重要性，必須要透過它才能掌握變化現象內在的原理。

四、埃利亞學派

埃利亞學派（The Eleatics）發源於意大利南部的埃利亞，主要代表人物為：齊諾芬尼斯（Xenophanes, ca. 570-475B.C.，鼎盛年約在540-530B.C.）、巴門尼德斯（Parmenides, ca. 540-470B.C.，鼎盛年約在504B.C.-501B.C.）和芝諾（Zeno, 489B.C.-?，鼎盛年約在464-461B.C.）。這個學派的基本主張是認為以繁多與變動為特徵的感覺世界雖然是現實的存在，但絕非實在的「存在」。

齊諾芬尼斯將宇宙自然的存在看作為是「唯一」的，它不是產生出

來的，而是永恆的，不可毀滅的，而且這個唯一的宇宙就是「神」。這個整體唯一的宇宙「神」保持自身不動，而用心靈力量毫不費力地晃動一切事物，左右一切，統御萬有。

　　齊氏的這個新思維是將萬物歸於一個整體的概念，即歸於「一」，而他的學生巴門尼德斯則進一步發展這個想法，要在萬物流轉變遷中找出常住不變的恆定，以得到真理。這個真理，就是有關「存在」的學說。

　　他提出存在與非存在的對立，認為「存在」才是對宇宙萬有真實本性的恰當說明。「存在」不生不滅，不分過去現在與未來；為單一、完整而不可分的連續整體；不動不變，沒有運動變化的現象。只有「存在」存在，可以被思想，被表述，而不是被感覺的對象；「非存在」並不存在，且不能被思考。

　　巴門尼德斯的學生芝諾用純粹的邏輯論證來捍衛「存在」學說。他駁斥多與運動的實在性，認為如果承認了多與運動是實在的，必然會在思想上產生矛盾的結論，所以不如肯定存在是一，是不動的。

　　希臘早期哲學發展到了巴門尼德斯，可說是達到了一個新的階段。日後的哲學問題將進一步轉向：若說我們所感覺的宇宙世界如果是變動不居，以致沒有明確與固定的內容，那麼是不是在此一世界背後，有一個更真實的、本質不變的世界存在？而這個世界是不是可以依靠一種理性的、邏輯的方法去掌握？這兩個世界之間的關係又是如何？凡此，都將成為長期探討的哲學課題。而這與巴門尼德斯提出「存在」學說有密不可分的關聯。

五、恩培多克列斯

（ Empedocles, 495-435B.C.，鼎盛年約在 444-441B.C. ）

　　恩培多克列斯出身西西里亞的顯貴之家，曾是一個傑出的政治家，但同是他更是當時富有盛名的自然科學家、宗教預言家和神秘術士。

　　恩氏的哲學具有調合折衷的表現。他舉出四種不能互相轉化的「原素」（rizomata）作為「萬物之根」：火、氣、水、土，四根之外別無其他。四根本身不生不滅，永存不變，它們結合生成萬物，它們分離則個物消亡，他把這種結合的力稱作「愛」，分離的力稱作「恨」。

　　於是他保存了巴門尼德斯對「存在」的永恆不變性的主張，認為「原素」就是這些不變的太始，他也兼顧了米利都學派及赫拉克利圖斯的立場，主張所謂事物的生滅及運動的現象，其實是這些永恆不變的「原素」的結合和分離的結果。另一個值得注意的觀點，恩氏是早期希臘哲學中，第一個在物質始基之外尋找運動力量的哲學家，即在四根之外另立「愛」、「恨」作為運動的原因，這種將動力與物質始基分離的想法，已預藏其後原子論發展的理論基礎。

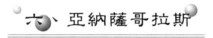

六、亞納薩哥拉斯

（Anaxagoras, 500-428B.C.）

　　亞納薩哥拉斯自小即好學深思，醉心於科學與哲學，年輕時遷居雅典，將小亞細亞所流行的愛奧尼亞哲學和天文氣象知識傳入迷信保守的雅典，為日後以雅典為中心的希臘哲學正式帶來了啟蒙之風。

　　亞氏深受巴門尼德斯哲學中對「存在」思考的影響，認為無中不能生有，組成萬物的元素是自然常存的。但他質疑：在日常生活中，我們所吃的食物裡，沒有頭髮，也沒有人身上的肉，為什麼卻能使人長出頭髮或肉出來？如果不是我們所吃的東西中包含有一切已存在事物的物質成分，而只是單純的水或氣，那麼這些複雜的現象是如何也解釋不通的。所以亞氏發明了他獨特的「種子說」。

　　他主張宇宙最初是一些微小粒子的絕對混合，這些粒子在數目上無限多，在體積上無限小。這種極微粒子就是萬物的「種子」（spermate, seeds），它是一種複合物，具有各種性狀、顏色和氣味，不生不滅，永

恆存在。具體事物的種種生滅變化，其實就是這些種子的分合現象而已。

他還提出一個理性的與精神的原理：「睿智」（Nous，精神、睿智、心智）。「睿智」是單一的、獨立自存的，能掌握一切事物的知識，具有支配一切有靈魂事物的力量；而且，也正是「睿智」推動並支配宇宙最初的運動，在運動中，「睿智」推動到什麼程度，萬物就分別到什麼程度。

這使得亞氏的哲學表現出明顯的目的論色彩。因為自他以後，不只是宇宙的物質性始基和動力會成為我們探討的主題，對於究竟是由誰安排宇宙萬有能有在人們看來是充滿美善秩序的合理安排的問題，更會是重要的探討主題。

七、原子論學派

主要理論的建立者和發揚者是德謨克利圖斯（Democlitus, 460-370B. C.），他學識淵博，又富有資財，周遊列國，廣求知識，足跡遍及埃及、巴比倫、波斯和雅典。他的哲學受到亞里斯多德的極大讚賞，稱他為「五項全能選手」，指他在倫理學、物理學、數學、音樂和工藝學方面具有傑出成就。

德氏承認絕對的生滅是不可能存在的，但個別事物存在的多樣和變化也是真實的，他宣稱充實（pleon, plenum）和虛空（kenos, empty）是萬物存在的基本要素，前者被叫作「存在」，是充滿空間的、是堅固的，後者被叫作「非存在」，兩者一樣是實在的。

充實即是極微「原子」（atomos, atom），其數無限、其小至極，無法為人所感知；其自身是不可再被分割的，因為它們充滿了自己的空間，只有形狀上的大小和排列上的差異，而不可能有任何質變。

虛空，也即虛無一物的空間，為原子的聚合和分散提供運動場所。原子之所以有分合的運動，並不是有什麼外來的推動力量，而是原子自

己的力量。而一切運動是機械的、偶然的與無目的性的。

　　由此，原子論走到了一個機械論的方向，認為一切萬物的存在變化，都是由其構成物質依其自身功能機械分合的結果，並不需要任何外在的力量或目標去引導，純是偶然的。原子論的這種哲學主張，對日後純粹依據物質原理去說明現象世界的思維，特別是文藝復興時期以後的自然科學家與哲學家們，產生了極為重要的影響。

第 二 節　人性論時期

一、智者學派

　　人性論時期，開始探討人在宇宙中的存在地位如何；人性自身具有那些能力；人類社會制度應依據何種原則立等課題。

　　這種問題意識的轉向，當然與宇宙論時期各派哲學的對立而無法和解有關，人們開始懷疑：是否真能獲知有關宇宙最終的本源？其次，多元文化互動的結果，人們發現各國生活方式、倫理規範和宗教信仰都不相同，難道這些只是約定俗成的結果嗎？人們開始對更具體而切近的人類社會與文化產生興趣。復次，希臘城邦的平民政體中，具有政治野心的人鎮日思考：如何才能雄辯無礙、操縱民眾情感以贏得執政選舉，從而表現出很嚴重的人性貪婪與自私，這也使人們去思索：什麼是人間的正義和美善呢？宇宙論的關懷便逐漸地被人性論的課題所取代，而探索真理與知識，也必須能與生活技術相結合並能駕馭生活，才稱得上是有價值的。

　　智者學派應時而生，他們多以教授為業，以數學、天文學、特別是修辭學為主，並索取鉅額學費。他們的學生以政治人物為主，這些政治

人物求學並非是為了真理，而是為說服大眾去相信他們所要傳達的想法；這就使得智者學派的教育產生了極大的危機，他們所教導的修辭學與辯論術，可以把最壞的講成最好的，不論什麼問題都可以不必具備豐富的知識便可以信口開河，幾近詭辯，於是這個學派便得了一個「詭辯學派」的稱謂。

　　開智者學派先河的是普羅達哥拉斯（Protagoras, 481-411B.C.），他有一句名言：「人為萬物的權衡，是存在事物存在的尺度，也是不存在事物的不存在的尺度。」這也就是說根本沒有客觀的真理，所有的認識都是主觀的，也因此是相對的。同時，他也主張智者應採取有效的行為而放棄無效的行為，這產生了一種特殊而現實的觀點：知識與道德是為了特定的人為目的而成立，只分有效無效，並無真與假的差別。

　　更極端的是一個叫果奇亞斯（Gorgias, 483-375B.C.），他根本斷絕了知識建立的可能性，也斷絕了溝通和學習的橋樑，走上徹底的懷疑論。

　　正是在這種充滿懷疑論調以及破壞道德與真理的混亂氛圍中，蘇格拉底帶來了清明的理性與秩序，而正式開啟了人性論的大門。蘇格拉底（Socrates, 469-399B.C.）早年曾困惑於哲學的眾說紛紜而無所適從，但當他讀到亞納薩哥拉斯的：「睿智是一切自然法則與秩序的原因」時，便豁然開朗，發現了思維法則的獨特性，其後放棄宇宙論的探討，轉而關心人的問題，並集中於倫理問題的討論。他認為個別事物的感覺認知，會因萬物的變化而會隨時改變，但定義卻是以普遍而不變的萬物特性而成立；而且，道德的判斷也是以透過普遍概念而得來的知識為基礎所成立，如善與不善、公正與不義等等，而不能依照個人的經驗及主觀去任意論斷。蘇格拉底的這種概念說本來是一種思想的範疇，但卻成為後來柏拉圖建立理型論的重要啟蒙。

二、柏拉圖

柏拉圖（Plato, 427-347B.C.）的理型（eidos, idea，觀念、相）不只是一個思想的範疇，還是一種形上實體，獨立於心智之外。他認為當我們給眾多個別事物以一個共同的名稱時，它們就有一個相應的理型存在，而這就是所謂的「共相」，即借由概念來表達眾物的共同性質。

例如生活上許多引發美感經驗的事物都具有一個「美」的理型，涼爽的月夜、芬芳的玫瑰，都有可能被我們讚嘆為美。它們俱是不同的個別事物，但都可被稱為美，必然具有某種類似性被我們的思維所掌握，也就是必須存在有一個「美」的「理型」被我們的思維所掌握，而可以與這些事物的共同性質相比較，因此我們才能用「美」這個「理型」去稱謂這些事物。所以，理型不僅僅是主觀的思維對象，還具有客觀的實在性。而且，這個「美」的「理型」是更真實的實在，因為個別美感事物經常容易變化，月夜不涼爽、玫瑰枯萎，因而不會再被我們讚嘆，但這並不妨礙我們在峻朗的高山或婉轉的鳥語中再度發現美，所以「美」的「理型」是不受限於這些個別事物之中而存在的，相反地，它獨立自存，甚至，是更為客觀的存在。柏拉圖從而主張，「理型」才是最真實的實在，而現象界中一切個別事物的存在，只是理型界的摹本。

柏拉圖這個理型論的結果便是將世界區分為二，一個是感覺經驗所對的感官界，一個是思想所對的理型界。因為理型恆存不變，自成一個超越世界，感官界的可覺事物受制於生滅變化，並不具有永恆的存在性，而感官界的一切存在，都是由於理型流注其中的結果。因此，感官界和理型界的關係，是「分享」，萬物各以不同的程度「分享」、體現、複製理型而存在，就好像美的事物之所以存在，是因為「參與」了美的理型，所以理型既超越又內在，既獨立自存又參與於感官事物之中。其中，最高的理型，按柏拉圖說，就是善。

　　為了說明理型的實在性，柏拉圖還用靈魂回憶說來予以加強。譬如當我們第一次看到美的事物而能作美的判斷時，發現它們不是絕對的美。但是我們在感官經驗的世界上並沒有機會認識到絕對的美的事物，那麼這個絕對美的理型必然是在我們出生前便擁有的，也就是，在靈魂與肉體結合之前就先認識了，只是在出生之後忘記了，必須等到我們經由感覺到一些相等事物的經驗刺激後，才又「回憶」起了這些理型，所以，這些永恆的理型的存在，是早在我們出生之前就存在的。而從這樣的學說發展，柏拉圖很明顯地提出靈魂不滅說。而且，人在理型界掌握各種理型，並在感官世界中回憶理型的，也正是靈魂的理性部分。這樣，柏拉圖對傳統的哲學既繼承又揚棄，並且發展成一個完整的形上學體系，清楚說明實在界的性質與人在實在界中的關係。

三、亞里斯多德

　　亞里斯多德（Aristotle, 384-322B.C.）認為哲學是一門追求智慧之學，哲學家就是愛智之人。最高智慧不是經驗，不是技術，亦即不是產生或保障效果的工具，與實用或功利無關，而是在探求事物的第一原理。形上學便是探討最高智慧的學問。因為其他的科學都是研究存有的某一個領域，並在該領域中討論事物的存有屬性，但形上學則是討論存有者自身及存有者自身所具有的屬性課題。

　　「存有者」一詞意義很多，但都與一個核心點相關，即一種確定種類的事物。在眾多存有者之中，討論的核心點或是起點，是實體（ousia, substance），而其他則是實體的屬性，例如質、量、關係、處所等。換言之，任何我們所討論的存有者，都必須與實在的個物相關，換言之，「存有者」的概念既是普遍的，又具體存在於個別事物中，不能與之分離。顯然，亞里斯多德並不贊成柏拉圖的理型說，以為普遍實在的理型可以脫離個別事物而獨立自存。

　　首先談到的是四因說。對亞里斯多德來說，原因是決定事物之所以存在、變化與認知的起點，包含四種：質料因、形式因、動力因、目的因。質料因是指事物所由構成的物質材料，例如此座肖像的材料是銅。形式因是針對質料而言的，也可以說是事物的本質或根本規定，例如這一堆銅礦可以用雕像的形式去規定它的存在，而雕像就是事物所以會存在的形式因。動力因是指賴以引起運動變化的原因，例如銅像需要一個藝術家去創作。而目的因則是指運動變化所趨向的目的，例如藝術家去造一雕像，是為了歡慶的目的，或者是為了賺錢的目的。而在這四個原因之中，除了質料因外，其餘三個原因其實都是立基於形式，所以亞里斯多德對於形式和質料的關係有更為精彩的說明，即「形質說」（Hylemorphism）。

　　他認為自然界中一切事物的實體變動包含兩種，一是實體的由有到無或由無到有，此為實體變動；一是實體的位置、性質和量的變動，此為偶有屬性的變動。可以說，一切萬有的變動，就是在形式與質料中的變動。

　　亞里斯多德進一步以「潛能」和「實現」來解釋變動。質料在獲得形式之前，具有獲得形式而成為實現的「潛能」。換言之，質料之所以能接受形式的規定而實現為形式的可能性，便是潛能；而使實體出現或使之有新的形式規定的完成，便為實現。這一個從潛能到實現的變動歷程，就是宇宙萬物變動的歷程。就如一粒種子具有發芽成為樹苗的潛能，一棵樹苗具有長成一棵大樹的潛能；而樹苗就成為這粒種子新形式的實現，大樹成為樹苗的新形式的實現。宇宙萬有的變化與發展，依此可以得到一個完整的理論。

　　依上述脈絡，可知亞里斯多德的形上學從探索存有者之所以為存有者的存有學角度，轉變為專門針對實體的研究，而實體的存在及變化中，一切的變化都是向著最後的形式或是最後的實現去進行，那麼，什麼是最完美的形式，絕對的實現呢？亞里斯多德把它稱作「神」。神是

最完美形式，也即是絕對實現，絕對的善，而且其本身不能再變動，但卻是推動一切運動變化的原因，也就是第一不動的推動者。而研究這個最高實體的學問便是最高的科學，又稱作神學。於是亞里斯多德的形上學便由存有學轉為實體學，再由實體學轉為神學。

在亞里斯多德的這套形上學系統中，萬物的存在就依其實現形式的程度差異而有不同的階層之別，而這也同時表現為一個高低不同的價值層級。在存在的層級中，人可以透過理性去超越自身動物性的存在限制，去理解並追求更高存在的形式以實現生命中的美善，而這便是使人成為最特殊與尊貴的一種存在本質。

第 三 節 神性論時期

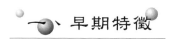

一、早期特徵

亞里斯多德以後，隨著亞歷山大大帝的崛起，希臘城邦各自獨立而自主的型態逐漸消失，開始進入到一個大帝國型態的生活方式之中。新的國際性的、社會性的和教育性的中心出現，舊有的信仰已無法為人們提供良好的生活指標，道德陷入個人主觀的享樂追逐之中，純粹為知識而知識的學問不再具有吸引力，代之而起的，是指導人實際生活秩序的倫理性學說，形上學與自然哲學的存在，變成了倫理學的基礎與前提。

值得一提的是，雖然他們在倫理學上所強調的是精神的自主與自足，但論其形上學的理論依據時，則是將上帝視作為最高的原理。如斯多亞學派（The Stoic School）主張，人生的目的是追求幸福，而幸福在於人的「品格」，即人的行為符合自然法則，人的意志符合神的意旨。上帝，或即內在的理性（logos），被描述成實在界的主動原理，是自然界

的美好及其目的性的原因，足以顯示宇宙中思想原理的存在，也就是世界的最高意識。他們也明確地將上帝視為是宇宙的原因或生成的根源，這便逐漸發展成為這一個時期的哲學走向神性論的共同道路。

　　希臘哲學走上神性論時期，大約可以分為三個階段，第一個階段，以斯多亞學派和伊比鳩魯學派為代表，主要特徵為重視人的行為以及如何獲得個人幸福。第二個階段，大體延續了上一個階段與兩派哲學針鋒相對的懷疑論思潮，以及某些折衷派的主張，而對古代各大學派哲學創始人的生平及其學說的研究，與宗教上神秘主義傾向的出現，則是這個階段的兩大重要特色。第三個階段，以新柏拉圖學派為代表，想要把古代哲學理論與宗教思想中一切有價值的東西全都結合起來，形成一個完整的神性論體系。

二、中期發展

　　懷疑論學者（The Sceptics）對於人類認識能力的懷疑，也是刺激神性論哲學出現的原因之一。如第一個階段的皮羅（Pyrrho）主張人的理性無法看透事物的內在本質，我們只能掌握事物所顯現的外表。因此，智者必須保留自己的看法，中止任何善惡、對錯或美醜的判斷，而保持靈魂的平靜。

　　但另外一個思想系統不能滿足於只是懷疑的態度，便轉而思索如何將人的思維與宇宙最高的原理結合為一。而這是斯多亞學派、折衷學派、新畢達哥拉斯學派及中期柏拉圖主義等不約而同追尋的目標。如中期的斯多亞學派發現整個存有世界具有一種內在的統一性，像潮水的漲落與月亮有關等，自然世界的每一個細節，都展現了宇宙的普遍和諧與統一的結構秩序，也就是都有神意的安排；上帝，便是遍在宇宙萬有的「理性活動」。新畢達哥拉斯學派（Neo-Pythagoreanism）代表人物之一努美紐斯（Numenius）主張神性層級論，主張上帝，也就是存有原理或

稱大父，是純粹思維的活動自體，是至善者，與世界的形成沒有任何直接關係。這使得上帝的絕對超越性被特別地凸顯出來，使上帝具有「超越存有」的地位。

三、晚期代表——柏羅丁

新柏拉圖主義（Neo-Platonism）的主要代表人物是柏羅丁（Plotinos, 204-269）。他主張上帝是絕對的「太一」（The One），超越一切的思維與存有，是萬有的始源，也是至高的善（The Good）。太一創造萬物，但並不是萬物之一，所以它既不是一個實體，也不是性質，不是數量，不是心智，不是靈魂，不動不止，不在空間中，也不在時間中，而且它先於一切的運動與時空，先於形式與心智，它不是個別事物的總和，因為它是創造者，而不是被造者。

太一與萬物的關係，是一種類似「流出」（emanation）的關係。柏羅丁認為太一並不是透過意志或任何其他活動去創造出萬有，而是像太陽，其充盈像幅射一樣從太一裡發散出來，從它自身的力量、本質中產生出次一級的存在，而其自身仍永保不變。於是從太一流出了心智（Nous），從心智流出世界魂，從世界魂再流出個人靈魂，最後則是流出物質，太一的幅射如光芒一般，到達物質之後，就完全地黑暗，但物質仍然也是太一所流衍出來的存有者，只是它是光的消失，光的闕如（steresis），柏羅丁把它視作為惡的根源。人生的目的是要逃出物質世界，使靈魂上升到心智的直觀，而最後在「神魂超拔」（ekstasis）中，進入絕對的一，也就是與上帝合一。

在柏羅丁的太一流出說發展後，神性論的思想發展到了極致，開啟了中世紀神學建立的契機，理性的尊貴地位已為上帝的神性所取代，而成為證明上帝存在及其美善的存有特性的重要工具，無疑地便宣告希臘早期的形上學發展到了尾聲，思想要進入另外一個新的階段了。

1. 說明宇宙論時期形上學家主要探討的哲學問題。

2. 說明恩培多克列斯與亞納薩哥拉斯的形上學及其在宇宙論時期的重要地位。

3. 說明柏拉圖的理型論。

4. 說明亞里斯多德的形上學中四因說、形質論和潛能與實現的意義和關係。

5. 說明柏羅丁的太一說。

參考文獻

1. 鄔昆如著，哲學概論，五南圖書出版公司，民 79 四版。

2. 古希臘羅馬哲學資料選輯，仰哲翻印版，民 70 初版。

3. Fredrick Copleston 著，傅佩榮譯，西洋哲學史 I，黎明，民 75 初版。

4. 沈清松著，物理之後／形上學的發展，牛頓，民 76 初版。

5. W. T. Stace 著，希臘哲學史，雙葉翻印版，民 75。

6. E. Zeller 著，翁紹軍譯，古希臘哲學史綱，山東人民，1996.8 一版二刷。

7. 汪子嵩等著，希臘哲學史，第一卷，人民，1997.5 一版。

第2章

天學（本體論）

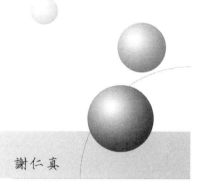

謝仁真

學習目標

1. 釐清本體論的三種基本型態及思考進路。
2. 分辨一元論、二元論及多元論的理論差異及其相互關係。
3. 掌握唯心論的基本命題及其發展。
4. 認識唯物論的基本立場及其不同的思想模式。
5. 瞭解從「能」的發展觀來看宇宙的形上學思想。

摘要

　　形上學可以分為一般形上學及特殊形上學兩種。特殊形上學是討論宇宙論的問題，如世界的生滅變化、人性的結構、上帝的存有等；一般形上學是討論存有的學問，又稱為「本體論」（Ontology，又譯「存有學」）。其內容為從整體的眼光去看宇宙萬有，討論存有之所以為存有的原因、特性及其屬性，也要討論最高存有的終極形式。作為萬物存在根據的第一原理，就其量來說，有的哲學家主

張是一元的，也有主張多元的、或不可化約的對立二元。就其質來說，有的哲學立場是強調宇宙萬有的存在根據是精神的原理，但也有堅持物質原理的立場。就宇宙萬物變化自身來看，這種種的變化似乎內存一種生之「潛能」向「實現」的發展歷程，這是從能的角度看出的結果。以下分作三節說明之。

「本體論」（Ontology，又譯「存有學」）一詞源自拉丁詞ontologia，是由兩個希臘字 onta（實在的存在物，真正的實在）與 logos（對……的研究，對……的解說）所組成，為一門針對存有者自身本質特性的研究，而不同於對個別事物或專門領域的研究，如醫學、天文學、法律等等。本體論主要詢問的問題為：「什麼是存有自身？」「什麼是存有者之為存有者的本性？」是一門討論存有的學問，要用整體的眼光去看整體的存在，探討所有存在最終實在的本質及其屬性等課題。

什麼是「存有」？

宇宙自然的世界包羅萬象，我們很容易依據個人的感官經驗來認識生活周遭個別的事物，對個別事物產生個別而具體的經驗。例如我們在看過一朵玫瑰之後，不僅會對它的形狀、顏色和香味留下深刻印象，但也會發現它的整體與先前所看到的一朵百合不太相同；可是為什麼我們會拿百合與玫瑰相比，而不是拿青蛙與玫瑰相提並論呢？是因為在百合和玫瑰之間有一些共同性質，即共同具有的存在特性，使得它們可以並列討論；而這個在百合與玫瑰之間共同的存在性質，就是在形上學中所

稱的「共相」。

　　透過類比法，我們會發現百合、玫瑰、牡丹各有姿態，展現不同的「殊相」，但它們都有一種「共相」會被我們把握，而且我們會使用一個能夠涵蓋它們的概念來稱呼此「共相」：花。依此，在現實世界中我們便有「人」、「狗」、「魚」、「鳥」：「動物」，與「花」、「樹」、「草」：「植物」，以及「生物」、「無生物」：「物」等概念；若將這些占有空間的具體個物稱作「物」，那麼如思想、情感、意志或像三角形、相等、美、正義，甚至也可能是上帝、精靈、靈魂等，與「物」的共同性，使他們俱可以被稱作「存有者」或「存有」。這種抽繹個物存在的普遍性而形成的一種類金字塔般的結構，便成為我們思想中的理念世界的結構。

　　但是，這個理念的世界與感官世界都是真實存在的嗎？它們是兩個不同的實在界，還是同一個？如果它們都是真實的，能不能比較哪一個是更真實的呢？如果我們要說明這個存有世界的存在依據，它是一元同質的，二元異質的，還是多元的呢？若要問宇宙萬有的第一原理或終極原理時，那麼它是精神性的還是物質性的？此外，這個宇宙世界是業已完成的作品，而其自身只是依已有規律變動而不再發展了呢？還是它處於一個不斷變動發展、繼續更新或趨向完滿的歷程之中？如果它還在變化發展，那麼其能動性表現為何呢？

　　以上這些都是在本體論中重要的探討議題，依主題的不同，下分三節作具體的討論。

第 一 節 從「量」的角度看

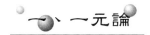
一、一元論

　　一元論（Monism）認為整體實在界有一種、而且只有一種真實存在的實體、本質或原理，透過這唯一的實體、本質或原理，我們得以說明雜多事物的存在本源及其特性。

　　一元論並不否認宇宙存在事物的多樣性，只是我們透過一般性感官認知活動只能觸及這個多元世界存在的表象，並無法說明其實在性或本質，及其何以存在的理由。持一元論的哲學家們主張宇宙萬有皆源於一個單一的終極依據或原理而得以存在，萬物表象上的殊異，並不是真實的，而只是變化中的幻象。

　　在哲學發展的歷史上，有許多一元論的主張。例如在西方，希臘時期有所謂的「物活觀」和「精靈說」，認為有一種「神明」控制著宇宙。另外，以為「水」是一切萬有的存在依據的學說，主要是希望在物質世界中找尋一種最基礎的、最原初的物質，作為一切具體的物理事物的基礎；而這個基礎，不僅是在物質結構中最基本的構成因素，也是宇宙中最早出現的原始物質，也就是，它是同時帶有構作性及始源性的物質。至於以「數」、「存在」、「睿智」或「太一」作為萬物存在依據的學說，則是反省到物質性事物的存在是我們感官經驗最容易接觸到的對象，能認識它們的存在、特性及其運動變化的現象，是理所當然的事情，但，這種認識僅僅局限於物質解釋便足夠了嗎？我們對現象世界及其萬有的存在的認識，難道不是受限於吾人有限經驗所產生的一連串自圓其說的意見嗎？更進一步，我們能從物質本原中看出宇宙如此和諧美

善、井然有序的原因嗎？不斷深入反省的結果，使哲學家們對宇宙萬有存在所依據的最終本體的思考，轉而向原理性、理性或精神性的方向去說明。至於這種原理性的、理性的或精神性的本體，便是一切事物所以會如此或如彼存在的規定性原理，而不再是物質性或材料性的構成因素。

一個值得注意的現象是，形上學中「一元論」的主張常常會和「一神論」或「泛神論」交互影響。如西洋哲學在中世紀時，希伯來文化的「一神論」信仰和希臘羅馬哲學的理性思辨結合，產生教父哲學和士林哲學，將這個作為宇宙萬有的終極原理同時理解為一種存在起源，這個起源就是「上帝」，於是宇宙萬有都是上帝創造出來的，其根源是同一的。西洋近代哲學家史賓諾莎（Spinoza, 1632-1677）也就從這種體系的啟發下，提出「神即實體，即自然」的「實體一元論」主張，認為整體的宇宙其實只是一個實體的展現：在永恆形相的直觀下，看到的是神，是太一；而在現實形相的經驗下，是宇宙，是自然。這種把神與自然視作同一實體的不同展現的主張，是一種泛神論的想法。

近代西方哲學中帶有一元論色彩的哲學，以德國觀念論的三大哲學家的學說最具代表性：不論是費希特（Fichte, 1762-1814）的「絕對自我」、謝林（Schelling, 1775-1854）的「絕對（同一）」、或黑格爾（Hegel, 1770-1831）的「絕對精神」等，都被認為是世界唯一的實在。而在當代，海德格的存有觀中，將「存有」視作為我們探討形上學問題的最初起點與最終極實在。

西方哲學這種一元論的思想，在東方哲學中，亦有相類的型態。在印度，奧義書哲學時期，認為宇宙的本源、生命的根據、一切事物存在的原因，是「梵」，是「梵」創造了萬物。在中國，老子提出作為天地之始的「道」、《易傳》所提出作為宇宙現象存在變化依據的「太極」、北宋張載所提「太虛氣化」的「氣本體論」等，內在於萬物，為萬物所以存在的終極原理，也都是這種一元論型態下的學說。

二、多元論

多元論（Pluralism）與一元論相對立，認為宇宙萬有的現象世界不能被化約為一個單一實體、單一本質或單一原理來說明，而必須要以多數的本體或實在依據，才能恰當地說明實在世界。多元論一般主張這些多數的本體是分離的、獨立自存的，而且不可再被還原的；但也有些多元論說明宇宙世界被劃分為多種存在領域，各有所主且各自獨立，而且這些領域並不具備基本的和諧的整合性或連續性，也談不上有共同而合理的秩序可予掌握。

在哲學史上，希臘哲學的原子論者們就已經開始了多元論的主張。如恩培多克列士提出火、氣、水、土，作為宇宙構成的四種基本元素，主張宇宙萬物的基本構成實體，不僅量是多元的，質也是多元的。德謨克利圖斯主張宇宙的基本構成元素，或即太始，是原始的原子（Atoma），在性質上是同一的，但在數量上卻是無限的；個別事物的差異，就是由於原子在偶然的、機械性的碰撞中，產生數量上的多寡與排列上的次序之不同所出現的。亞納薩哥拉斯則不滿意這類主張，而提出種子論，他認為這種種子在性質上是多元混沌的，在數量上是無限的，是宇宙萬有的物質構成基質；萬物之存在樣態的不同及其變化，是由一種外在於種子的精神力量「睿智」來引導發展；亞氏的這種學說也是一種多元論的主張，但不同於機械論。

近代哲學家萊布尼茲（G. W. von Leibniz, 1646-1716）也有一種「單子論」的學說。他主張有無限多元的單純實體，即「單子」（monads），為宇宙萬有複雜組織的構成單元。單子與單子是各自獨立的小宇宙，有其自身的內在構造與作用法則，且具不同程度的「知覺」（perception）或「表象」的生機活力，得以依不同程度表象出整個宇宙。

多元論的模式展現也常常跨越限於說明物質構成的宇宙論，在存有

學上也有多元劃分的學說，如赫爾巴特（J. F. Herbart）區分世界為存有的範圍和價值的範圍，以為在知識上，感官是多元的，因此認知的客體存在也是多元的；在價值上，人的主體觀念也是多元的，分為五層：賞善罰惡、正義、慈善、完美、內心的自由；不論主客，都是多元的世界。

在社會哲學上，多元論的色彩更為明顯，認為社會是由許多獨立團體或組織所組成，這些團體或組織各自代表不同的利益需求與價值觀念，社會整體即表現為它們的多元活動，與之對立的一元論，是國家主義。於是，社會整體便可能表現為多元的團體因為利害的競爭與衝突而使國家分裂，或國家淪於這些多元團體中少數強勢團體的玩物，而壓迫其他的團體。

三、二元論

二元論（Dualism）承認實在界存在有許多的二元對立，如在形上實體性質上的，有物質與精神、偶然存有與絕對存有、物質與生命的對立；在宇宙論上的，有理型和感官、理與氣的對立；在倫理學上的，有善與惡的對立；在人類學上的，有靈與肉、天理與人欲的對立。二元論基本主張這些二元對立不能被化約，同時並存且各自獨立，與一元論適成對反的立場。

西方哲學最早有系統地表現出二元論的，可以說是把世界分為感官界和理型界的柏拉圖。埃利亞學派巴門尼德斯的「存在」與「非存在」、赫拉克利圖斯的「火」與「道」（Logos）、畢達哥拉斯學派的「靈」與「肉」、蘇格拉底的「概念」與「感官經驗」等，都是柏拉圖理型界與感官界對立學說的前導。

此外，亞里斯多德的「形質論」、中世紀哲學的此世與來生二元、近代哲學家笛卡兒（Descartes）的心與物等，也都是典型的二元論。其中笛卡兒的心物二元論學說，是透過「方法論的懷疑」（methodical doubt）

確立了自我意識的存在，並直觀地將此自我意識等同於意識主體，肯定了意識主體的實在性。而相對於「神」，心與物為「有限實體」（finite substance），分別具有思維性與擴延性，兩種實體絕然不同，不可再被化約。至於神的存在，在笛卡兒論證完物質世界的實在性後，便被放置一旁，所以嚴格的說，笛卡兒在論理的層次上有神、心、物的三元，但討論實在界具體的問題時，仍是心物二元論的模式。

在中國，二元論的思考也是不可忽略的哲學形式，例如有孟子所說的具有四端之心的「大體」與具有欲望的耳目四肢之「小體」的對立、荀子有自然之「天」與倫理之「人」、「情欲」之情性與「大清明心」之理性的對立、佛教有「娑婆世界」與「無餘涅槃」、「佛」與「凡夫」的對立、宋明理學有「理」與「氣」、「理」與「事」、「天理」與「人欲」的對立等，也都是二元論的基本模式。

二元論雖然是哲學上一個主要的思維模式，但更重要的是哲學思辨欲融合此對立二元的努力，也就是說既然哲學想要從整體的角度來看宇宙存有，那麼從殊多中探尋同一便因此是一種必然的方向，從二元中尋求統一的解釋，當然也是必然的趨勢。在西方，柏拉圖在理念界與感官界中置放「人」的存在，人的靈魂屬於理型界，肉體屬於感官界，為的是人能把理想完滿的理型實踐在多變的感官世界之中，塑造一個「理想國」；中世紀的神學也以人作為媒介，認為人的靈魂是上帝的肖像，肉體是屬世的，而人的存在是為說明此世和彼岸的合一關係與美善秩序。在中國，孟子所說人的「小體」要受到「大體」的擴充與推展，成為一個「君子」，甚至「大人」；荀子要談人能「制天而用」，並能用大清明心的理性能力，展開「禮義積偽」的人為努力，成為「大儒」，都是極為重要的創造。

從以上的努力，可以看出二元論雖然是我們在哲學思想中很容易出現的二分模式，但其目標是欲化繁為簡，以簡御繁，用核心原理來說明複雜現象的必然表現；但是二元對立的原理最終仍會因為帶有理想的統

一性需求，而嘗試尋找解消之道，因為不論是在生命上或是在生活上，在知識論上或是在道德實踐上，二元論都不會是究極的答案，一中有多，多中有一，對立調和，層層上達，直趨理想與圓融，即整體合一的和諧一元，是一種「形上傾向」，在人類的歷史上一直都是努力的方向。

第二節 從「質」的角度看

　　從量的二元論的形上學探索中，我們得到一種初步的結論，即認為這個宇宙世界包含了物質的構成元素，而顯現為物理性質的或化學性質的特色與變化；但同時如果我們詢問：「這些物質元素究竟是依據何種動力而產生結合或分離的運動，產生萬物的構成活動？」時，回答的方向就必然區別為二：一、動力內在於物質元素自身；二、動力外在於物質元素。

　　回答的方向不同，所形成的哲學立場就不同，前者傾向於主張宇宙存有本質上是物質的，後者則多是強調精神的特質。但是，我們究竟僅需掌握這就是感官經驗所呈現的現象界？還是需要主張現象界的呈現其實是精神思維所形成的觀念實現的結果？或者是認為所謂物質與精神其實是一而二，二而一的，二者必然協調作用，而並非截然獨立？依此便形成二種基本不同的哲學模式：一、唯心論；二、唯物論。

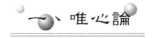

一、唯心論

　　唯心論（Idealism，另譯「觀念論」）斷言宇宙是精神或心靈的體現，認為宇宙世界根本的實在是精神的或觀念的世界，一切存在依賴於精神或心靈的活動，而且也都是精神的或心靈的活動結果。在哲學史上，唯心論大致朝兩種方向發展：一是主張只有精神的或觀念的世界是

真實的，而感官的現象世界並不真實，是虛幻的，如埃利亞學派、柏拉圖、畢達哥拉斯學派或佛學等；一是主張所有個別現象背後都有一個不變的本體，而且，本體比現象更真實，如柏克萊、王陽明等。

從第一個意義看，柏拉圖是一個典型的唯心論者。他以理性所能達到的理型界為真實的實在，而感官界只是理型界摹本，其實在性不及理型界。理型界不僅是理性認識的對象，而且也是真實的實在，因為我們的靈魂在與肉體結合之前，曾在理型界住過，在感官界，是由靈魂中的理性能力逐漸回憶起了理型界的種種理型，這樣才可以解釋為什麼我們在現實感官界看不到絕對而圓滿之物，但在我們的心靈中卻存在著要找尋完滿與絕對的對象。

於是從柏拉圖的哲學開始，唯心論便建立在這樣的一條途徑下：即從我們欲掌握真正知識的進路起步，然後在思維與存有的一致性的原則下，論證存在的真實與思想的理念是一致的，也就是從知識論到本體論，是一脈相通的，或至少是相互符應（Correspondent）的。而這種思維模式的確也是哲學史上的一大系統。西方近代哲學家柏克萊（Berkeley, 1685-1753）以其經驗主義的立場，主張「存在就是被知覺」，認為一切被我們稱之為物質的東西，如桌子、大理石等，是依賴於心靈的觀念的有序的集合。物質事物如果不被知覺，就無存在可言；而離開「被知覺」或「知覺的心靈」來談物質，是沒有意義的。

柏克萊的這種經驗主義的觀念論並不被大多數的觀念論者所接受，如德國的康德（I. Kant, 1724-1804）區分認識主體和認識客體，認為認識對象的「物自身」是不可知的，而我們所認識的對象，是經由我們主體的特殊結構所安排、理解的感覺印象。這個認識主體並非經驗世界中的個別的、偶然的主體，而是一個先驗的主體，具有普遍的思想結構與形式，先於變化無常的感覺。

康德之後，德國觀念論的三大家：費希特、謝林、黑格爾繼續深化這一個思想架構，把康德作為認識論基礎的先驗主體轉變成為宇宙萬物

存有活動的始源依據。心靈、自我、精神或靈魂的「絕對」，被視作為萬物基本的和形式未定的原初實在，萬物之存在皆依賴於它，它卻獨立自存，整體實在界，甚至包含人的主體多樣性，都是此一始源流溢發展出來的必然結果。

在中國，唯心論也是一個主要的形上學模式，從帶有人格神意涵的天在董仲舒天人感應的哲學中具有明確的主宰地位開始，漢魏之際傳來中國的佛教思想中，解說宇宙世界本體及現象的緣起論，也成為中國大乘佛學中重要的理論建構；力圖復興先秦儒學精神的宋明哲學，也不免受到魏晉玄學及大乘佛學重視並發展本體論相關問題影響，在論及儒家哲學的本體論時，也發展出像陸九淵與王陽明等心學體系，強調精神與意識的存在地位與作用，具有先在性及超越性，並為解說一切世間存有的根本基礎。

整體而言，唯心論，或稱觀念論所呈現出來的形上學特性，帶有一定的目的論色彩，必然影響其倫理學或社會哲學的建立。例如康德認為透過先驗主體的認知結構，我們所認識的對象不及於物自身，而僅為關於物的統覺內容，但是與人作為認知的理論理性並立的，是實踐理性，是人道德實踐的重要依據，以嚴肅的道德精神凜然超越於一般浮面的意見及現實經驗感受之上。佛學中的各種緣起論，其解說的目的，是要發現人如何才能擺除妄識與妄念的束縛，避免永無止盡的煩惱輪迴，得到清澈真實的人生洞見，成為一個「覺者」。

二、唯物論

唯物論（Materialism）主張宇宙萬物都是物質性存在，並且其存在變化完全從屬於物質力量。心靈、精神、意識、靈魂等活動，也都是運動中的物質現象，或甚至以為心靈只是由物質變化所引起的副現象，其本身不能離開物質活動而存在。萬物的生滅變化、成住壞空，都在物質之

中發生。

　　歷史上，唯物論形態的哲學體系最早出現於希臘時期的原子論學派。從恩培多克列士提出火、氣、水、土開始，到德謨克利圖斯提出具有不可分性的原子，作為宇宙原始的構成元素（即太初），這個學派主張宇宙萬物都是以物質的形式存在，並且，可見物體所以形成及其運動變化，並不是來自什麼外在的推動力量，而是來自內在於這些物質性元素或原子的力量，一切過程都是機械的、盲目而必然的，目的性原理並不具有任何意義。因此，只要用物質的原理，就可以說明宇宙的一切。

　　其後的哲學發展，唯物論大約可以分作兩大方向，一是機械唯物論，一是辯證唯物論。前者是主張宇宙及其萬有就彷彿是一部機器，所有的存在萬物及其變化，皆可以從數、量的角度加以測量及說明，所有的事物及現象，都是物質機械運動的結果。許多自然科學哲學家循此途徑，主張一切現象都可以歸結於物質的、或能量的因素來解釋，完全不必肯定還存在著任何超物質的因素，如達爾文的生物進化論，以為一切生物的存在皆源於一個原始而單一的細胞，人類也不能例外；或者某些人類學家以為人類的靈魂現象，其實只是物質上物理的及化學的變化結果，靈魂或心靈現象並無獨立實在性。

　　辯證唯物論則是費爾巴哈（L. Feuerbach）、馬克思（K. Marx）、恩格斯（F. Engels）等人極端發展黑格爾辯證法的結果，其後受到俄國的共產政權領導人列寧（Lenin）的發展，使辯證唯物論逐漸從對資本社會的反省批判的社會哲學，變成了極端的世界革命理論。他們在本體論上的基本的立場，是主張物質世界的客觀實在性是自明的，不容置疑。一方面，物質是為人的知覺所攝受的對象，並不限於物質性元素及由其所構成之物，也可以是指具有物質性的事物的組織或結構，例如，社會階級、經濟結構或生產勞動力；另一方面，物質的存在並不依賴於知覺；思想和物質一樣是實在的，只是思想的實在性必須依存於物質解釋。至於物質的變化發展不是外來力量的推動，而是物質本性內具的變化張

力，即「矛盾」，它不是機械的，而是辯證的。而這些發展的實質，是在物質性的「量變為質」與「質再變為量」的變化規律中進行的。物質世界如此，人類社會亦復如是，物質世界中的矛盾，到了人類社會就成為鬥爭，階級的矛盾性及鬥爭，促進政治社會的變遷，而最終的烏托邦是無產階級專政的共產社會。

　　唯物辯證法在哲學上存在的重要性及影響性，不及它在現實政治上及社會上的影響性，依此而立的階級鬥爭論產生了實際的國際社會與國際政治的動盪，對人性道德的肯定、倫理關係的和諧以及美善價值的追尋，都窄化在其唯物的觀點之下，形成莫大的破壞，這也激生了當代中國的另一種對治之道，即孫中山先生的「心物合一論」，希望說明精神的原理與物質的原理是互相協和一致的。而這種學說，其實是由中國哲學強調「物我不二」或「物我合一」的傳統中繼承與發展出來的想法。

　　在中國，唯物論的型態在某些強調氣一元論的思想中也曾出現。如唐代柳宗元（773-819）反對韓愈的天命觀，主張宇宙萬有的基本構成是氣，一切萬物的生成及變化，都是源自於物質性的氣自然地運動而成，絕無他因。更積極主張氣本論的，是明代的王廷相。王廷相（1474-1544）主張天地的本原是元氣，未有天地之前，只有元氣；而且元氣是「天地萬物之宗統」，在元氣之外，並無一個高於元氣的主宰或規範力量存在；而所謂的「理」，只是萬物形成後所表現出來的性質與生成變化的法則，必須依於氣而存在，而且各有差別，表現出極其鮮明的唯物論色彩。

第 三 節　從「能」的角度看

　　不論從量的角度看宇宙或是從質的角度看宇宙，我們所表現出的形上學態度，是把宇宙本體看作為一個靜態的整體。雖然這個整體宇宙的運動變化也會被討論，尤其是在唯心論或唯物論的型態中，都未曾忽略

過，但是其重點並不是運動變化的自身及其所呈顯的特性，而是將它置放在精神的或物質的概念下第二序的地位。從「能」的角度看宇宙，就是希望將宇宙萬物的變化自身看作一個研究主題，從而發現到宇宙萬物的變化並非只是單純的生成變化，而是表現為一個特殊的歷程，這個歷程之變化絕對不僅是數量上、形態上及位置上的變化，而是一個從出生到死，從混沌而到其存在特性的完滿實現與最高美善為止的歷程。這個具有走向完滿與最高實現的變化特性，在西方，亞里斯多德的「形質說」裡表達得很完整，在中國，儒家強調「生生之德」的形上學也發展得極其精彩。

一、亞里斯多德的模式

　　亞里斯多德思考宇宙萬物變化的原理時，發現在萬有的動靜變化之間，有一種引發變動的力量未曾未被清楚說明。他考究物質事物的存在時，提出了四因說。但用在生命體上，是否也適合呢？物質的纖維組織或血肉骨骼，是植物或動物存在的質料因；一棵樹、一朵花、一匹馬、一條魚，是這個生命體的形式因；動力因呢？按亞里斯多德所說，它是該物自然內具的形式（生命魂），是生命的動力帶動生物的變化，其目的是朝向最高的生命形式去發展，所以目的因，即是生物的最完滿的保存、發展與實現。生命（魂）不但帶動了生命體的新陳代謝，更表現為生育活動，使族類得以延續，生生化育，作用不息。這樣，生物體的生成變化與物質體的運動變化便有本質上的差異，不能一概而論。

　　為了清楚說明這些現象，亞里斯多德除了對形式與質料做了更仔細的分析，認為一切事物，不論是物質體或是生命體，都是基於現有的材料，將現有的形式朝向更完滿的形式去發展，就其完滿的形式角度言，形式的完滿若被稱為完整形式的「有」，則未完成的形式可被稱為「無」，就一棵樹苗而言，種子是「無」，樹苗是「有」；就一棵大樹而言，樹

苗是「無」，大樹是「有」。於是從無到有，有無相生，形式的完滿帶動質料的變化，也就是，事物之所以會變化，是為了要朝向它最完滿的形式去實現自我的目的。

再如，一朵玫瑰的最高形式，即其豐滿綻放的樣態；一隻獅子的最高形式，就是將其自身的奔行的速度及獵獸的能力發揮到極致的狀態；而人的最完滿形式，絕對不是年紀長大、鬍鬚變長、頭髮蒼蒼，因為那只是生命中物理特性的變化，談不上完滿，按亞里斯多德的理論，理性能力是人類的本質特性，也許可以推斷：若充分發揮理性能力，表現在知識追求而產生的智慧的長成，與價值實踐而產生的德性的圓滿，恐怕才是人最高的形式的實現。

二、《易》、〈庸〉的模式

在中國，儒家哲學發展到秦漢之際，便已十分清楚地建立起一套生生化育、天人合德的形上學系統，具體表現在《易傳》與〈中庸〉的思想中。這個系統主張宇宙萬物的存在，絕非僅是物質性的存在，其生成變化，也絕非機械式的偶合與分離。相反的，宇宙萬物的變化，就像一個有機生命的生成發展，日新月異，生生不息，各種層次的存有皆趨向其最豐美的形式去發展。

從肯定「天地之大德曰生」開始，儒家學者們主張：全體自然萬物都被一種盎然澎湃的宇宙生機力量所充盈而開展；萬物既已存在之後，便以其內在蘊蓄的生命力奮力朝向最完美的樣態持續去創造與成就。在〈中庸〉，這個道理表現得十分精彩：天地之道，是一個朝向極致發展之道。天體之高明，所以能覆蔭萬物；大地之博厚，所以能承載萬物；生機之悠久，所以能成就萬物。這也就是宇宙天地間存在一種內在於萬物的潛存力量，至誠不息，得已推動萬物「盡性」發展的道理。善，指此圓滿的實現，所以〈中庸〉與《易傳》皆強調萬物存在變化的歷程，

就是一種「繼善成性」的歷程。

　　表現在物質世界如此，表現在生物界也無例外，而人類生命的存在及其發展，更是具體而微地彰顯這個生命創造與價值實現的道理。人類生命的活動，是以承繼宇宙天地間的這種創生化育的內在動力，而將其發展到極致，這個極致，不只是成就自我的生命完滿與價值理想，對人類社會的和諧互動與良善秩序的形成，亦責無旁貸；甚至對其所生存的宇宙世界及其萬有，都懷抱一種盡力使其完滿成就的企盼與努力。

　　在這套形上學的觀點下，生命的自然秩序與價值的秩序是同一的，宇宙萬有的變化，是一個趨向完滿存在的發展歷程；生命的本身並不僅以其構成的物質變化而存在，而是在一個提升物質結構進入完滿形式的歷程中發展成就。儒家的這種體系，與亞里斯多德的學說互相參照，真有異曲同工之妙。

1. 說明何謂一元論、多元論，並解釋其相互關係。
2. 說明二元論的哲學立場及其限制。
3. 說明何謂唯心論，以及柏拉圖的理型論對唯心論發展的影響。
4. 說明唯物論的基本主張。
5. 說明亞里斯多德的發展觀。
6. 說明儒家形上學中「生生化育」的意義。

▌參考文獻

1. 鄔昆如著，哲學概論，五南圖書出版公司，民 79 四版。
2. Fredrick Copleston 著，傅佩榮譯，西洋哲學史Ⅰ，黎明，民 75 初版。
3. 沈清松著，物理之後／形上學的發展，牛頓，民 76 初版。

4. W. T. Stace 著，希臘哲學史，雙葉翻印版，民 75。

5. 汪子嵩等著，希臘哲學史，第一卷，人民，1997.5 一版。

6. 中庸。

7. 易傳。

8. 宋元學案。

9. 侯外廬著，中國思想史綱，五南圖書出版公司，民 82.9 初版一刷。

10. 張豈之著，中國思想史〈下冊〉，水牛，民 81.6 初版。

第 3 章

地學（宇宙論）

陳俊輝

學習目標

研讀本章內容之後，學習者應能達成下列目標：

1. 瞭解若干神話、宗教、科學與哲學之對宇宙起源的看法。
2. 瞭解若干宗教、哲學和科學之對宇宙（生成）變化的看法。

摘要

　　本文分成兩部分，即宇宙的起源以及宇宙的（生成）變化。為了對這兩大論題有所解說，本文是以列舉的方式，分別從宗教（含：神話）以及哲學與科學的角度來作說明；目的是讓讀者有一清楚的認知，並可對不同的學理或觀點作一比較。

　　論到地學（Cosmology），它是從中國古代《易經》的天、地、人三才中的地才之學而說的；如換作西洋哲學思想中的分類或類型，就可稱它作：宇宙論。

　　什麼是宇宙論？或者說什麼是地學？顯然，它是關聯到先前所提的天學（本體論，又作：存有論，Ontology），而作為哲學中的形上學的主幹之一。這裡的地學、宇宙論，其本意當是：一門探究萬有的存在本因（如：天、道、神、存有、上主或梵……等終極實在），之與萬有的存在究竟是有何內在關係的學科。

　　詳言之，這內在關係，委實包括了：萬有（萬物、世界、宇宙……）的生成變化、內在結構、因果法則，以及事物的存在目的……等諸般相關事項的探究。不過，為作簡要的理解暨說明，想必是能夠用存有（Being）與生成變化（Becoming）這兩大範疇，分別來指涉天學與地學，或本體論與宇宙論它們各自論究的事項。

　　先前，已談過天學的主要內容暨其意蘊；此間，則想談談什麼是地學暨其主要之內涵？以下，謹分成宇宙的起源與宇宙的（生成）變化這兩部分來作說明。

第 一 節　宇宙的起源

　　說到宇宙的起源，即有關此一問題的探討，在人類思想史上，我們多能看到：無論神話（學），就是重視理性思維的哲學、科學，乃至探討超越界事物的宗教，泰半都會把它當成一個重要課題來處理。茲分述如下：

一、神話（學）的觀點

在神話（學）方面，謹以中國、希臘和印度為例。

（一）　在中國地區

古老的中國，曾出現不少有關宇宙起源或開天闢地的傳說。其中，在先秦時代道家莊子（ca. 350-270B.C.或 369-286B.C.）的作品裡，便有渾沌被儵、忽二帝鑿開七竅因而身亡的故事（〈應帝王篇〉）。這被鑿開的七竅代表著什麼呢？就是：整個宇宙或整個世界的誕生。

漢代所出現的《淮南子》一書，也有關於開天闢地的神話：天地尚未形成之前，一切都只是窈冥混沌。之後，在窈冥中便生出了兩位大神，分別是陰神與陽神；他們兩位極努力的經營天地。隨後，便判分了陰、陽，也置定了八方；也就是形成這千奇百怪、各式各樣的大千世界。（〈精神篇〉）

除了以上這兩則神話傳說之外，古代中國也有巨靈「造山川，出江河」那種類似西洋或中東地區所流傳的創世神話。（《路史·前紀三》，或《太平御覽》卷二，〈三五歷記〉）

（二）　在希臘地區

說到古希臘的神話，最早當是流傳在小亞細亞、埃及和愛琴海……等地的傳說或歷史故事；之後，在西元前十世紀左右，便形成個別的體系。而後，經過荷馬（Homer, 8th cent. B.C.）和赫西奧（Hesiod, ca. 8th cent. B.C.）等人的整編；加上，隨後的劇作家、小說家、史學家，乃至哲學思想家的徵引，終而被大量又有系統的保存至今。

其實，一論及古希臘神話，教人聯想到的便是前述的荷馬與赫西奧。荷馬撰有《伊里亞德》（*Iliad*）和《奧德賽》（*Odyssey*）兩部作品，

赫西奧則著有《神譜》（神統記，*Theogony*）一書。

此中，赫西奧的《神譜》，當屬古希臘神話中有關宗教神話那一類的題材；其他，則分屬傳說和民間故事。《神譜》是如何談及宇宙的起源呢？它提及：最早的宇宙，原是一片空無。之後，不知經過多久，便出現了渾沌（Chaos）。渾沌接著生出大地（地母，Mother Earth; Gaea）和愛（生命力，Eros）。而後，又生出深淵（地獄，Tartarus）與黑夜。深淵與黑夜相配，便產生了白晝。此際，地母也生出天父（Father Heaven; Ouranos），以及山、川、湖、海和人類等。至此，宇宙因而形成。

🌀 —— 在印度地區

印度有關宇宙起源的神話傳說，最早當可溯及古吠陀（Veda）文學，即作為一種讚頌自然神祇的讚歌所富涵的創世神話；時間約在西元前一千五百年至五百年這近一千年期間。

這印度古老的創世神話，曾提及天、地、空三界有眾神的存在：如在天界有太陽神（Sūrya）、世界維持神（Visnu）和律法神（Vāruna）……等；在地界有酒神（Soma）和火神（Agni）……等；在空界有風神（Vāyu）和雷神（Indra）……等。由於眾神的神格、性質多未嚴予區分，因而在這一階段，出現了被視為係具有交替神信仰的傾向。

隨著古印度吠陀宗教神話神學思想的發展，到了一定的時期，便出現了雜音：有企圖將多神教信仰導向一神教信仰的趨勢。這時，有關宇宙的起源或創世神話，便漸次擁有它在哲學上的位階暨意涵：

階段一：宇宙的太初，即「彼一」，原是有與無尚未分化時的境界。而後，「彼一」便開展出欲愛（意識的緣起）和現象界。

階段二：視「彼一」為具有位格神的「生主神」。生主神（化為金胎）則造生萬有，即現象界。

階段三：將「生主神」的創造力予以位格神化；視之為「造一切的神」。這「造一切的神」則以自體造化萬有。

階段四：以「祈禱主神」的神格，統合前述的「彼一」、「生主神」與「造一切神」的神性；並且認定：「祈禱主神」在太初就是由無生出了有（物質），有又生出地、空間與力……等。

階段五：視宇宙即是「巨人」的進化或生化：「巨人」生「遍照者」，「遍照者」生「原人」（神我 Purusa；又作：自我 atman，或命 jiva），「原人」則生萬有。這一時期，可以說是兼具有一神教與多神教信仰的特質。

二、宗教的觀點

在宗教方面，謹以猶太教、基督（宗）教與伊斯蘭教這三大宗教為例。

（一）——猶太教的認知

論到猶太教有關宇宙起源的看法，其主要根據，當是出自西元前十五世紀其教主摩西（Moses）筆下的〈創世紀〉和〈出埃及記〉中的記載。據傳，摩西是受到啟示而提到天地萬物是由他們的神（Elohim）耶威（耶和華，YHWH, YAHWEH；按：自有永有）所創造（創世紀一：*1*；出埃及記三：*14*）。

之後，在猶太民族歷代所出現的先知群中，有一位名叫以賽亞（Isaiah, ca. 8th. B.C.）的，也得到類似的啟示。只是，從其內容可知，他們所信奉的神，當是指宇宙中只有一位真神；而祂，就是一位能造光，造暗，施平安，又降災禍，那位令人聞之生畏的真神。（以賽亞書四十五：*5-7*、*11-12*）

（二）——基督（宗）教的認知

論到基督（宗）教對宇宙起源的看法，我們從其《新約聖經》中的

記載就可得知。他們認為：萬有都是本於神，倚靠於神，歸返於神。這位神，當即是猶太教信仰中的耶威真神；這位神，祂係憑藉自己的能力、智慧而創造天地萬物。

不過，若從基督（宗）教的角度來說，他們卻是認定：這位創造天地萬物的造物主，當即是基督耶穌，也是在太初和（真）神就已同在、又同一的「道」（約翰福音一：1）。因為，基督耶穌本就是神的能力、神的智慧；更是神的奧祕之所繫——因祂本身具足「神本性一切的豐盛」。（哥林多前書一：24；歌羅西書二：2、9）

無怪乎，基督（宗）教的另一卷經書〈希伯來書〉，會這麼稱述基督耶穌之與祂的神（父神）的一種獨特關係：「神……早已立他為承受萬有的，也曾藉著他創造諸世界。他是神榮耀所發出的光輝，是神本性的真像，常用他權能的命令托住萬有，他……就坐在高天至大者的右邊。」（一：1-3）

㈡——伊斯蘭教的認知

論到伊斯蘭教（回教）有關宇宙起源的看法，想來，首先要知道的是：「伊斯蘭」這語詞的主要涵義是什麼？它就是：服從和降服於真主（阿拉）的意志。

的確，發源自中東，跟前述的猶太教與基督（宗）教教義極其相關，而卻有它獨特教理的伊斯蘭教，同樣主張宇宙中只有一位真神存在的唯一神論。

姑且不去深究伊斯蘭教徒所信仰的真主阿拉，是否即為猶太教徒一向奉為「以色列的聖者」耶威真神，此間，我們則應知道：對伊斯蘭教的信徒而言，真主阿拉，祂才是宇宙中唯一至高、至大、至尊，又正義的真神。

而談到真主阿拉之與宇宙萬物的關係，其主要經典《可蘭經》就曾清楚記載：阿拉真神是獨一的主，是萬物所仰賴的；他沒有生產，也沒

有被生產；沒有任何物可以與他相匹敵。（*112：1-4*）

就此，便有學者（如：愛德華·J·賈吉）指稱：這裡的真主概念，顯然包含了他是萬物的創造者，是一全知、全能和無始無終的真神。

總括以上所述，我們不難看出：伊斯蘭教自有它的宇宙起源觀；只是，這種宇宙起源觀，並不同於基督（宗）教的認知。不過，話又說回來，它則頗類似猶太教的主張：天地間只有一位真神，這位真神即是萬有中唯一的造物主宰。

三、科學的觀點

論到科學之對宇宙起源的觀點或看法，大眾所熟知的，可能就是在現今科學界所流傳的大爆炸（大霹靂，the Big Bang）理論。

關於大爆炸理論之能成為現今科學界的顯學或新寵，它的理由固然不少；不過，唯一教人不能不知的一段歷史，就是：它的前身，或它的引生動力，應該就是所謂的宇宙膨脹說。

據載，現今英國有名的理論物理學家史帝芬·霍金（Stephen W. Hawking），他便是前述大爆炸理論的力倡者；而促發他力持這種觀點的，就是美國的一位天文學家哈勃（Edwin P. Hubble, 1889-1953）在 1929 年曾對星空所作的天文觀測之結果。

哈勃觀測星空所獲致的結果是什麼呢？就是：地球上的人類，不管他站在地球上哪個地方，只要他逕往星空望去，他都將發現，遠方的星球、星系或星團，可說正是以急速的方式，刻正遠離我們而去。就因為有這種觀測的結果，哈勃據而即力倡宇宙確實有膨脹現象這種科學學說。

據悉，霍金便是依據哈勃觀測星空所獲致的宇宙膨脹現象，逕自提出宇宙之所以會膨脹的動力理論：原初的一次大爆炸，是促使今日所見的宇宙何以繼續在膨脹的主因。就此，從霍金在他自撰的《時間簡史：從大爆炸到黑洞》（*A Brief History of Time: From the Big Bang to Black Holes*）

一書中的記載——即：「哈勃的發現，暗示存在一個叫作大爆炸的時刻。」——就可清楚看出，霍金顯然是受到哈勃觀點的啟發，而有他自己的認定暨推敲。

特別是後者，霍金進一步推估：我們所知的這個宇宙，在誕生之際，其密度可是無限大，而尺度卻無限的小。又說：太初最早的一次大爆炸，時間約在距今一百億到二百億年之前的某一時刻。就因為那次的大爆炸，才產生了時間、空間、能量、物質，乃至爾後有生命物質的出現。

為了順利建構宇宙起源的大爆炸模型理論，身為無神論者的霍金，甚至有他的驚人之語：「人們可以想像：上帝（神）在過去的任何時刻創造宇宙。……人們仍然可以想像：上帝是在大爆炸的瞬間創造了宇宙，或者甚至在更晚的時刻，以使它看起來就像發生過大爆炸似的方式創造。但是，設想在爆炸之前創造宇宙，是沒有意義的。……大爆炸模型，並沒有排斥造物主，只不過對祂何時從事這工作加上時間限制而已！」（《時間簡史》，中譯，台北，藝文印書館，1991，頁9）。

霍金這種「科學」論述宇宙的起源，到底產生了什麼樣的後遺症呢？一者，可以說，他獲得若干有神論者如：猶太教徒、基督教徒、天主教徒，甚至伊斯蘭教徒的歡迎。因為，霍金至少尊重了傳統宗教的認知，即：「神」（上帝、上主、真神、真主……）才是萬有存在的根始原因。二者，他的預設有造物主的大爆炸說，已使科學思維夾帶了宗教神學的尾巴，而使立基於純理性活動的科學工作，誠然難以擺脫宗教因素的干擾。三者，在嚴格分析暨批評下，有人甚至認定：霍金有逾越宗教經典的記載之嫌，即逕自主張所謂的造物主，便是倚藉他所認知的大爆炸之方式來創造宇宙。

總之，不管怎樣論評，此間所談的科學的宇宙起源觀，總和前述的神話（學）和宗教觀一般，都同樣認定：宇宙是有它的開始、有它的起源。

四、哲學的觀點

在哲學的宇宙起源觀方面，我們想從西洋與中國兩地區所出現的論點，作一簡單的引介。

㈠　在西洋地區

談到西洋地區，西元前七世紀首先出現在古希臘米利都一帶的哲學思想——按：後世學界，稱之為米利都學派；主要代表人物有：泰利斯（Thales, 640-546B.C.）、安納克西曼德（Anaximander, 610-547B.C.）和安納克西曼尼斯（Anaximenes, 588-524B.C.）——便有關於萬有起源或宇宙太初（archē）該問題的構思暨探討。

據載，泰利斯由於深受萬有起源該問題的吸引；加上，他也受到傳統神話的影響，因而主張：宇宙的起源（太初），就是水；只是，水中卻有神性（the Divine）力量的臨在。

安納克西曼德，這位泰利斯的弟子，是一位精通天文、數學和地理的才華橫溢之士；同樣對宇宙的起源該問題產生極度的興趣。他主張：不可規定的「無限」（the infinite），才是宇宙的起源。當然，和泰利斯一樣，安納克西曼德深信在「無限」中也有神性力量的臨在，才使之得以衍生繁複多元的萬事萬物。

安納克西曼德弟子安納克西曼尼斯，承繼其業師的哲學問題，同樣也有他自己的哲學思考與解答；認為：無邊無界的「氣」，才是宇宙的起源。又，在氣之中，自也有神性力量的臨在。

以上，可以看到：論到古希臘米利都學派三哲人有關宇宙起源的問題，各人雖有他自己的認知與解答；但是，他們終究還是擺脫不了傳統神話的影響，而建構了所謂的物活論（Hylozoism）的哲學宇宙觀。這種哲學宇宙觀，其實是混雜有神話（宗教）、哲學與科學三合一的思想，

而標誌出古希臘哲學起源的一大特色：作為「愛智」的哲學思想的產生，不是來自純哲學的思維，而是伴雜有宗教神話的因素。終而，肇始了爾後西洋哲學的發展，總是脫離不了「宗教」因素的介入和牽引這個命運。像：中世紀哲學之所以產生，以及現代存在（主義）哲學思想運動的興起，就足以證明：宗教（尤其基督宗教）力量的存在，誠然可以影響，甚至可能主導著哲學思想的進程與推展。

（二）—— 在中國地區

在中國地區，想談的是儒家之祖孔子（551-479B.C.），以及道家之祖老子（ca. 580-480 或 571-476B.C.）這兩位哲人之對萬有起源的看法。

1. 老子的認知

論到老子之對萬有起源的看法，想必，大家會聯想到的，應該就是在《道德經》或《老子》一書中提到的「道」的思想暨其觀點。

「道」是什麼呢？老子曾以他那近似辯證的語氣，也就是以「正言若反」的思考在論述：「道」，是一種混成者、三一者。為什麼說「道」是混成者呢？因為，老子曾提到：

> 有物混成，先天地生，寂兮寥兮，獨立而不改，周行而不殆，可以為天地母。吾不知其名，強字之曰「道」，強為之名曰「大」。大曰逝，逝曰遠，遠曰反。（二十五章）

由這一段文字，可以看出：「道」，對老子而言，可說是他對那「先天地生」、本身是「獨立而不改，周行而不殆」的「混成（者）」一種勉強的稱謂。因為，「道」也可以被勉強稱作：「大」，或者又叫：「逝」、「遠」、「反」。

又，我們也提及：老子心目中的「道」，則能夠視它為「三一者」。為什麼這樣說呢？因為，老子也曾這樣表述著：

視之不見，名曰「夷」；聽之不聞，名曰「希」；搏之不得，名曰「微」。此三者，不可致詰，故混而為一。……（十四章）

在這段文字中，應可看出：老子是從人類經驗的角度，也就是以人類的視覺、聽覺與觸覺的極限認知，以反托出「道」的不可視見、聽聞，以及搏得的特性。但是，可別忘了，儘管「道」的特性是如此，它對老子而言，可是一種永在者，而且是以「無狀之狀，無物之象」的「惚恍」情態逕作自我呈現。

先前提到「道」的「先天地生」，以及「道」的獨立不改、周行不殆，這則足以顯示，「道」不僅是先於天地的永在者、自主者、恆動者，它更是萬有生成的本源。因為，老子曾作這樣的明示：

道生一，一生二，二生三，三生萬物，萬物負陰而抱陽，沖氣以為和。（四十二章）

綜括以上所述，所謂：宇宙的起源或萬有的太初是什麼？這問題之對老子而言，當然，就是他所認知那作為混成者、三一者、惚恍者，或「無狀之狀、無物之象」的「道」。這裡所論及的「道」，如從整本《道德經》的角度來衡酌，雖然很難看出它有所謂的「位格性」；但是，如說它可擁有無限的生機、無窮的活力和極深邃的奧蘊暨費解的特質，卻非一種過甚之辭。因為，老子自己即曾這樣品述「道」的奧蘊難懂性：

道者，萬物之奧。（六十二章）

2. 孔子的認知
論到孔子有關萬有的起源該問題的理解，從現存的《論語》一書

中，當能從孔子對天地時序或萬有的生成之看法來著手。

在《論語》中，孔子曾就他對天地間時序的運行和百物的生成，敘及他個人的認知暨心志；那就是：他想「無言」。也就是要效法「天」的無語之美德：以「身」教代替「言」教。

從孔子對天地間時序的運行和百物的生成觀上，我們應可揣知：孔子所認知的「天」，這作為至高、獨一、偉大、完美、人可效法〔因他說過：「巍巍乎，唯天為大，唯堯則之。」（泰伯第八：*19*）〕、人可仰望、向之祈求醫治、久禱、永存〔因「子疾病，子路請禱。子曰……丘之禱久矣。」（述而第七：*35*）〕、真誠、聖潔〔因孔子曾說過：「……吾誰欺？欺天乎！」（子罕第九：*12*），以及「獲罪於天，無所禱也。」（八佾第三：*13*）〕、鑑知一切〔因他說過：「莫我知也夫！……知我者其天乎。」（憲問第十四：*35*）〕，以及主宰一切〔因他說過：「予所否者，天厭之！天厭之！」（雍也第六：*28*），以及「天之將喪斯文也，……天之未喪斯文也，匡人其如予何？」（子罕第九：*5*）〕的「天」，當然，也是一富涵無限生機、無窮活力與至大權能的「天」。因他曾這樣提述著：

　　天何言哉？四時行焉，百物生焉，天何言哉？（陽貨第十七：*19*）

就因為孔子曾提示何言哉的「天」，在主導天地間四時（春、夏、秋、冬四時序或四節氣）的運行和百物的生成，我們就可以據此而認定：「天」，對孔子而言，自是天地萬有生化的本源。

也因為孔子言談中的這個「天」，可具有上述所列示那樣多的性質暨美德，想必，就此指稱「天」為一具有相當位格性的至高神或唯一神，也不為忤。主因是：這位神，可不是孔子所「不語」的鬼、神或神、鬼的「神」，而是他一向虔誠相信、敬畏和肯向之久禱的「真神」。

　　姑且不論孔子的「天」是否就是涵指猶太暨基督（宗）教的真神或伊斯蘭教的真主，但是，從孔子在《論語》中所呈現的言語內容來揣度，則應可得知：孔子並未反對有涉入人間事物的「造物主」這種觀念。不然，他為何會有「天……（使）四時行焉，百物生焉」，「唯天為大」、「天生德於予」（述而第七：23）、「獲罪於天，無所禱也」，以及「丘之禱久矣」……等這類言辭的出現呢？

　　何況如果能從時、空的角度來揣測，則更可得知，孔子所認知這秉持權能，又有生機、活力的「天」，自當是一非物質性的「天」。因為，孔子在其平日的生活中，即體驗到了「天」（祂）的隨時臨在。

　　想想：如果「天」不以非物質性的方式而存在，「天」如何在造生萬有（所謂「四時行焉，百物生焉」）之後，不知經過多少悠悠歲月，到了孔子誕生、生活在一段時日和經受到「天」的恩德與威榮，而會說出「獲罪於天，無所禱也」以及「丘之禱久矣」那些足以反證「天」的永存性的話語？

　　總之，從以上的言論之解析，我們應可明白：孔子的「天」，無不是扮演著一位大有權能、威榮，以及涵藏無限生機與活力的造物主宰；若能指稱祂即為一宇宙的至高真神，也應不為忤。

　　以上，針對宇宙的起源或萬有的太初該項課題，就談到這裡。以下，扣緊宇宙的起源此一文脈，將繼續探討：宇宙的（生成）變化這項論題。

第 二 節　宇宙的（生成）變化

　　論到宇宙的（生成）變化，這個問題是不能自外於前述宇宙的起源或萬有的太初這類課題的探討。因為，兩方有其內在的關聯。不如就這麼說，如果能把宇宙的起源，當成一個「因」來看；那麼，宇宙的（生

成）變化之問題，就是一個「果」。原因是能夠來決定或主導著結果的。

　　就因為果對著因有它的依存性，本單元有關宇宙的（生成）變化之討論，便不時會涉及宇宙的起源此一本因性的析述暨演繹。

　　以下，擬想由宗教、哲學與科學三方面來作論述。首先，來談宗教對宇宙的（生成）變化的看法。

一、宗教的認知

　　論到宗教有關宇宙的（生成）變化之認知，想必，先要瞭解的就是：宗教（religion）是什麼？它的本義為何？是否有不同的分類？又，不同的宗教對萬物的起源或萬有的太初，總有它不同的認定；為此，如何能據而明確說出萬有究竟是怎樣的生成暨變化呢？……

　　關於上述這類的疑問和考慮，雖是有其必要，只是，為能原則地提述宗教的宇宙（生成）變化觀，我們總可如此設定：宗教思想界，即不管是哪一種的宗教思想界，它總會認定宇宙中有它所認知的「終極實在」（the Ultimate Reality）的存在。就因為各宗教多有它自身的認知暨設定〔如：猶太教徒認為真神即是耶威；伊斯蘭教徒認為真主就是阿拉；印度教徒認為宇宙的主神就是梵（Brahma）；前述孔子心目中的神應該就是天……等〕，它們自會依循這種的認知暨設定，來闡示它們所信奉的神之與萬有或宇宙萬物（生成）變化的關係。

(一)——以希臘為例

　　像：前述古希臘的神話作品《神譜》，就提到宇宙中有眾神的存在，祂們並且是萬物的主宰。說到主宰，它的權勢便是能統制一切，左右一切。

㈡——以中國為例

　　再者，來看看中國古代的《詩經》和《書經》的思想；它們本身就多富涵有宗教義的「天」觀。就如《詩經》是怎麼說的呢？它這樣提到：

　　　　天生烝民，有物有則，民之秉彝，好是懿德。（大雅・蕩之什・烝民）

又說：

　　　　維天之命，於穆不已。……（周頌・清廟之什・維天之命）

　　這兩段引文，雖未明述萬有係直接由「天」造生而來，但卻明顯指出：「天」自己有它的律令、法則和方向。也因為這樣，「天」把法則或律令賜給了萬物，好藉此以統理一切，律定一切。
　　至於《書經》所提到的「天」，對於萬物，尤其對於世人，又有怎樣的作為呢？它說：

　　　　天聰明，自我民聰明；天明畏，自我民明威。（虞書・皋陶謨）

又說：

　　　　天視自我民視，天聽自我民聽。（周書・泰誓）

　　從這兩段引文中，約可看出：《書經》的宗教「天」的思想，即呈示了「天」的一切行動，總是透過民意來呈現或表達。

在《書經》的宗教「天」的思想中，雖未能明確看出：所謂宇宙萬有的變化，全是由「天」來操控；但是，它之扣緊「人」的角度，涉談「天」之似有它的思維、意圖，甚至行事規則，這則頗教後人應予高度的矚目暨思忖：「天」之與萬有，尤其與世人的關係，總是有它的規律性或理則性。就算是「天」要變革人世的社會制度或結構，「天」也會視人類意志的表現而調整暨呈現。

✤（三）── 以猶太為例

最後，我們來看看在人類歷史上出現頗早、又有它相當規模暨影響力的宗教──猶太教，之對萬有（生成）變化的認知。

說到猶太教，先前已就宇宙的起源此一課題而有所涉論。此間，我們所注意的是：它的耶威神，即作為萬有的創造主，到底是如何影響著世物，乃至管控這全宇宙？有話則這麼說：

> 創造諸天的耶和華（耶威），製造成全大地的神，他創造堅定大地，並非使地荒涼，是要給人居住。……（聖經，以賽亞書四五：18）

又說：

> 神……將水包在密雲中，雲卻不破裂。……在水面的周圍劃出界限，……。天的柱子因他的斥責震動驚奇。他以能力攪動（或：平靜）大海；……藉他的靈使天有妝飾。他的手刺殺快蛇。看哪，這不過是神工作的些微。……（約伯記二十六：8、10-14）

在上述這兩段文句裡，應可看出：在猶太教（徒）的心目中，他們

的神，自可說是造就一切、影響一切，甚至是主宰一切的神。所謂宇宙的（生成）變化，即遠自起初的宇宙的開始受造，及至受造之後天、地間雲霧⋯⋯等各種氣象的變遷，也都是在神的掌理和左右中。

說來，這也是出自對猶太教義的變革，在西元第一世紀興起的（原始）基督教所同樣抱持的神之權能觀。後者，甚至還這樣認定：

> 從太古憑神的命有了天，並從水而出藉水而成的地。⋯⋯
> 當時的世界被水淹沒就消滅了。但現在的天地，還是憑著那命
> 存留，直留到不敬虔之人受審判遭沉淪的日子，用火焚燒。

又說：

> 主⋯⋯不願有一人沉淪，乃願人人都悔改。⋯⋯那日天必
> 大有響聲廢去，有形質的都要被烈火銷化，地和其上的物都要
> 燒盡了。⋯⋯（彼得後書三：5-7、9-12）

請留意！這裡附帶提及的基督宗教之對宇宙（生成）變化的觀點，它則不諱言地指明：「現在的天地」（按：可涉指我們所理解的宇宙萬物），在不知多久的將來，將因為世人作孽（即：有不敬虔者或不悔改之人）的緣故而遭受烈火焚毀的噩運。這時，宇宙的變化，可將是一種天旋地轉的徹底改變——曠古以來宇宙將自有而至無完全的被銷化殆盡。那麼，所剩下的是什麼呢？是非物質性之靈界（新天新地和「義」）的永存。

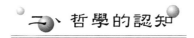

二、哲學的認知

談到哲學有關宇宙的（生成）變化之認知，我們擬以中國的《易

經》思想，以及希臘的哲學思想為例來作一說明。

㈠ 中國的《易經》思想

論到中國《易經》思想之對宇宙的（生成）變化的觀點，首先該當知道的是：這《易經》到底是怎麼來的？以及它的出現，對於古代，甚至未來的中國社會究竟帶來了怎樣的影響？

對這兩個問題，簡要的回答分別是：關於前者，據後世學者的考證，認為《易經》最早是出自上古天道思想時代伏羲氏的畫卦；接著，在中古神道時代有周文王的演易；最後，在下古人道時代有孔子的贊述，而才使得《易經》思想的紋理經緯燦然大備。

關於後者，有學者認為：《易經》，就其內容看來，它雖納含了上經（以象天道的乾、坤兩卦開始）、下經（以象人道的咸、恆兩卦起始），以及釋經的〈易傳〉這一部分，從而對宇宙、人生（人事）這兩大領域有它詮解的理路；但是，由於在其六十四卦的演繹上，被視為將可解讀出所謂萬事萬物生成變化的端倪，以及開示世人在時、空移位上應有的舉措（按：即以達到趨吉避凶的生存目的）；為此，自歷世歷代以來，顯然即被當成一部不可多得的人生智慧的寶庫，以及攸關時人安身立命之道的命理書籍。

畢竟，單就此間所專注的宇宙的（生成）變化該項課題來考慮，《易經》這部古中國的曠世鉅構，誠然是因它深富絕妙的數理（符號）系統——譬如：在其六十四重卦中，它係以乾卦、坤卦，這分別代表發生與發生所需之資料作起始，而以既濟卦、未濟卦這分別代表完成與未完成之二卦象，來闡示萬有（生成）變化的力動過程——有關時空的概念思維，以及人世間諸生活事例的推估暨應用……等，而可視為人類生存史上一項重要的生命資產。

的確，也因為《易經》對宇宙、人生有它獨樹一幟的詮解機制，它則讓後世的學界看出：古代中國人的智慧生命，無不體現在它對所謂宇

宙生成變化的進程之與世人行動歷程的相應關聯性，有它特殊的體悟暨認證上。

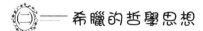 希臘的哲學思想

　　說到希臘哲學思想中有關宇宙的（生成）變化的認知，想必，是可以蘇格拉底（Socrates, 469-399B.C.）的出現為界，而區分出先蘇格拉底期與後蘇格拉底期諸哲學思想家在此一方面的觀點。為什麼要以蘇格拉底這位哲人為一分界點呢？因為，據載在他之前古希臘哲學的流衍，多是以宇宙論的思維為主。之後，因為有他開啟人事思考這一新的哲學路向，而為後世的西洋學界，由其他學術研討的走勢，改而以人事為重心或以人性、人心、人生為哲學探究的主要方向。

1. 先蘇格拉底期

　　在這一時期，可供我們注意和引介的人物，約有下述諸哲：

(1)泰利斯

　　先前曾提及：泰利斯主張「水」是宇宙的太初。至於水與繁富的萬物之間，到底又有怎樣的關聯？在這方面，可教我們注意：泰利斯係由傳統神話襲取了神性力量這個靈感；從而認定：因為水中摻有神性力量，這就足以使萬物生生不息，變化萬千。

(2)安納克西曼德

　　先前曾提及：安納克西曼德主張不可界定的「無限」，才是宇宙的太初。只是，無邊無界的「無限」，因為也有神性力量的介入〔尤其，從荷馬與赫西奧神話襲取愛神（Eros）──作為一切生成變化的原動力──的靈感〕；所以，「無限」就有能力可以把單一事物變成多樣事物，甚至還把許多不同的東西改變成單一種相同的東西。

(3)安納克西曼尼斯

　　先前曾提及：安納克西曼尼斯主張「氣」或無邊無際的氣，是宇宙的太初。再者，他本人也相信，因為「氣」中有神明力量，這才使得萬

物可以生起，以及有其不斷的生成和變化。

特別是後者，即關聯到為何萬物會有生成變化此一現象的發生，安納克西曼尼斯則這樣表示：有神性介入的「氣」，本身因有凝聚與分散的作用，終而使得宇宙就有火、風、雲、水、土和石這六種現象的產生。隨後，這六種現象，想必也因為有神明的介入，而能變化出萬有。

(4)畢達哥拉斯（Pythagoras, 570-469B.C.）

畢達哥拉斯是古希臘先蘇格拉底哲學時期，曾深受東方主行派奧而菲（Orpheus）宗教思想影響的一位哲人；一生主張刻苦己身，希冀靈魂能由監獄般的肉體而得解脫。

在有關萬有的生成變化觀上，力倡：「數」，此一可附加於個別事物上，並作為萬有變化之法則的東西（形式），才是主導事物變遷的動力；因它有如神明之介入水、無限或氣中，而可使萬物生生不息、變化萬千。

(5)赫拉克利圖斯（Heraclitus, ca. 540-475B.C.）

赫拉克利圖斯在古希臘先蘇格拉底哲學時期，是一位力主一切都在流變的（辯證）哲學家。由於重視內心的體證，他一者主張火，這具有動態象徵之物，即是宇宙的起源；二者，則認定：Logos（話，word；或：宇宙理性），這作為萬有動中的靜態象徵之物，是統括一切（變化、運動）的最終原理或法則。

為此，看來赫拉克利圖斯一方面倡言火，另一方面又力陳 Logos 是宇宙的起源；並且還明示：這兩者分別代表一動、一靜、一變化、一原理。有學者為此就論評：赫拉克利圖斯確然是西洋困思（弔詭，paradox）思想的首倡者，而且對後世學界人士之從事辯證的哲思有其不少的啟發。

(6)恩培多克列斯（Empedocles, ca. 490-430B.C.）

恩培多克列斯在古希臘先蘇格拉底哲學時期，是一位緩性機械論者兼多元主義的哲學家。因為，他曾主張：水、氣、火、土四元素，是宇宙的根原或原質（Rhizomata）。

而論到宇宙的生成暨變化問題，恩培多克列斯甚至提出愛與恨，這分別代表合與分的力量，以作為萬有或合或分的原動力。只是，這裡的愛與恨的作用，卻需遵循一定的法則：在宇宙本身存在著一種週期的規則下，愛先是統理著諸元素；這則使一切事物因愛而結合，而呈現出一團和諧。之後，諸事物彼此之間，因為出現摩擦，終而產生出恨而使彼此相分離；這便是現今人類所睹見的宇宙之景象。

接著，恨即占了上風，它戰勝了愛；為此，而使萬物分崩離析，一切流轉不息。最後，即到了宇宙週期的最末階段，愛則反敗為勝，重新又占了上風。這時，就在愛促合力量的主導下，一切終歸合好，而呈現一團和諧和大一統的局面。

(7)亞納薩哥拉斯（Anaxagoras, 499-422B.C.）

亞納薩哥拉斯在古希臘先蘇格拉底哲學時期，是一位和前述的機械論者恩培多克列斯唱反調的哲人。

為何這麼說呢？歷史記載，稱他：並不滿意當時的機械論者，都把萬有的起源，歸諸給能控制一切事物之生成變化的機械法則；因而，力主：帶有目的性的精神力量（Nous）或思想之物（thought-stuff），才是主導萬有生成變化的原動力。

想來，所謂「不是頭髮的東西怎會變成頭髮？」「不是肉的東西怎會變成了肉？」這種平日的觀察，顯然提供了亞納薩哥拉斯的靈感，而敢於以非物質的思想動力，去對抗他那時代所出現的機械因果論。

也因為亞納薩哥拉斯有這種異見，尤其凸顯「精神」之在宇宙哲思上的重要地位，終而使他名留青史。相傳，年輕時期的蘇格拉底，就曾涉獵他的思想作品；後世的學界則稱譽他：是一種新的因果關係，即目的因的首要發現者。

2. 後蘇格拉底期

在這一個時期，想談述的有：

(1)柏拉圖（Plato, 427-347B.C.）

作為蘇格拉底的大弟子——柏拉圖，在後世學界的稱述上，則指他是：繼埃利亞哲學學派的巴門尼德斯（Parmenides, ca. 540-470B.C.）之後，一位堪稱為偉大的觀念論者兼集上古哲學思想之大成的思辯哲學家。

雖說柏拉圖一生篤信輪迴的思想，也創立以理型世界為思維核心的觀念論系統；但是，在有關宇宙的起源、其生成變化的觀點上，他卻有自己一套涵容神話神學的宇宙起源論。它的大要，是：

第一、在宇宙出現之前，本就有善與造化神（Demiurgos）的存在。這裡的善，可以說就是身為永在的善觀念、善理型（善自體，auto to Agathon; the Good Itself）；它統理著一切。而造化神，它是理型世界中的善神之一，因深受至高善理型的委託，便把所謂的永恆物質加以整理，使之有秩序，而形成了這個宇宙。方法就是：藉著創造一個宇宙靈魂，使它和（諸）永恆物質相連結，而才維持住宇宙秩序的存在。

第二、受整飭的宇宙，其實就是善理型的影像，而沒有它真正的實體。論到造化神與這善自體的關係，以及宇宙靈魂與善自體的關係，又是如何？就此，柏拉圖本人並未多所明示；所以，它們彼此之間，就顯得極其模糊不清。

第三、論到宇宙與善自體的關係，如從依存的角度來看，可以說，宇宙就是分受自善自體的存在而得其存在。這被分受而才存在的宇宙，本身充斥了變動與不完美性。為此，宇宙的存在目的，就是應往完美、又不變動的高級存在去推進。方法就是：要以愛（Eros）的動力，去追求善、追求美、追求真。這善、美、真，本就是理型界或善自體世界的永恆存在物。

第四、論到人的存在，他是造化神從理型界借來人的靈魂（Psyche），而和物質連結一起才造成的。靈魂，不同於物質，是具有非物質性的不朽之物。人有和物質連結於一起的靈魂，這個靈魂，就像是已被拘禁在有若監獄般人的軀體中〔按：反映畢達哥拉斯的「身體即監獄」（Soma-

Sema）的主張〕。為此，人一生的努力，或者說，人在世間的存在目的，一者就是要善待自己，追求幸福；二者，就當盡力回憶，效法神明，好使靈魂能回到它所從出的永恆世界——理型界。

(2)亞里斯多德（Aristotle, 384-322B.C.）

身為柏拉圖的大弟子，也是古希臘思想體系極為龐雜的哲學家——亞里斯多德，他的哲學起點，可以說是以經驗觀察，並輔以理性的推估、類比和思辯，而批判地在處理柏拉圖哲學未臻周延的地方。譬如說，世界真的只是一種影像般的存在，而沒有它的實質？以及永恆不動的理型，是如何倚藉分受的方式而造生宇宙？……等。諸如這類問題，亞里斯多德本人自有他個人的研析和解釋。

而關於萬有的（生成）變化問題，亞里斯多德就有他別異於柏拉圖的地方；他係以關係（relation），也就是以發展（development）概念之思考去處理，並且掌握變動、又多樣的現象世界背後的終極原因：有一能統合萬物的永恆存有之存在。

詳言之，亞里斯多德是以實體（substance）連結發展概念所構成的形質關係（relation of Form and Matter）之層化作用，以建構具體宇宙中諸般事物的存在模式：視每一具體的事物，即是由形式與質料所混合而成。最高的存在等級，是一種純形式的存在，也就是無質料的形式，可以第一形式、純粹最後因、至高存有、完美存有、至善的神，或第一因來稱述。至於最低階的存在，則是一種純質料的存在，也就是無形式的質料，可以第一質料或「虛無」來稱述之。因為，在存在系列中，它是一種欠缺形式的純粹質料。

論到萬有中存在物的形質關係，亞里斯多德又有他另一角度的解說：以實現（actuality, Energeia）和潛能（Potentiality, Dynamis）分別來代表形式與質料；指出：形式本身就是一種實現，質料就是一種潛能、一種可能性。由質料往形式階層的發展，或者說從潛能往實現的推進，那就是一種變化、一種運動，或一種往自身完美境界的追求暨實現。

在這裡，約可看到：亞里斯多德所談述的宇宙下層的事物界，之與其上層的事物界的關係，幾乎反映了柏拉圖所涉論的宇宙萬物之與最高善理型界的依存關係。特別是在這種關係的討論裡，亞里斯多德一者，提出了所謂的內在目的性（Entelecheia）的觀念，即指萬有的存在，本身就帶有逐往自身最高的、完美的狀態去追求的一個目的；另一者，則更明確標舉出，能夠闡明一切事物之所以會有生成變化的主因，那就是：質料因、形式因、動力因和目的因。

說來，亞里斯多德所提出的萬有存在的四因說，不只可詮解前述所涉論的事物之具有潛能而逐往實現作運動的根本緣由，而且也能夠解消歷來有關宇宙的太初理論之與原質學說間的論爭。當然，如果能說它也一舉化除了力主動態即為宇宙真象的赫拉克利圖斯的生成（Becoming）說，之與力倡一切均為靜，由而否定有任何運動之可能的埃利亞學派的存有（Being）思想間的矛盾，那也毫不為過。

在此，我們仍要說：亞里斯多德的這種宇宙生成變化觀，可是揉合其先前所有哲學論思的菁華，而造就他那富涵有自然神學觀的哲學形上學暨宇宙生起論；此中所論及宇宙中最高等級的存在，則可以用「神」，或帶有純形式、純實現的精神體，甚至所謂的「第一不動原動者」（the First Unmoved Mover）這種稱號來指謂。因為，神、第一不動原動者，才是吸引萬有朝其運動、發展和變化，以求其完美實現的最終原因、最高目的。

三、科學的認知

談到科學或科學界有關宇宙的（生成）變化之認知，我們擬以兩個事例來作介引。

（一）── 德日進的物質進化論

德日進（Pierre Teilhard de Chardin, 1881-1955）是當代法國一位有名的古生物學家，也是羅馬天主教的神父。他曾參與早年中國北京人的考古挖掘工作；出版有《人的現象》一書，全面極力鼓吹宇宙進化（evolution）的思想。

而論到宇宙的起源及其生成變化，德日進則持有他獨特的爆炸理論暨演化觀點；就是認為：宇宙最早的情態，即是由一大堆顆粒物的爆炸所散發開來的結果。此中，就包括有質子、中子與介子……等顆粒物的東西。之後，這些粒狀物，則形成了各式各樣的原子與同位素。

原子的特性是什麼？德日進表示：它具有複雜性、統一性與活動力。再者，由於原子能依循總體（totum）律則〔按：依一定的程序進展，其間容或有各式各樣的組合，但卻永不重複，而且只以一種形式構作自己〕，並且透過異質原子間的收斂（集合，convergence）和浮顯（emergence）作用，終而可散發（輻射，divergence）成各種不同的分子與同分異構物。當然，另一種極其複雜的新分子，也能透過上述這三種作用而形成。這種新分子，可視之為一種可繁殖與新陳代謝的東西；它的名稱，就叫作：「細胞」。

生命便是始自於細胞；細胞則能演化並且發展成神經系統。而後，又演化成人，這具有心意創生現象（Psychogenesis）的生物。

在德日進這種物質進化論的頂層，我們要說，他便是把基督（宗）教中的基督現象──稱之為：基督的發生（Christogenesis）──當成精神創生（Noegenesis）延展，也就是宇宙創生的結果。能用他自己的話語，便是：基督，當是吸攝宇宙的愛的本源，以及它最終極的奧米加（Ω）點。

總括而言，德日進的宇宙進化觀，係強調：生物與無生物，甚至整個宇宙的歷史，都是在作一種逐漸衍變的演化；它是按照三種作用，即發散、收斂和浮顯三程序，在作一種集中的、進步的，以及不可逆轉的

定向進化。它最高的目標，當然，就是想達到精神創生、基督的發生這「奧米加點」。

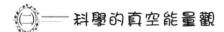
科學的真空能量觀

　　論到科學的真空能量（vacuum engergy）觀，我們要說，它是攸關前述的宇宙大爆炸說，而應是衍生自所謂宇宙膨脹論的一種新興學說。

　　科學的真空能量觀，主要是說明：能推動宇宙最早先的大爆炸，並且使大爆炸之後所散發開來的宇宙物質（包括：各種質子、中子、電子、分子、粒狀物……等），仍能繼續迸射而導生所謂的宇宙膨脹現象；其幕後的主要推動力，應該就是由這在萬有中早就存在著的真空能量所使然。

　　至於這真空能量是如何先在於宇宙萬有？顯然，此一理論本身，並未有一明確暗示。不過，在現存的宇宙世界裡，真空能量之能夠「推動」某一物質的運動，確然已得到科學實驗的證明。

1. 請談談猶太暨基督（宗）教對宇宙起源及其變化的認知。
2. 科學大霹靂說的要義為何？
3. 古希臘哲學對宇宙起源問題有哪些主張？可由哲學家或某一學派的觀點介紹起。
4. 中國老子如何談「道」的性質？以及它與萬物有怎樣的關係？
5. 中國孔子心目中的「天」可否被當成「造物主」來解讀？為什麼？

參考文獻

1. 鄔昆如著，西洋哲學史，台北市：國立編譯館暨正中書局，民國60年。

2. 論語。

3. 道德經。

4. 聖經。

5. 黃懺華著，印度哲學史綱，台北市：真善美出版社，民國55年。

第 4 章

人學（人性論）

陳俊輝

學習目標

研讀本章內容之後，學習者應能達成下列目標：

1. 瞭解希臘、希伯來、印度與西洋文化對人（及其結構）的觀點。
2. 瞭解人是具有形上思維與宗教追求之「本能」的人。

摘要

　　本文分成三部分，即：人的結構、天人之際，以及萬物之靈長。而為了對這三大論題有所解說，本文在第一部分，係由希臘、希伯來、印度與西洋近代哲學期所出現有關人的思想作引介的重點；至於第二、第三部分，則以析理的方式作說明。總之，其目的是讓讀者藉著對上述這三大論題有所認知，進而對一個人（尤其對自己）之出現在此世界，能有一學理性的反思暨體察。

　　論到人學，跟先前所提的一樣，它是自中國古代《易經》的天、地、人三才之學中的「人」才之學的角度來說的。根據西洋哲學思想的分類，則可稱它作：人性論或人類學（Anthropology）；即一種有關於整個人、其人性和其一切特質之研究的學問。

　　為了對此一學門的內容暨其意涵有所掌握，我們擬從人的結構、天人之際和萬物之靈長這三個進路著手起。分述如下。

第 一 節　　人的結構

　　談到人的結構，首先必須知道的是：收關於此一課題，像人是什麼？人是怎麼來的？人的存在真象是如何？以及人生的目的何在？……等，都是值得我們應予關切的問題。換句話說，我們認為，所提述的這類問題，雖然各個都可自成一個論究的題材；但是，一和人的結構該課題相掛勾，它們各自與之互為表裡和相互關聯，便顯得愈加的清晰可見。

　　在這種思考的前提下，剋就人的結構此一課題，我們則想談談幾個文化、地區或不同學說，之對人的結構到底是什麼？或者人是由什麼所構成？來作一引介：

● 希臘的哲學文化

　　論到希臘的哲學文化，一般人或者多會聯想：它曾造就出蘇格拉底、柏拉圖與亞里斯多德這三大哲人。其實，在這三哲出現之前的古希臘思想界，也有值得我們該當留意的一些哲學家的存在。

　　特別是有關人是什麼？或者說，人是由什麼所結構而成這類問題，我們可以發現：畢達哥拉斯，這位深受當時東方奧而菲主行派思想所影響的哲人兼一宗教團體的負責人，就有靈魂連結肉體而成為一個人這種

的人觀。只是，在外來輪迴思想的啟迪下，畢達哥拉斯卻寧願相信人的靈魂（按：存在於前世）是被肉體所拘禁；因而主張：「肉體即監獄」（Soma-Sema）這種哲學學說。

說來，畢達哥拉斯的這種人觀或人的結構理論，倒是對後來的柏拉圖影響至深、又至鉅。為什麼這樣說？實情是：我們在現存柏拉圖的《對話錄》，尤其〈理想國〉（*Politeia*）、〈斐德羅斯〉（*Phaidros*）、〈弟邁奧斯〉（*Timaios*）、〈法律〉（*Nomoi*）和〈斐東〉（*Phaidon*）…諸篇章中，多能看到柏拉圖在畢達哥拉斯影響下，而曾對人的結構有所分析和討論。

簡要的說，對柏拉圖而言，人是什麼？或人的結構之要素為何？其答案應該就是：靈魂；它是一個人存在的核心部分。至於人的肉體為何？柏拉圖表示：它只不過是一種影像，即理型界的一種影像。最真的，則是靈魂；它是造化神向理型界借下來而和肉體連結的不死之物。當一個人死了之後，靈魂便回返到它所從出的理型界；而人的肉體和人在世上的生命（生命魂）與感覺（感覺魂），都將一併消滅。

柏拉圖之所以會有這種的靈魂觀，說穿了，就是受到前述畢達哥拉斯那種「肉體即監獄」之思想的影響。且因為柏拉圖有這種靈魂觀或人的結構理論，順此而言，我們也能看到它所蘊涵的宗教哲學之思想：人生在世，最切需的就是幸福；只是，幸福的終極實現，卻在永恆的理型界。為此，人就必須努力思想，或藉著追憶或戮力效法神明的一切，好讓自己的靈魂將來能回返到神明所居住的永恆理型界。

接著，我們將談談另一位在蘇格拉底之前的一位哲學家：嚴格的機械論者德謨克利圖斯（Democritus, 460-370B.C.）對人的結構的看法。

據載，生辰時日和另一位哲學家留基伯（Leucippus, ca. 460-370B.C.）常被相混的德謨克利圖斯，是當時亞德拉（Abdera）哲學學派的靈魂人物之一。在有關宇宙論方面，則主張：原子（atom），即物質最基本、不可再分割的單位，是宇宙的構成要素。不只如此，它也是人的存在，

尤其人的靈魂的構成要素。

最後，我們來談談柏拉圖的大弟子亞里斯多德有關人的結構之看法。

承先前已提述的一個相關論點──亞里斯多德曾主張：具體世界的存在物，即是形式與質料相結合的產物，也是擁有潛能與實現的存在物。此間，應可這樣認定：對亞里斯多德而言，人的存在，就是一種結合形式與質料，而且擁有潛能與實現的活生生的存在。

當然，跟前述的古希臘哲人畢達哥拉斯與柏拉圖一樣，亞里斯多德也有自己的人觀：人是由靈魂與軀體所結合而成的。只是，因為業已帶有形式與質料或潛能與實現的色彩，亞里斯多德的人觀，便可作如此的詮解：人的軀體與靈魂的關係，儼然就呈現作質料之與形式，或潛能之與實現的關係。

換句話說，靈魂對於軀體而言，它就是一種形式，或一種實現；而軀體對於靈魂來說，它則是一種質料，或一種潛能。靈魂，又作：人的靈魂，是人類所擁有的生命力源。

人的靈魂，就其內在能力而論，可說是富涵有主動理性與被動理性這兩種能力。後者，則有如白板（Tabula rasa）一般，能吸納感覺世界中的一切表象；而前者，則能夠統整被動理性所吸納的表象，而使之得以實現。

對亞里斯多德而言，在人靈魂中的主動理性，並不會隨著人軀體的朽滅而跟著消失。

二、希伯來的宗教文化

論到希伯來的宗教文化之對人的結構的看法，其主要的代表思想，應該就是猶太暨基督宗教文化的見解：人是靈（spirit）、魂（soul 或 life）、體（body，肉體）三元素的構成者。

就因為猶太暨基督宗教有它獨特的教義，即主張：人類，就是指那

悖逆神（耶威，YHWH）之亞當、夏娃的後代的人類。亞當、夏娃二人有罪；因而，他後代所有的人類（按：原是至高者的兒子，而都是神；參詩篇八十二：6），也都跟著有罪。

關於罪之對一整個人的戕害，古希伯來人的一位國君兼詩人大衛（ca. 10th. B.C.），則這樣說道：

> ……我們的本體，……不過是塵土。（詩篇一○三：14）

在早期基督（宗）教時代，耶穌基督的外邦大使徒保羅則這樣表示：

> 因為世人都犯了罪，虧缺了神的榮耀。（羅馬書三：23）

又說：

> 這就如罪是從一人入了世界，死又是從罪來的，於是死就臨到眾人；因為，眾人都犯了罪。沒有律法之先，罪已經在世上；但沒有律法，罪也不算罪。然而，從亞當到摩西，死就作了王，連那些不與亞當犯一樣罪過的，也在他的權下。（羅馬書五：12-14）

綜括以上所述，應該可知，在希伯來的宗教文化中，我們當可看到：人，或對人的結構是如何？它都有自己的一套說辭：人雖是具有靈、魂、體三元結構的人，但在靈方面〔按：靈，是指在人被造時，神向其鼻孔吹進一口氣之謂（創世記二：7）〕，因為人類始祖亞當、夏娃違抗神命，逕自摘食禁果，因而當場即「喪失」其靈命（創世記二：16-17；三：6、7）；但是，其肉體仍可存活一段時日（五：3-5）。這對亞當身後的人類所涵示的訓義，就是：人，尤指活在世上的任何一個人，其實，

他就是一個「活死人」〔因為，他早已「死在過犯罪惡之中」（以弗所書二：*1*）〕；肉身的死，對他而言，只是遲早會發生的事。而這，就是他的「定命」。不僅如此，人在死後，又要接受神的審問（傳道書十一：*9*）和審判（希伯來書九：*27*）。

這樣看來，人的靈、魂、體三元結構之對希伯來的宗教文化而言，它在今世與來世這兩個世界，應是有它不同的命運：在今世，人雖有靈、魂、體這三元結構，但是其靈命已死；連帶的，因為人有罪，虧缺了神的榮耀，他的魂（按：生命、思想、意志、言行能力……等）與體（body，身體；或肉體，fresh）便將一直處在神的震怒中。

在末世，即通過神末日的審判〔按：此時，帶有物質性的軀體將變化成靈體；又，人在就審中，因必須招供其生前所有的言、思與行徑，因而可推知，當時的「人」，即已改變成靈體的人，應該擁有魂的存在〕，所有的人將被區分成兩類，即義人與惡人，而以靈體的存在型式，分別進入「永生」與「永刑」（永火）的世界（馬太福音二十五：*31-46*）。

三、印度的宗教暨哲學文化

論到印度的宗教暨哲學文化之對人或人的結構的看法，我們則想談談古婆羅門哲學時期《奧義書》的自我哲學，以及原始佛教哲學此二者在這方面的見解。

(一)——《奧義書》的人觀

《奧義書》（*Upanisad*）是古印度吠陀文學之一，也就是古印度吠陀（宗教）聖典之末尾的聖書；它出現的時間，約在西元前 1400 年至 1000 年這近四百年期間。

《奧義書》的原意是：侍坐或近侍；意指：師徒對坐之間的祕傳。此古印度《奧義書》自我哲學的出現，時值《淨行書》時代末期，係由

當時的四大種姓之一的剎帝利〔按：世襲王侯的武士〕該階層，有鑑於世風日下便起而喚起人們走入心靈世界以作個人靜心探索的結果。

據載，當時歌頌《奧義書》哲學及其精神的思想家，就曾針對人（或：對自我的觀感）而提出了「我的四位五藏說」。特別是後者，即「我的五藏說」，可以被視為：係論到人的結構，即是由食味所成（肉身）、生氣所成（呼吸）、意識所成（心意，或現象界的精神）、認識所成（現識內那不可思議的絕對實在），以及歡喜所成（自照體，或純淨無垢、無父無母、無神無吠陀的歡喜情狀）這五藏所構成。

在此，值得注意的是：這五藏說中的「歡喜所成（我）」，對此間努力宣揚《奧義書》自我哲學的思想家而言，他們自是認定它才是一個人的真性實我；也就是能和梵（婆羅賀摩，Brahma；按：萬有中最高的存在，可視作造物主）合而為一的自我。

（一）—— 原始佛教哲學的人觀

西元前六世紀出現在古印度的原始佛教，係由其教主釋迦牟尼（ca. 564-485/563-483B.C.；釋迦 Sākya,，種族名，意即：能；牟尼 Muni，為尊號，意即：仁）所創立。

相傳，釋迦牟尼成道之前，曾向當時的婆羅門教六派哲學之首——數論派的學者討教成佛（覺者）之道。之後，則自行前往伽耶山（Gajasira）嚴修苦行；後來，又至尼連禪河沐浴。隨後，又赴一菩提樹下打坐；由而悟得了十二因緣（按：無明、行、識、名色、六入、觸、受、愛、取、有、生、老死）的佛理。

由於重視個人的智慧與實踐並修，釋迦牟尼所創立的佛教，當是建基在一種力闢徹底無神論（有謂：非有神論）的基礎上；也就是企圖憑靠一個人對萬有無常的體認，想藉著出離人世間生、老、病、死此一苦海，以進入所謂的常、住、安、樂的涅槃世界。

而論到人，即由心、物合一而成的有情眾生，原始佛教則主張：人

是由色、受、想、行、識這五蘊的因緣和合所成。色是物質；受是感情；想是表象；行是意志；識則是意識或悟性。

凡是執著這生的五蘊的，便是苦。而人生一切的悲苦，追根究柢，就是緣自於人的渴愛「無明」。所以，原始佛教便有話這麼說：「無明」之外無五蘊；五蘊之外無「無明」。

什麼是「無明」？無明可以指：（人的）業身尚未活動，也尚未開展出來的一種原始狀態。「無明」一旦開展出來，便成為五取蘊，而呈現為現實世界中有情組織的真象。

四、西洋近代哲學期的人觀

(一)── 理性主義學派的觀點

西洋近代哲學期的人觀，就時間而言，當是指自十六世紀以來，在西歐所出現的理性主義（Rationalism）與經驗主義（Empiricism）哲學期間若干哲學思想家所抱持的人觀或有關人的組織之見解。

大要的說，在理性主義學派方面，我們多可看到，不論是法國的近代哲學之父笛卡兒（R. Descartes, 1596-1650）、後繼者猶裔荷蘭的哲學家史賓諾莎（B. Spinoza, 1632-1677），或力持單子論思想的德國哲學家萊布尼茲（G.W. Leibniz, 1646-1716），他們對於人的結構，則都有自己「理性」的見解。

像：笛卡兒即主張人是心與物的構成者。這裡的物，是指：那占有空間，可在空間中展延的事物（Res extensa）；也就是身體或軀體。而心，則是指：刻正在思想的主體（Res cogitans）；也就是：精神我、理性我、意識我，它是能判知一切的根本。

而萊布尼茲，這位也從理性的思辯角度，認定單子（按：精神性）就是萬有的構成要素。既因他有如此的單子論思想，他自是從單子的觀

點以看待人的存在結構：人就是單子的構成之產物；就連人的靈魂，也是由單子所組成。

（二）── 經驗主義學派的觀點

接著，來談談英倫經驗主義學派之對人或人的結構的看法。

一般所謂的英倫經驗主義學派，主要是以洛克（John Locke, 1632-1704）、柏克萊（George Berkeley, 1685-1753），以及休謨（David Hume, 1711-1804）這三位哲學家為代表。擇要分述如下。

論到人或對人的結構之看法，洛克係本於經驗的角度，認為人雖是心與物的構成者，但是，這裡的心，則有如白板（Tabula rasa）一般，全無任何所謂先天的觀念；有的，也只是一些後天的、有關外在事物的些許印象（impression），或諸般印象的模本。

而柏克萊，這位英國第二號的經驗主義代表人物，對於人或人的結構之看法，雖同樣本於經驗的角度來立論，但卻有他異於常人的主張：人僅是由精神（心或心靈）所組成；精神是唯一的真實，而物（身體……）並不實在。頂多，可以這麼說，物或身體，基於「存在就是被知覺」（Esse est percipi）的經驗原則，它只是人所知覺出的觀念的複合，是人的精神實體的附屬物。不然，也能稱它是：只存於神心靈中的事物，或僅是神思想中的觀念。

第 二 節　天人之際

談到天人之際，首先必須釐清的一個問題，是：什麼是「天」？它會是和屬物質性的地相對立的那高高在上的天？還是，指那可供太空科學家日夜嘔思冥想去探戡和搜祕的無垠的天際？……顯然，所需要的答案，並不在這裡。它應該是：形上學家所喻指那可作為形上實體（the metaphysical reality），即人的理性思維所企想探求和掌握的終極對象；也更應是：宗教神學家一心企盼而亟想一探究竟，並可作為虔信者鎮日膜拜、切心祈禱的永恆存在者。就此，或可以一個人他心目中的神，或他的靈魂的救（贖）主來指謂。

看來，「天」如果可以「神」（或：真神）來取代，那麼，此間所談論的「天人之際」，應該就可定位成：它是關涉到人類與他的生命之救星、靈魂的救（贖）主，或某一個人可為之生、為之死的終極關切之所對——套用當代德國宗教哲學家梯立希（田立克，Paul Tillich, 1886-1965）的話來說，這作為一個人的終極關切之所對，可稱之為：「新實在」（the New Reality）、「無制約者」（the Unconditioned）、「絕對者」（the Absolute）、「存有者的根基」（the Ground of beings），或「新存有」（the New Being）……——的一件生命中的的大事件。用今人可以理解的觀念來說，它便是哲學形上學論究的終極對象，也更是宗教、神學或信仰或探究的「終極實在」（the Ultimate Reality）。

在上述這種思考的文脈下，我們則想談談東、西方有關「天人之際」的一些事例，俾能從中以瞭解：人類確實在他的天性上或潛意識中，有切求與這「終極實在」或作為其生命之本源者相契合或相靈交的根本渴盼。

一、在西洋地區

在西洋方面，除了其傳統神話和宗教本身多充斥有這類的思想之外，我們倒可以來看看它的哲學思想在興起、演進和發展上，是否也多隱涵有這種潛在的思維或追求？

像：我們能夠先查看哲學在古希臘興起的情況。先前，曾就宇宙的起源和宇宙的（生成）變化這兩大課題，而談論到古希臘哲學產生的特質；就是：它是帶有一種物活論色彩的哲學思想。或者，也可以說，它

是佯雜有宗教（神話）、哲學與科學這三元要素的獨特哲學之思維。

此外，顯然又可從畢達哥拉斯之對「哲學」（Philosophia，愛智）一語的定義上，看到這方面的顧慮；他曾表示：哲學就是愛好、追求神明（gods）的智慧，以便能肖似神明。想來，光從哲學在西洋地區的興起，即可能帶有這種試想一探幽冥世界或一般宗教理論所論及的靈性世界的企圖，這則不得不教人懷疑：難道哲學在西洋古希臘的興起，在其潛在的意動情結上，可就富涵人之企想與「天」（按：除了單指宇宙中至高、又唯一的真神外，亦可涵指天上眾神……）相契合、相交往的根本思維？

再者，可以看看哲學在古希臘大致演進的情形。其中，值得人們矚目和提述的是：古希臘那曾影響西洋歷來哲學思想甚深的三大哲人蘇格拉底、柏拉圖與亞里斯多德，他們各人都有自己的形上思維，甚至是宗教性的關懷。像：「未識之神」（the Unknown God）之於蘇格拉底、「善自體」（善本身）之於柏拉圖，以及「第一不動原動者」之於亞里斯多德，這不同的形上指涉或宗教上的終極實在之思想，之會在古希臘這三位哲學大師的身上出現，顯然可見，此間所關切的「天人之際」的人生大論題，或我們曾涵指的「在其潛在的意動情結上」，該當確實言中了哲學之在古希臘興起的可能動因。

接著，也可以來看看哲學在西洋的發展景況：自「哲學」思想在希臘地區的演進達到一定的程度之後，後來即碰到了瓶頸。不久，我們也注意到在其東方猶太地區所崛起的一種宗教性極強的新興文化或新興思想：基督（宗）教（或：原始屬靈的基督教）。後者，可說即彌補了希臘哲學在實質上可能的不足。特別是，在有關世界的出現（宇宙的起源）該項論題上，基督（宗）教則提供了希臘哲學思維另一種想像的空間暨選擇：世界的存在，是「神」（真神、造物主、宇宙中至高的主宰）有意的創造，而非其自身遵循永恆程序，或者逕以物理或邏輯的必然方式而出現。

此外，該中東宗教思想文化的即時現世，也更提供希臘哲學的演進，或曾受希臘古典文化影響下的西洋人上，在攸關其自己安身立命之道的追尋上一種頗富意義性和價值取向的抉擇契機。在這方面，西洋中世紀所興起的教父哲學與士林哲學思想，乃至通過近代哲學時期，在當代西歐所崛起的存在（主義）哲學思想，也多能見證上述所言的真象。那就是：一種安身立命之道的獲得，除了富涵有某種的形上思維之要求外；更重要的是，它無不關涉到一股宗教意識的提升。也可以說，在根本上它就是試想一探「天人之際」的境界，或企想要證得「天人合一」，乃至「肖似神明」這種或可稱得上是人在其天性上或在其潛意識中的一股願望。

二、在中國地區

接著，我們來看看中國哲學思想的興起、演進和發展，是否也帶有類似西洋哲學思想於其崛起、演進和發展上所可能富涵的那種基始動因？

大致而言，中國哲學思想的興起，則是脫離不了上古的《詩經》、《易經》和《書經》中的宇宙人生之思想。像在《詩經》思想的探究上，有學者就指出：《詩經》富涵有所謂形上天的思維。（勞思光，頁80-82）

此外，在對《書經》的展讀上，自也同樣能夠發現這種類似有形上天，甚至是宗教天（即富涵宗教性頗強的人格神、位格神）的論思涵藏於其中。至於《易經》又如何呢？根據〈易傳〉的講法，《易經》是古代聖君伏羲氏仰觀天象，俯察地理，觀鳥獸之文與地之宜而作出的八卦所衍化而成；目的，為的就是想：「以通神明之德，以類萬物之情」。

好一個「以通神明之德」的理念與訴求！它難道不在影射《易經》作者之撰述「易」理思想，其心裡的深處，可含藏有這股企想與幽冥的神明世界打交道的潛在衝動或意動情結？

又，在中國後來哲學思想的產生（在此，姑且不談儒家或道家才是

「中國哲學之始」）上，我們也多能看到儒家的孔子和道家的老子在此一方面的關注暨思維。

像：孔子的稱述「天」、讚頌「天」，以及涉論「天」之與其個人的關聯，這可說是孔子勉力於下學而「上達」於「天」的一種反映（《論語・憲問》第十四：*35*）。又，這種的「上達」於「天」的思維，套用本單元的論題來說，它難道不也在涵指：孔子有窮究「天人之際」的潛在意向？再進一層來說，他曾提及「巍巍乎，唯天為大，唯堯則之。」（同上，泰伯第八：*19*）一語，難道不懷有人可「肖似天」（只要他肯努力效法、遵循天意或天命……）的潛在思慮？想來，實情當無不是如此！

至於老子又怎麼了？我們想說：他之逕視「道」，即「常道」，是人的感官經驗和理性推估，乃至人世語言所難以表述究竟的終極所對，這從哲學形上學，甚至從宗教神學的角度來詮解，自可被闡明作：它（道、常道），當是使萬有之得以存在、演化的終極根基，更是一充滿無限生機、無窮活力暨至大權能的永在者、絕對者兼「無可制約者」。

再者，老子要人能遵「道」、秉「道」而行，其弟子莊子（ca. 350-270/369-286B.C.），亦復如此；也就是也有上述這種的認知暨體會。這難道不也在呈示：老子與莊子都有他們個人的窮究「天人之際」（按：這裡的「天」，當是涵指老、莊心目中所認知的萬有的最高存在，或一切存在物的基源）的基礎性的思維？

自先秦有儒、道思想的出現，之後，歷經秦、漢、隋、唐、宋、元、明、清，及至當今的世代，我們也能看到中國哲學歷來的演進和發展；就在其論究宇宙、人生的至理真諦上，也多富涵天、天理、天道……那可作為「終極實在」，或攸關時人追尋其安身立命之道的事物的基始性的探求。

第三節　萬物之靈長

　　綜括以上所述，即於談到人的結構部分，我們曾指出：東、西方有不少學者、宗教或學派曾認定，人的存在可能隱涵有一極細、極難令人理解的成素；這個成素，或可稱之為靈魂、靈我或靈體……等。此外，於談到天人之際的部分，我們曾涉指：無論古今、中外，也多有哲人輩出；他們則多把自己一生的終極關懷，或如何求取其個人的安身立命之道，付託在對「超越界」或所謂「終極實在」的探求暨證得上。

　　想來，在這世上，或在這宇宙中，除了我們人類會有這方面的著眼與思考外，在人類之外，難道還有其他的生物、動植物，會跟我們人類作出這同樣的動作？答案，顯然是否定的。

　　就因為到現今為止，我們在這宇宙中，在這太陽系裡，在這地球上，仍未見到有如我們人類之擁有其對宇宙、人生的關懷，並帶有其對自己理想未來深切的期許，甚至肯用思慮去築建他個人的生命王國，這在在已然顯示：人類確實是宇宙中的寵兒、天之嬌子、萬物之靈長。

　　特別是「萬物之靈長」一語，差能道盡人在這自然世界中的獨特處境：他動用其與生俱來的知能，為了探求人生在世的命運與真諦，他建造文化、開拓文明，並以神話、詩歌、語言、文學、繪畫、建築、雕刻、音樂、藝術，乃至哲學、科學與宗教……等來彩繪這個世界，而人文化成了他生命的未來。

　　就因為人有上述這方面的覺察，也有對這方面努力的成果出現，從某個角度來說，人是愈來愈遠離動物性的世界，而挺進到靈性或「神性」的世界。前述人之有其哲學思慮、宗教上的追尋，這則更加顯示：人確實是努力要把他的生命，終極地安頓在一個幾近是精神性或靈性的「永恆」的未來。這個永恆的未來，差可用「超越界」、「神性世界」

來形容。

1. 請談談古希臘畢達哥拉斯的人觀，以及柏拉圖在他影響下所抱持的見解。
2. 基督（宗）教的人觀與罪教義為何？願聞其詳。
3. 古印度《奧義書》的人觀為何？
4. 原始佛教如何談人或有情眾生？
5. 人是萬物之靈長嗎？可從哪個角度來認知？

參考文獻

1. 中村元主編，葉阿月譯，印度思想，台北市：幼獅文化事業公司，民國 73 年。
2. 愛德華·J·賈吉編，劉鵬輝譯，世界十大宗教，吉林：文史哲出版社，1991 年。
3. 勞思光，新編中國哲學史(一)，台北市：三民書局，民國 73 年。
4. 易經（含〈易傳〉）。
5. 陳俊輝編著，新哲學概論，台北市：水牛出版社，民國 80 年。

第 3 部

價值哲學

引言

引言

黎建球

學習目標

1. 人如何從「價值」的語意、實質、特徵以及種類來理解其本質與意涵。
2. 人藉由學習如何運用價值的內涵,幫助我們達成一個人之所以為人的意義及目標。
3. 人能啟發自我思考,瞭解追求價值的目的在於不斷反思,提升自我的層次。

摘要

　　在我們的生活當中,任何一件事情都是有價值的,但是雖然很多事是有價值的,並不代表這些價值就會永遠成為一種有價值的東西。所以我們在這個部分,所要敘述的關於價值的部分,或者價值的哲學,乃是在說明怎樣使用一個固定的或者有效的方式,幫助我們釐定一生價值的標準。

第 一 節　價值的定義及特徵

一、字義

從中文的「價值」這兩個字來看，它指的是有人在交易，有人在交易是說明當在交換的過程中，彼此之間以自己認為有價值的或者覺得值得可以和別人交換的東西，作為交易的對象。因此所謂的價值，就是指明有意義的、可以交換的、值得與他人交易的。在西文或英文裡面我們使用value這個字，這個字它乃是說明是一種可欲的東西，所謂可欲的就是指出這個東西是值得我們去追求的，所以不論是在中文的字義或是在英文的字義裡面，都是指明白它是一種值得交易的，或者是值得我們去追求的。

二、實義

在詞義上來說，一般我們所指的價值是指什麼呢？希臘哲學家亞里斯多德說：「凡是可欲的皆是值得追求的，凡是值得追求的皆是有價值的。」因此，我們可以理解所謂價值乃是指凡是人的渴望、人想要去追求的或者是去欲求的東西，都是值得我們去追求的、都是有價值的。

三、特徵

一般來說，價值有下列幾種特徵，雖然我們知道每一種值得追求的東西都是有價值的，但是價值它所顯示出所值得追求的有下列幾種特徵：

引言

（一）── 層級性

　　所謂層級性是指在價值的比較過程中具有的價值，或者我們可以這樣說，甲價值比乙價值具有更高的層級性、更高的位階性。例如賺錢，賺三千元和賺五千元，五千元的層級性就會比三千元的層級性要來的高，這種層級性在相似層級性的範疇內，它才可能做比較；在不同的範疇內，它是比較不容易去做比較的。在中國人的觀點，讀書是一個非常高的層級性，所以中國人傳統上說「萬般皆下品，唯有讀書高」，就是說明讀書這個位階是比其他的位階要來的高。從另一方面來說，層級性也是指明每一個人在人生追求的價值過程中，他需要有一個更高的品性。但是，因為現在的生活是一種多元性的，所以，我們不大可能像傳統的時代一樣，我們只有一樣事物可以去追求。在古代的時候，把讀書作為唯一追求的目標，因為書讀好了以後，下面接著而來的就是生命中璀璨的或者是更好的出路。例如考科取士，他去參加各種考試，然後他獲得了更好的成就，他會因著這個成就而能夠被國家任官，能為社稷做更多的事情。但是在現代的社會裡面來看，因為現在的社會是一種多元化的社會，我們不太可能以唯一的價值作為唯一的層級性。所以不同的價值領域裡，在我們追求的過程裡面，如果都有比較高的層級性，這樣的人生就是一個比較幸福的人生。例如在台灣這樣一個社會裡面或者是現代社會裡面，我們要追求的東西譬如說社會的成就、學業的發展、內涵的充實以及可能有個人不同的需求，在每一個不同的需求中，它可能需要互相搭配的，那麼也有的層級性是互相矛盾的，不可能互相包容的。在這樣的一個狀況之下，我們就瞭解這個所謂的層級性，它必須建構在同一個範疇內所能產生的一個意義。

（二）── 超越性

　　當我們說一個價值是真的有價值的時候，它一定要有一種超越性。

那麼所謂的超越性，我們可以簡單的說從時間的觀念中，它都是有效的。在過去的時代這個價值被我們所奉行，到了今天這個價值仍然被我們所奉行，到了未來這個價值也可以是再被我們所奉行的。也只有它超越了時間的限制，它才擁有了這種超越性的意義。那麼從時間的意義上來說，一個價值它能夠在每一個不同的時代，都能夠顯示出它仍然是有價值的時候，就表示這個價值是值得我們去追求的，有的價值在某一個時間內是非常的盛行，但是過了那一個時間以後，它可能就不再盛行，因此這樣的價值跟第一點的來比較的時候，它的層級性可能就沒有那個可以在時間上流傳更久的價值觀來的有效。

(三)── 普遍性

普遍性從一個比較簡單的觀點來看，乃是指明在一個空間的有效性，所謂的空間就是指明這個價值在此地有效，而在他地仍然有效，這個我們稱之為普遍性。那麼我們在講普遍性的時候，我們特別要看在因為地域的不同而產生社會價值或者環境上的差異的時候，而它仍然能夠擁有它的一致性或者說它的價值性，這個時候我們就稱它為擁有其普遍性，普遍性它不但是讓我們感受到它在放諸四海而皆準的一種原則，它也能夠讓我們感受到它這樣的價值可以讓人安身立命。

綜上所述，我們可以理解所謂價值它就是說明當我們在追求一個事物的時候，我們能不能把它當成一個生活裡面或者生命中唯一的或者非常高的一種準繩。這個時候我們就看我們所擁有的價值是一個什麼樣的內涵，那麼我們不可能認為所有的價值都必須是這個樣子，因為有的價值是一種實用性的價值，當這個實用性的價值用完了之後，它的功能就結束。例如我中午餓了，我要去吃午餐。當我餓的時候，午餐對我是一個有價值的東西，但是當我午餐吃飽了以後，它的價值就不再存在了，要等到下一次我的身體機能餓的時候我才會再去考慮到那個價值，所以它有一個時間性的範疇，只有在那個時間性有效，但是我們卻不可能把

這個因為饑餓而去用飯，以至於把用飯這個價值作為普遍性的或者超越性的價值，同樣地，我們也可以看到在我們的生活裡面，我們常常使用金錢，但是金錢不是在任何地方都是有效的，所以它只有在你購買東西的時候才是有效的，而在購買東西的過程中，又因為貨品的不同價格而我們對金錢的使用跟量的要求有不同，以至於造成我們不可能把它們作為一種普遍性或超越性的一種意義。所以我們就可以理解，當我們用價值的時候，我們不要以為生活中的每一個細節都必須把它定為我們生命中或人生中要去追求的唯一價值。而是我們要說明在我們人生中為我們個人安身立命，或是為了這個社會能夠安身立命的時候，它所擁有的價值觀是一定要具有層級性、超越性及普遍性的意義。

第二節　價值的種類

  1. 物理價值就是基本生理反應的價值。

  2. 次人性價值是由人所發明但卻是從屬於人，是人的工具。

  3. 人性價值是由人所創造發明且能提升人的意義的。

  4. 道德價值是規範人的意義和價值，可以增添人的意義和價值。

  5. 宗教價值是說明以神設道，是以超然的、超越人類事物的對象作為我們崇拜的對象並以此作為意義和價值。

  從以上這些訴說看來，我們瞭解價值的種類大概有以上的五種，而這五種的排列事實上也是按照價值的層級性來排列，也就是我們基於一個信心，就是對於一個人他在追求價值的過程中，應該是以精神的條件為先，而物價的條件為後。所以，凡是注重物質條件的物理價值，或者次人性價值，都低於追求精神的人性價值、道德價值和宗教價值，而在精神價值裡面仍然是以只滿足於人自己的需要，這樣的價值為低於那種對人類整體的關愛、對人類整體的照顧所能夠看到的價值觀；更高的價

值是來自於對整體人類的照顧、人類整體的關愛作為一種價值的發展。而在道德價值和宗教價值裡面來看，對於今世的價值，只滿足於對今世的一種要求，而道德價值基本上都是在規定在今世所可能達到的這種價值性。對於人在今世以後，是不是有來世，我們可以很顯然的發覺如果你真的要讓你的價值觀是一種完整的價值，則你不應該去排除來世的可能性，而對於來世這樣的一個價值觀，顯然是能夠包容今世的，而今世的它能不能幫助我們達到來世的可能性，道德的價值有時候很難去回答這樣的問題，而只有宗教的價值可以答覆這一個可能性。

第 三 節　價值的內涵

　　我們在前幾節裡面所敘述的關於價值的定義和特徵，以及價值的種類，都在說明價值不只是有它外在的定義，也有它內在的意義。外在的意義是在說明這種價值所表現出來給予人們的直接利益，而其內在意義不但是賦有外在的價值意義，它也賦有能夠提升人性、能夠使人性有發展的一種可能性。因此在本節裡面，所謂價值的內涵乃是指明我們怎麼樣能夠用價值所具有的一種它內在的價值，能夠幫助我們達成一個人之所以成為人的一種意義和目標。那麼，一般來說，價值內涵可以表現在三個層次：第一個層次是所謂在追求事實的層次；第二個層次是所謂在一個人的修為、行為和模式的層次；第三個層次是所謂一種境界的層次。那麼在第一個層次裡面我們稱之為「真」，或者我們稱之為一種「科學的精神」，也就是說我們在追求事實的過程裡面，我們要有一種什麼樣的態度，要有一種什麼樣的方法來幫助我們追求事實；而在第二種層次中，我們表現在行為上怎麼樣使自己的行為正確，或者使自己的行為有更高層次的一種表達，這種對於行為的要求，或者行為方法的要求，我們一般來說稱之為「善」，也就是一種「倫理」；第三種境界就是如

何將人生修為的一種能量能夠提到更高，能夠更具體的加以表達出來。這樣的一種精神，我們稱之為「藝術精神」，我們也稱之為「美」的精神。但是，在一般的思想家或者一般的學說來看，單單有這三種層次是否就足夠了呢？因為這三種雖然在某種層面來說，它們可以是彼此獨立的，它們也可以彼此相關，但是這樣的一種相關性它們有沒有可能達到一種一致性呢？所以我們就會有第四種的模式，那就是所謂的「聖」。「聖」就是所謂達到一種最高的境界，當我們說「真」，在事實的追求上來講，要達到最高的境界，那就是完全的真，可是我們在敘述事實的過程裡面，事實都是屬於一種個別事物性的模式，但如果可能使我們這樣一個個別的模式能夠達到一種整體性的真呢？因此在所有「聖」的過程裡面它就是在說明怎麼樣使我們「真」、「善」、「美」能夠融合為一而能夠結合成一個完美的價值，以下就是我們的敘述。

一、真──科學精神

「真」在一般傳統的解釋裡面，我們都以為之所以為真就是面對事實。當我們說面對事實的時候是怎麼樣的面對事實呢？事實在一般的呈現上來說，它可以分成兩種模式，一種是「外在的事實」、一種是所謂「內在的事實」。所謂「外在的事實」乃是說明這個整個現象的發展、現象的呈現，一般來說，我們說一個事情它常常會藉由外在的表現來呈現出它的行為，或者一種表象，當這樣的表象呈現出來的時候，我們就可以看出來你只要去面對這樣一種表象，你只要認清楚這樣的一種表象，那麼它就是一種所謂的真。也就是說，我看到這一個事實，例如我今天看到下雨了，下雨是一個事實，也是一個現象，當下雨的時候，我的眼睛看到了這樣的一種事實，我就呈現出一個述說句，那我說：「下雨了」，那我們就說這個論述是真的，為什麼呢？因為你所看到的事實和外在所顯現出來的東西是一致的，因此在這樣的狀況我們說這個叫作

「真」。但是，除了這個是真的以外，因為它不是唯一可以去檢驗你這樣講是不是正確的方法，還有別種模式我們可以說明，舉個例子來看，譬如說有一個木匠，他想要造一張桌子，他在腦海裡面設計一個桌子的樣子，他想要說我要怎麼樣去造這樣一個桌子，當他把內在的想法實踐的時候，而這個桌子呈現出來的是木匠內在的一種觀念，當他實現這個觀念的時候，我們也稱它為真。所以我們就可以瞭解，當我們述說「真」的時候，它不只是包含了外在事實的觀察，它也包含了內在觀念的呈現，因為我們除了可以觀察外在事實以外，我們不可否認內在的觀念也是一種表達事實的模式，就是我真的有這樣的一種想法，我真的有這樣的一種感覺，我真的體會到這樣的一種事實。這是我們在「真」這個模式裡面所提到的。

可是當我們述說這種「真」的時候，我們不可否認的「真」它如何去和人的價值做結合？在一般的哲學家，特別是經驗主義的哲學家認為只有你去接受事實，你只有看到事實，你才能說它是什麼，或者不是什麼。所以事實以外的東西，你經驗不到的、你感覺不到的就不能夠被稱為事實或者真，因此當我們述說這樣的一種目標或特徵的時候，它都落在一種對事實執意的追求上。在當代的現象主義裡面，他們也認為現象就是本質，一切的現象就是本質，但是我們可以瞭解大部分的現象它所呈現出來的只是本質的某一部分，就如同我個人內心有很多的情感，當我把它表達出來的時候，我是不是能夠把我所有的情感都說的清清楚楚，所以我們可以發覺這是不大可能的事情。因此在講到追求這種「真」的時候，我們以「真」為一種價值觀的時候，它乃是具有一種「追求」的精神，而這種「追求」精神不只是去追求所謂的事實或者現象，它也要去追求、去認識事物內在的因素。因此我們可以發覺這樣的一種精神在當代來說是屬於一種科學的精神，而事實上「科學」（science）是來自拉丁文 scientia，scientia 表明的是一種學問，學問從希臘到羅馬時代一直顯示一種追求的精神，追求要用方法，要使用一種有效的方法，幫助

達到你想要追求的目標和結果。因此，在我們講到以「真」為一種價值的內涵的時候，它很清楚的說明這種精神是一種科學的精神，這種科學的精神是要幫助我們能夠認清自我、改進自我、認清他人、促進人際關係和接觸萬物、參與天地化育。科學精神不只是去追求一個現象的層面，它也希望從我出發，讓我自己的一些特徵能夠理解，因此所謂認清自我就是知道我是一個什麼樣的人，我的個性、我整個人的特徵，我可能會有一種什麼樣的情緒或者我可能會有一種什麼樣表達的模式。這樣的一個模式在我瞭解之後，當我和他人接觸的時候，發覺到可能有些東西我可以和他人相處的非常的融洽，從另一方面來說，也可能我和他人會有一些意見不同的地方，這時候我就知道如果為了追求真和其內涵，真正要和他人有一個良好的關係，可能就要認清改進自我的一種模式，就是我的表達、行為的一種狀況，這樣才有一種和別人可以融洽相處的模式。當然我也要去認清這個社會到底是一個什麼樣的社會，別人、自己的朋友是一個什麼樣子的朋友，因此在跟朋友相處或者接物或者處事的時候，自己知道可以用什麼樣的方法來跟他們相處，如果發覺不能夠的時候，或者無法完全融洽的時候，那麼可能要想辦法去改進自我，這個模式上自我可以促進自己和他人的關係。

可是認清楚自己之後，能夠和別人相處之後，並不表示這樣的關係就結束了，我們要藉著這樣一種能量幫助我們和萬物接觸。所謂萬物接觸，就是我們用這樣一種態度來跟別人相處和接觸，也就是我們用這樣一種追求的精神，來面對事物，來做我們的研究，來做一種探討，這樣我們瞭解事物的本質，或者事物內在的意義以後，才能夠達成我們和事物合而為一。可是我們很不幸的發現，在當代科學主義發展以後，科學主義看重單一。個別事物的研究，因此發覺這個單一、個別的事物怎麼樣去表現出來就可以了，而不在乎這個單一、個別的事物跟群體的關係是什麼，所以我們可以發覺當代很多的科學研究它只求單一事件的深入和探討，可是當這個單一事件的探討完了之後，它是不是真的能夠幫助

群體的發展呢？可能常常是相反的。當然，有時候它促進人類的進步，所以這常常是有正反兩面顯示出的意義，因此當我們理解到每一個事物的真正意義的時候，可以發現到當我們去做這種科學研究或者現象研究的時候，不只是去揭露現象的真相，也要去揭露現象裡面的本質、它所顯露的意義和價值，所以當我們要去處理這種科學精神或者「真」的時候，我們忠於事實和事實本身所蘊涵的本質，才能幫我們建構科學的意義、科學的價值和科學的精神。

二、善──倫理精神

　　在價值的第二種內涵裡面，我們可以說它是一種「善」的精神，在價值的層面中，「善」所述說的是一種人行為的模式，人怎麼樣藉由他的行為或者對行為的理解或者對行為的開展能夠表現出他生命的意義跟價值，所以「善」從另一個觀點來看，當自己瞭解自己，自己能善盡自己，能夠把自己需要的做到完美、做的正確、夠好，我們稱這樣為「善」。但是，從另外一個觀念來看，單單個人之善仍然不足以表達這個完整性，如果這個世界上只有一個人，當然他如何表達都沒有問題，如果他還有跟他人接觸，則這種人際關係的善也是非常重要的。因此，人跟自己、人跟他人、人跟社會、人跟宇宙，這幾個層面都是屬於善的範疇。所以我們在說善的過程裡面，我們首先就是要考慮到怎麼樣讓自己成為一個具有善精神意義的一個人。

　　從中國人的觀念來看，這個過程就是讓自己變得有能力，可以處理自己的問題，能夠把自己的行為變得好，以至於慢慢能夠與他人相處，能夠與社會團體相處，這樣的一個過程在中國人來說就是「修身、齊家、治國、平天下」。每一個階段都能夠讓我們建構我們自己對善的精神或者倫理的要求。首先從修身的觀點來看，不論是中外的哲學家們都著重自己怎麼樣去忠於自己，怎麼樣能夠將自己的問題澄清或者做一個

妥適的安排，所以自我的修練常常是整個價值內涵裡面最重要的一個部分。中國人的觀點認為一個人要修身必須要兼顧兩個部分，一個叫作「內」，一個叫作「外」。「內」就是怎麼樣讓自己的心意變得純正，怎麼樣讓自己的思慮變得完善，怎麼樣讓自己的觀念能夠正確，中國人稱此為「內聖」；對外在的事物而言，怎麼樣讓自己和外在的事物具有一致的精神和狀況，能夠讓我的思慮、我的觀念和外在我所接觸的人事有一致的精神，中國人稱為「外王」。從「內聖」的觀點來看，一個人要達到內聖的目的，「心」也就是他的觀念一定要是一個正確的觀念，所以叫作「心正」或者「正心」。一個人心正，一個人的觀念正確了，自然所表達的意念就會誠懇，他的意念就會有清晰的瞭解和概念，若心不正，則對他觀念的表達上來說，常常就會顯得模糊不清。在我們生活的經驗裡面，就可以發覺，我對一件事物、對一個人或對自己，如果觀念清楚則我的意念很容易就能表達出來，但是若我對事物觀念不清楚，要表達出那個事物的時候，就會有一點模稜兩可或者會感受到不容易清楚表達出來。因此，「正心、誠意」也就是內在的讓我的觀念能夠變得完善、良善的一種重要的方法。「外王」就是在幫助我們達成對外在事物的理解，所以我們首先要對每一件事物都要能夠完整的看到，所以在中文上說：「物有本末，事有終始，知所先後，則近道矣」。所謂「物有本末」就指明任何一個事物有它的開始，也有它的結束，這是從它的現象來看。從本質的層面來看，任何一個事物都有它的重點以及它非重點的部分，因此，「物有本末」，我抓到這個物的本質，我掌握到處理這個事情的時候要從哪裡開始，所以「物有本末，事有終始」，我抓到它的終始之後「知所先後」，我能夠掌握到要怎麼樣去處理，我就能澄清出這個事情的方法，因此在「外王」的意義來看，就是當你認真的、努力的把每一件事情去處理的好、去澄清清楚，你自然就可以從裡面獲得一種知識，這也就是在大學裡面所說的「格物致知」。從「格物致知」來看，在過去我們面對「格物致知」的時候，特別在中國的一些哲

學家們過去的觀念是認為「格物」只要用腦力、用身體的力量就可以把我們的對象做一個徹底的理解，而事實上並不然，也就是你擁有了一個主觀的成分以後，你就不可能把事物做一個理解。只有面對事物和事物一致，你才能夠對事物有所理解。當我們在「修身」裡把「內聖」和「外王」兩者做一個澄清以後，我們能夠有一個完善的修練以後，我們就能夠建構一些基本的概念。這種概念就是說我們跟別人的相處過程裡面，我們有沒有一個一致的方法和態度，這個所謂的一致的方法和態度，中國人稱為「達德」，而西方人稱為「樞德」（carbinal virtue），這個「樞德」或「達德」是指出最基本的、最重要的、最核心的表達出你行為的一種模式，就是使用這最基本的德行可以幫助我們建構和其他人事物的一種關係。在先秦的時候，孔子看重的是「智、仁、勇」，後來孟子是以「仁、義、禮、智」作為這種達德的表現；到了兩漢以後，又加上「信」，變成「仁、義、禮、智、信」作為達德表現的模式。有了「達德」以後這個德性就完備了，後來就可以「齊家」，「齊家」就是建構一個最基本的社會團體，這種「齊家」就是倫理精神具體的實現。因為在家庭裡面有各種不同的關係，所以我們可以看到在表達的過程中，在家庭裡面有父母、子女、有兄弟姐妹，這構成了一個初步的社會，在這個社會裡彼此有一種互動，互動中有一種規則，規則就是如何保證、表達這種關係的順暢，所以倫理精神它具體的實踐出關係的方法和發展。在近代的觀點來看，如果把家庭的關係處理的好就是一件了不起的事，一般人最大的人際困擾大多來自家庭，若不是和父母有不同的意見，就是和兄弟姐妹有不同的觀念，所以「齊家」就是在家庭中不同的角色，這個角色是靠時間的因素來做決定的，我的兄長因為比我先出生，所以我必須對他有所尊敬。在中國傳統倫理和西方倫理中，對家庭的觀念幾乎是差不多的，只是後來因為社會的模式、社會的發展對於家庭的角色有一些挑戰，以至於造成對某些家庭關係的不確定。但儘管有這種不確定性，仍然不足以去說明因此而家庭關係就結束，或者家庭中

的倫理就消失了，仍然是繼續存在的。即使最尖端破壞這社會秩序的理論者，他們在家庭中仍然遵守著這種所謂的倫理關係。因此，當你能夠認清「家」這個最小的社會結構關係以後，或者找到一個能夠相處的模式，這種相處模式在積極面來說，你善於處理這樣的人際關係；消極面來說，你不要讓人際關係中的衝突爆發出來，也就是忍耐、妥協。這個是我們在人生的發展過程中常常會看到的兩個層面。你不可能常常用積極的層面，你可以去實踐、發展、達到這樣一個模式，但並不是常常會有這樣的情況發生。因此，在這個最小基本團體呈現後，我們就有能力到社會裡面去參與其政治制度，成為這個社會的一員，可以在這個社會跟別人共同努力、共同生存。

從上所述各方面的層面來看，所謂「善」主要是表現出一種倫理的精神，「善」，一般的解釋就是「好」，好在哪方面好呢？就是人對自己好、人跟人之間好、人跟社會團體要好。因此所謂「好」，當然不是「濫好」，它也不是一個消極面的說只要不犯錯，只要不要引起衝突那就是好；而積極面就是我如何建構這種精神、關係，我如何經營人和人的意義和價值。當我有這種體會之後，就可以發覺我能夠在人際關係中，或者在倫理精神中建構出生命的意義和價值。

三、美──藝術精神

美是什麼呢？我們一般的觀念都認為美是一種主觀的，美是你只要喜歡就好、能夠賞心悅目就好、可以看的順眼就好，當然我們可以說這些都是一種美的表達，但是美的意義卻不只是這樣的一種說法。孟子在他的〈盡心篇〉裡面說「充實之為美」，但是「充實而有光輝為之大，大而化之為之聖，聖而不可測為之神」。孟子所謂的「充實之為美」意義是任何一個實物它必須具有完整的條件，當它的條件充足了之後我們就可以稱它為美，但是孟子很快的又發覺，這樣的充實它是不是足以構

成美的條件是頗為令人懷疑的。所以孟子第二句話就補充說「單單充實是不夠的，它需要具有一種光輝的特質」。所謂「光輝的特質」就是可以吸引他人，因此孟子說「充實而有光輝為之大」，大者就是大美，單單以一個事物的充實仍然不足以去述說美的意義，而必須要能吸引人。因此當代的一些美學家們常常在對美下定義的時候，使用「充實而有光輝，能夠令人欣賞的事物」作為美的一種定義。「美」是人生內在的一種渴望，希望達到美的一種境界。而美給人的感覺是具有和諧、融洽及圓滿的精神。所以當每一個人去接觸美的時候，我們都會覺得美是讓人舒服的，因此在一般的社會或事物中，人們常常喜歡討論「美」的一種呈現或表達。「美」可以是自然的美，也可以是一種人工的美。所謂「自然之美」就是看到大地山川所展現出的和諧性或讓人嚮往的精神，此稱為自然之美；而所謂「人工之美」就是人去創造出一種狀況、境界讓人有同樣欣賞大自然那樣美的感覺。「美」雖然可以有不同的層面，但是當我們把美描繪、呈現出來的時候，可能就會把美的精神濃縮在所欲表達的對象身上，當我們使用這樣的模式時，可能就建構了一種技術，使用什麼樣的技術把我們察覺到的大自然的美能夠呈現出來，此稱為人工之美。而人工之美造成了藝術，藝術在希臘文 ars 主要是說一種技術，也就是你使用什麼樣的一種方法能夠把外在的美呈現出來、表達出來。藝術的精神就是在把美具體的描繪出來、呈現出來。

我們如何把美具體的呈現出來呢？中西方有不同的模式及說法。西方人在追求美的時候會靠很多的運動表現出他們的狀況，從希臘時代我們就可以感受到他們藉著奧林匹克運動會展現出人體之美；藉著宗教展現出與大自然、超自然事物的一種接觸；藉著藝術的表達，例如畫畫、雕刻來表達出他們的精神。而中國的「六藝」即是用六種不同的藝術或者藝能性的東西來展現出對美的一種呈現，但是在六藝中有三種不同的面向，一種是六種經典；第二種是六種能力；第三種是六種藝術。這三種面向都稱為「六藝」。所謂六種經典即是詩經、書經、易經、禮記、

樂經和春秋；而六種能力即是禮、樂、射、御、書、數；六種對象即是琴、棋、書、畫、詩、藝。因此在六種對象裡面，從經典來看儒家一直強調這六種經典是作為文人必須具備的基本能力，當這六種經典都熟讀了以後便有能力從事於社會的工作，而六種能力都具備的話就是作為一個謙謙君子所擁有的內涵，而作為一個文人，這六種對象你都要會，所以琴、棋、書、畫要樣樣精通，在社會上便可以受到極高的尊重，因此從以上各種說明便可以體會到，在中國或西方不論是在觀念或身體力行上都試圖追求讓自己身體內的能量能夠具體展現到外在的社會跟世界，甚至跟整個宇宙有所溝通。因此這種美在追求的精神裡面，我們可以看到美的特徵，美的第一個特徵就是要求一種和諧，和諧就是我跟對象的一致性，我和對象表達的模式能夠是完整的。那麼這種和諧是指在觀念上和具體行為上的一致性，觀念和行為的一致造成了主觀事物和客觀事物彼此間有一種溝通的能量，所以和諧是指這樣的一種模式。第二種特徵是要去建構一種體系，一種內外完整的體系，它可以由近即遠、由遠即近、由親即疏、由疏即親，這樣的一種溝通表達的方式。所以我們看到有些藝術家他所使用的色彩，如何去打底，從底面一層層的顏色加上去以後畫面逐漸呈現出一種勻稱、均勻的方式。第三種特徵是所有的藝術都在表現出主體性的價值，即是畫家企圖經由自己的理念而將觀賞者帶到一種境界，或者是藝術家所想要造就的一種氣氛，使得這樣的一種狀況能夠表達出作者的內在精神和世界。因此藝術要讓藝術工作者走向絕對性即是所有藝術工作者共同一致的觀念。從以上特徵來看，藝術真正的目的是要去追求美，但是藝術家努力追求美並不代表一定追求的到，甚至我們可以發覺，許多有名的藝術工作者所表達出來的並不符合所有條件，只符合藝術工作者自身的要求。因此在追求價值模式中，必須使自己的訓練可以達到某一個層次，因為要建構藝術者能隨心所欲表達出自己的一種狀況，如果訓練不足那便不足以去表達的，只有在訓練完整的時候，藝術工作者才能自由運用他自己的思維來表達。而美是一

種境界，藝術工作者就是要帶領他自己的作品跟觀眾一起走向這個美、走向和諧、勻稱的絕對性，他才能建構這種美的意義跟價值。

四、聖——人生的完美境界

當我們敘述價值內涵的時候，可以清楚的發現，如果我們只有真而沒有善會讓人感受到個性的堅持而沒有潤滑；而如果只有美而沒有善也會讓人感覺到它是一種自傲；如果我們有美而沒有真那就變成一種浮華、一種虛浮的一種美。因此真、善、美三者都要融合在一起，最終的目標是要達到整體性的融合即是聖。「聖」不只是一個單面發展的完成，而是整體的一種狀況。所以，在人生發展的一種意義或人去追求的一種意義來說，「聖」是一種目標。假如我們把人類的發展或對哲學的追求分成兩個層次來說明的話，「聖」就是上面的那種層次，它是一種總和的、統合的層次，而下面就有「真、善、美」，此三者是一種方法，而「聖」是一種目的。用知識的「真」、道德的「善」跟藝術的「美」，分門別類去發展、整合達到「聖」的目標及境界。「真、善、美」在各自的領域中，是自我體系完整性的要求，是可以達成的；相反的，若自我要求都要達成，譬如說要達成「真」這個層面，若沒有最終的目標，例如只有事實而沒有終局，只有現象而沒有本質時，這樣的「真」就沒有辦法去攀升、去達到生命的意義及境界。從另一方面來說，「善」也是一樣，「善」可以淪落成為一種濫好人，也可以淪落到另一個層面即是為「善」而善，沒有思考到善具有一種擴充的意義和價值；「美」亦是一樣，「美」若淪落的話，那就變成一種匠氣，往上發展的話，則會構成一種美的光輝及價值。因此把「真、善、美」的積極面整合起來向上發展就構成「聖」的目標，而在整個人生哲學或者哲學的追求中，首先要去面對自我，所以蘇格拉底曾經說「一個未經檢視的生活是不值得生活的」，但要如何檢視呢？就用「真、善、美」來加以檢視，檢視我

們生活的事實面，檢視生活中的現象是否符合事實本身，而我們需要加以檢視的是生活的行為是否符合「善」的要求。在當代思想發展的歷程中，例如心理主義、感覺主義者強調只要感覺就好，但是感覺之後要做什麼呢？感覺之後要如何建構人自身的意義和價值呢？倘若只有去感覺而沒有處理感覺之後該如何時，這就不能成為一個發展完美的境界。因此，中國人和西方人皆想追求一種完美的境界，對中國人而言，此即「能參天地之化育」，即是與大化流行一致，亦是在整個世界的發展過程中，能夠與其一同呼吸、一同運作、一同工作，此種參與天地之化育隨著大地的變化而自身有同樣的作為，在中國人來說是人生最高的完美境界。對西方人來說，柏拉圖認為人的靈魂降到肉體，在希臘哲學的思想中強調神人之間存有輪迴關係，因此當神降至人的肉體時認為是一種受罪，因為西方人相信在天堂裡人的靈魂是高貴的，但神體也會有失言行為，當犯錯之後便會降至肉體來受罪，等待修行完畢之後再回到神的地位。這給人一種啟發即是人身上有成為神的可能，只是在人性的弱點上無法使自己發展出所屬的神體精神。譬如懶惰、貪念，因為這些因素以至於沒有辦法讓自己進步而造成渴望發展自我精神完美性的阻礙，所以「聖」的目標是幫助自己發展出這樣的狀況。

因此在本節中，可以發現當在追求價值或陳述價值哲學時，必須包含四個面向即是「真、善、美、聖」。「真」是一種求「知」的精神，即是在知識的層面要盡自身的能力去追求清楚的、明白的、正確的知識，如同笛卡兒所說「我思故我在」，為何笛卡兒要這樣說呢？因為他要追求一個清晰且明瞭的觀念。但要如何尋求這樣的觀念呢？笛卡兒歸納出來說「不管我想的對、想的錯，但是有一件事是我無法否認的，就是我的存在。」也就是說即使我思想錯了，我仍然在思想。我思想這件事是存在的，即是說我存在，存在的理由是因為我思想，思想的原因是因為我存在，因此「我思故我在」。這是一種求知的精神，而求知是要有系統的，系統性的發展達到人性的目標。第二個「善」是一種行為的

好，即是求行，讓自身的行為愈來愈完善，愈來愈美好，讓自身的行為符合自身的需要，亦要符合社會的規範和整個人類的目標。因此有人懷疑如此是否太辛苦了呢？但不可否認在一個人類的社會中，除了個人之外，還有其他人和我們共同存在，因此如何使自身跟社會一致，在行為上要有共同的想法和態度。第三個「美」是求和諧、求勻稱、求絕對性，讓我們人生的意境能夠永遠不停的發展，達到生命的一種境界。最後「聖」是一種希望人生境界完美提升的早日到達，藉著真、善、美各方的努力結合之後，達到這個層面的躍升，達到生命中的意義和價值，如此我們發覺可以參天地之化育，達到天人合一。

第四節　價值的目的

　　我們常常詢問到底我們追求價值的目的為何？為何要去求「真」、「善」、「美」、「聖」呢？人生總是要有目標，唸哲學也是要有一個目標，思考也要有一個目的，即使在胡思亂想也是有目的，而目的為何呢？有幾種目的可以敘述：第一種是碰到困境，因此希望跳脫困境。此方式是消極的。第二種是已經有清楚的目的，但此目的無法完全滿足自我需要，因此希望尋找更高的目的。例如在年輕時便滿意其前面的目的，但當年長或者已達到此目的時，便希望尋找更高的目標。而此種目的稱為積極的目的。在積極和消極的目的來說，消極的目的有其功能，能幫助自我解決問題、面對問題，清楚困難所在，因此想到一些方法解決問題。譬如我認為我的行為不好，所以我碰到困境即是我的人際關係不好，因此我藉由改善我的行為而改善人際關係，以至於我的善行能夠受到他人尊重。由此消極性是有意義的，但是這只能往人的內在去發展，對外發揮自我能量時，便無法說明。積極的層面來說，不但幫助自我完成、解決目前的困難，甚至幫助自我超越目前的問題，譬如小學唸

完，我們唸中學，小學到中學來說，中學是小學的一種階段，也是一種超越。因此在積極和消極上來說，小學所受的教育不足以幫助我解決問題，所以我要到中學去唸書，這是消極的部分。但是積極上來說，我小學唸完我要到中學唸書，我要讓我的學識更豐富、更發達。所以在同樣的目的裡，同樣的擁有消極和積極的兩種目的。

而在價值的目的上來說，不只是講述消極的目的，也講述積極的目的。因此，價值的目的，其一是人生需要躍昇，必須不斷地擴張、發展自我，讓自我愈來愈有求真的精神、善的行為、美的境界、聖的狀況，此種躍升即是把人性加以擴充、加以發揚，如同中國俚語上說「鯉魚躍龍門」，為何鯉魚要躍龍門呢？因為生命的張力逼使牠往更好的狀況。

其二是躍昇的層次，躍昇要往哪裡去躍昇呢？在人生境界上逐步的往上發展，孫中山先生曾說「整個人類世界有一種進化性的發展」，「進化」並不是生物上的進化，而是內在意義上的進化，也就是從獸性進化成人性，由人性進化到神性。所謂「獸性」即是互相鬥爭，只為自身利益、想法或目標，不在乎他人。因此在動物界中很少看到團隊合作的狀況，而到了人，便出現互相合作、彼此幫忙的情況。因為自己發覺在整個大自然界中並非是最強的動物，若不藉由互助很難去抵抗其他動物的侵襲，藉由互助產生人類的文明、社會、世界和歷史。而「神性」即是仁愛的狀況，放下彼此鬥爭的可能性，藉由互助進入仁愛的境界，用愛促使人類更加的合作，造就整個自然界的和諧。

其三即是躍昇最終的目的為何？即是達到神性的境界。神性即是一種精神性的生活，因此可以瞭解哲學整個追求的目標、整個價值理論最後的建構不是強調獸性的發展、人類思欲偏岐的發展或者欲望的發展，而是強調人類仁愛的精神，促進整個世界仁愛的意義，整個世界人類的和諧且和平的發展，以至於我們不但是能夠在人類世界中發展，還可以擴充到整個萬物、整個宇宙間，讓整個人類藉著這種彼此的互助、友愛的精神使人類理想世界、大同世界早日呈現。因此，我們可以發覺孔子

〈禮運大同篇〉中強調大同世界，或老莊中所強調無欲的世界，當什麼都滿足之後，人類世界自然就得到一種和平、快樂，這是整個追求價值過程中，價值哲學可以提供我們做這樣的一個思考和反省。從下面開始，每一章分別來敘述「真、善、美、聖」它不同的模式、不同的狀況提供人類作為發展的原則。

1. 價值有幾種內涵，價值對我們的生活有什麼意義？
2. 價值有幾種特徵，又各代表著何種意涵？
3. 自我所追求的價值是什麼？

第1章

知識價值——真

黎建球

學習目標

1. 人如何學習西洋哲學中對於追求真的意義和價值。

2. 人要瞭解「真」之定義及內涵。

3. 人藉由學習如何使用正確的知識以及使用有效的推論，並且根據正確的判斷，合理的反省以及理性的思考，獲得正確的知識。

4. 人能體悟出人為了追求真理，而發展出自己人生的意義和價值。

摘要

　　在價值哲學的範圍中，可以分為四種：一為「真」、二為「善」、三為「美」、四為「聖」，「真、善、美、聖」構成了整個價值體系，而在本章中將介紹知識的價值。為何知識的價值稱為「真」呢？因為知識追求的目的或我們追求知識的目的乃在尋求事實的真相，能夠找到我們欲求知的內容及其特徵。因此在追求知識的過程中，知識能提供我們判準的準距及方式。我們將分成四節來探討。第一

節簡單的敘述在西方歷史上,對於「真」追求的意義和方法。第二節將介紹「真」的定義和內涵。第三節將敘述「真」的種類。第四節說明「真」與「假」的關係。

第一節　簡史

在此節中,向各位介紹在西洋哲學中對於追求真的意義和價值。必然會有讀者詢問為何沒有介紹關於中國哲學家對於真的意義和說法呢?所基於的理由是在哲學系統發展的過程中,西方在這個部分的追求及研究更勝於在中國的發展,有一些哲學家們以為中西哲學最大的不同在於西方哲學看重知識的價值,認為在真理道路上的追求比較迫切,而中國人在行為上的修練或善來說,做得比較獨特,因此有兩種不同的差別。而我們的目的在建構系統哲學的過程中,期望能夠把此系統發展完成。因此在本節中將採用西洋哲學追求真的歷史來加以敘述。

一、古代希臘哲學家

古代希臘哲學家們在仰觀天文、俯瞰地理的過程中,一直渴望將自己定位,也就是在這宇宙範疇中找到一個宇宙不變的規則,因此可以發覺在希臘哲學家泰利斯(Thales)在觀察宇宙現象時,就以「水」作為宇宙不變的因素或萬物發生的因素。因為一切事物都是以水而生,因此認為水是一切事物發展的狀況。但是經由不同哲學家們的研究和討論之後,發覺可能是「火」才是宇宙的因素,也有認為「氣」是發展的因素。到了希臘三哲——蘇格拉底、柏拉圖、亞里斯多德時,他們一反前人對宇宙的觀察,而走入哲學思考的過程。蘇格拉底這位有名的哲學家

在觀察到人世間和宇宙的關係時，認為忠於自己，認為過一個正直的生活才是一個哲學家真正要去努力的，因此他從萬物的觀察中看到了德（aretē），即是一致性，人生的一致性，思想行為的一致性能否作為生活的準則。到了柏拉圖，認為所謂真即是最高的觀念，只有在那裡才有意義和價值。因此善的至善性、觀念的最高的觀念才是真的淵源。到了亞里斯多德時，設定了「不動的動者」作為真的根源，認為只有藉由邏輯的推論讓我們看清楚人生的目標，建構出價值時才可能追求「不動的動者」。對於希臘哲學家來說，從宇宙的觀察而回到內心的模擬，再建構起外在世界的想法，由外而內、由內而外著發展時，已經建構了不同的層次。所以從宇宙最早的觀察進入了內在世界發覺這兩者皆無法作為「真」的標準時，便開始走向超越性的意義及目標。

二、基督徒的哲學家

　　基督教時代是西方哲學最重要的時代，因為從西元 323 年君士坦丁大帝宣布基督教為國教以後，到 1585 年長達一千多年的歷史中，可以說是基督教的時代。雖然有些哲學史家們對基督教有蠻多的批評，但是不可否認的基督教對西方文化的奠基是非常深厚的，特別是把神學跟哲學加以分離而奠定了哲學的研究。雖然中世紀哲學家多瑪斯曾說「哲學是神學的婢女」，反之，如果神學沒有以哲學為基礎的話，神學的研究將無以去發展。所以多瑪斯這樣的說明更加深了哲學的意義和價值，而在追求「真」的歷程中可以發覺他們追求真的方式和希臘哲學家是相似的。因為基督教的哲學基本上承襲了三個傳統：第一是希臘哲學；第二是羅馬的法律思想；第三是猶太人神學的觀念。把這三者綜合之後，所產生出來的哲學基本上是從理性的觀念來思考哲學，雖然是理性的思考，但不可諱言的從理性思考中渴望尋找出理性的統一性是不變的。因此在追求真的時候把希臘哲學家沒有找到那至上神，藉由猶太的神學來

補充希臘哲學的不足，以至於在基督教哲學家中認為真理即是上帝。從希臘哲學家赫拉克利圖斯所發展出的logos即是道，到了基督教哲學家們將其定為上帝，只有上帝是永恆的，是一切的超越，一切人生終向的目標。這是基督徒的哲學家。

三、理性時代的哲學家

西方哲學經過希臘時代幾百年的發展，到了基督教哲學一千多年的發展之後，進入理性時代的哲學家。理性時代對當時經過長久希臘及基督教哲學神本主義的發展之後，認為應該重新思考人的意義和價值，因此產生了文藝復興運動。文藝復興運動主要是希望回到人的精神，人的意義和價值。也就是說除了有神的助祐之外，人到底在神的福勘之下，人的能力如何去展現呢？因此在這時代有兩種不同的思想，亦是一種對立的思想，其一是理性主義，其二是經驗主義。理性主義者認為「概念」可分先天性的概念和內容，對事物的認識不但是有先天的概念，還有其內容為何，所謂先天的知識是指對世界一切的認識與瞭解，不但是能瞭解且清楚知道瞭解的內容。因此理性時代的哲學家們皆相信人有先天概念，而這種先天概念是不會改變的，此先天概念即是「真」。因此，如何證明先天概念的存在呢？藉由理性的推論及判斷幫助我們達到目標。

四、經驗主義的哲學家

經驗主義者和理性主義者最大的不同點在於對概念的發生有不同的意見。理性主義者認為人有先天的概念，而經驗主義者承襲了亞里斯多德的思想不認為人有先天的概念。若人有先天概念的話，就容易產生命定主義的說法，所以經驗主義者否認了有先天概念的說法。經驗主義者

認為只有一樣東西是先天的，即是能力，但對經驗主義者而言，所謂的能力仍然依靠感官經驗的發生，因此經驗主義和理性主義最大的不同在於後者認為不需要依賴感官經驗就可以獲得概念及知識，但前者認為所有知識的來源及判斷皆來自於經驗，而經驗的產生是藉由感官，由感官才能擁有經驗。如同一個瞎子，若是天生的瞎子，則他不會有顏色的經驗，自然對色彩就無法做任何的判斷、理解。所以經驗主義者不同意有先天概念的說法，只接受人有先天的能力，人有能力去認識，但人能認識什麼呢？那是藉由感官經驗的敏感度及人的能力，每一種感官所呈現出的程度來達到人認識的內涵。

五、批判主義的哲學家

在文藝復興之後，由於理性主義和經驗主義不斷地爭執，造成對「認識」問題的模糊，以至於到了十八世紀德國哲學家康德認為此兩者皆可作不同的修正，因此康德曾說「我從獨斷的迷夢中驚醒，我對懷疑主義要加以批判」，所謂「獨斷」指的是理性時代的哲學家，因為沒有任何的證據去證明知識的內容，這顯然是武斷性的說法；但是經驗主義的說法也不可否認的是一種懷疑主義的說法。因為感官經驗是否能幫助人達到認識的效果及目的以及達到知識的價值呢？這是值得懷疑的，理由是每個人不同的感官經驗會經驗到不同的事物，在此種狀況下如何去保證個人所感官所經驗到的必然是真的呢？因而造成了一種疑惑。所以批判主義者康德就認為這不可能作為一種模式，而康德如何解決理性主義和經驗主義的問題呢？他試圖找出一個先天綜合命題的模式來解決問題，所謂先天綜合即是同意人有一種綜合的能力，而此種能力必須是不被懷疑亦不會產生任何的疑惑的狀況，在這樣的問題下批判主義者接受了一種模式，即是若能找到這先天綜合的命題，人就能判斷出哲學的意義和價值。知識的真，藉由數學、物理學、幾何學的模式，康德認為其

中一定有先天綜合的命題，由此判斷哲學的意義和價值為何？並藉由先天綜合的方式達到批判的結果。

六、德意志觀念論者

康德是否解決理性主義和經驗主義的問題呢？德意志觀念論者的觀念來說，可能部分的解答了，但是程度上顯然是不足的。因此，德意志觀念論者試圖從康德結論的部分作為理論的起點，試圖往上去看到底在先天綜合中有沒有觀念發展的可能性。從費希特、謝林到黑格爾逐漸地把觀念從一種批判性的觀念發展成絕對性的觀念，此種絕對性的觀念最後達到最高精神的層次，也只有在那種層次才具有普遍性、價值性和意義性，如果任何一個價值是舉一漏萬或舉萬漏一都不足以構成普遍性的原則。所謂普遍性的意義是沒有任何的遺漏及缺憾，要達到此境界，感官經驗是不足以幫助我們達到那個模式的，只有進入絕對性的精神才有可能發展。

七、二十世紀的哲學家

從黑格爾之後便可以發覺西方哲學呈現分歧，有各種不同的哲學學說，首先有實證主義者，實證主義的建構來自於經驗主義的模式，必須要有實際的事物才能說明它是什麼，若沒有要如何說明呢？因此，實證主義者認為真正的「真」是有什麼，而此「有什麼」能夠被證明。另外一種就是功利主義者或實用主義者，實用主義者即是將用處或效果作為判斷的模式，即使有什麼而不能成為一種效果也不能成為「真」。功利主義者認為有用就是要有利，「利」可以是個人的或者大眾的利益，因此如何找到大多數人的利益，功利主義者真正的目標不但是要滿足個人的利益，也要去滿足大眾的利益。往後發展可以發覺在二十世紀的哲學

家們有更多不同的學派，譬如存在主義者認為存在先於本質，存在才是真實的，即使擁有了本質而沒有存在性，沒有辦法述說本質，只有把存在顯示出來，本質才會有意義，當然我們也發覺存在主義的結構仍然是建構在經驗主義的模式上。另外，唯物論者認為一切事物都是由物質反應的結果，若沒有物質一切事情都無法反應或結構出來，所以唯物論者堅持認為只有物質才是真實的來源。

八、新時代的哲學家

　　到了二十一世紀之後，二十一世紀的哲學家們面對十五世紀到十八世紀到二十世紀這三、四百年以來哲學界的混亂，發覺若各說各話、各自主張、各行其事永遠不能找到一個答案，因此企圖找到一個綜合性的說法，能否擁有一種層次性的說明，也就是我們可以發覺經驗主義者跟理性主義者並非兩個極端，而只是過程前後的程序。譬如說十八世紀的進化論者，進化論開始時是一種假設，慢慢經由科學的發展之後，認為一切事物都是由進化而來，以至於和創造說有一個很大的爭執。到了二十世紀時發覺創造論和進化論並非兩個極端的學說，而只是一個過程。一個事物若沒有開始怎麼可能會有進化、演變呢？因此任何事物必定要有一個開始，這種開始只有兩種方式，一種是自有，一種是他有。他有仍然不能被他有者稱為第一個開始，因為它仍是藉由他有而開始的。他有應該是比自我更前面的思想，所以他有應該是第一原因。若是自有，自己是自己的原因，當然不需要靠其他的結構、其他的創造，因為自己就是自己的原因。所以所謂的「開始」一定要有兩個，一個是自有，一個是他有。但是我們發覺在自然界中沒有所謂的自有，都是他有，都是藉由別的產生、生產、製造而來的，因此在進化論之前要說明時就是有一個創造論的說法。創造出來之後，才有進化的過程。因此創造加上進化可以簡稱為「創化論」。在二十世紀，新時代的哲學家們試圖找到一

個綜合的方式。從以上簡易的敘述來說，可以發覺西洋哲學史上對於「真」的追求是非常的執著，試圖要解開任何事實的真相、真的內涵以及真的目的。在上一節所述，新時代哲學家們在找到這綜合理論時，發現其實有很多的學說並非是兩個極端而是可以加以連貫、綜合起來的，能夠做一種綜合的說法，能夠創造出一個新的思想和意念，而能夠為人類的未來開創一個新的局面。

第 二 節　真的定義及內涵

一般而言，在定義「真」的時候，可以從字義跟實義兩者來做分析。

一、字義

從中文的觀點來看，中文從來沒有將「真」和「理」結合在一起，只有對真下定義。譬如說《淮南子‧俶真訓》注「真，實也」；荀子〈勸學〉注「真，識也」；淮南〈本經〉注「真，不變也」，從中文對「真」的字義上來看，指的是一個實在的、不變的內涵。

從外文的觀點來看，「真」來自於希臘文Aletheia，Aletheia來自Ietho為Lanthano的古體，加以Alethia有否定之意，即從不可見的消極意義，成為一被發現、被領會、成為光明之「有」（Ens Aletheia），為實在界之光明或為理性尋獲此種實在之光明。在拉丁文Veritas則有選擇或信仰之意，引申為真理是理性的選擇或理性的信仰。

從以上中文和外文的字義上來看，真理可以解釋為認識的實在性，包含兩種意思，其一是一種實在物與人類認識能力間相互符合的確定性；其二是一種具有理智的心靈在尋找、發現、分別選擇的行為。綜合來說，真理是可以實際去認識的事物，這是從字義上來解釋。

二、實　義

實義一般來說有兩個意思。第一是名實相符，是從存有的特徵中發現的。指的是從存有的意義來看，存有第一個意義是它自己為它自己，也就是它的內在和外在是一致的，內在和外在要彼此相合；第二個意義上，「名」指的是觀念，「實」指的是實在事物，所以觀念和實在事物要彼此相合。這是第一種實義的解釋。第二種實義上的解釋是主觀的理智與客觀的事物具有一致性。所以我們主觀的想法和外在的事物是一致的。從以上兩種對實義的說明可知在測量一個真的時候，要如何去測量呢？就是用觀念和實物去作為一種測量的方法。

三、測量真的方法

在測量真的內涵中，是以確實性及明顯性作為測量真的方法。

（一）確實性

確實性是由確實而來的，確實是一種固有的狀態，固有的狀態是從邏輯的必然性而言，也就是說，由前提推論到結論的方法，藉由推論的過程所達到結論的目的是一種固有性。固有性是事物或對象特性完全的顯露，將未知的命題用推論的方法，能夠將未知的命題完全的顯露。第二，確實是一種認同，所謂認同是主體接受客體的必然性，即是說同意客體擁有的狀況被主體所接受，另一方面來說，認同是主體在理性上對客體的肯定，也就是說，客體所顯示出是什麼樣的狀況，主體都接受它成為這樣的模式。第三，確定、認識、合理的懷疑及有根據的意見之間的差異是什麼呢？一般而言，合理的懷疑是指目前沒有這種存在的現實，但是因為有情況的明顯性使我們懷疑或者相信它的可能性。例如地

板濕了，所以合理懷疑可能下過雨，或者有人潑過水。第二種是有根據的意見，根據自然學科的發現及證據使我接受自然學科者的意見，由於人理智的限制無法對事物有全部的認知，所以只能接受各種不同學科在其專業上的發展，根據那些學科產生之後，所發現的意見便拿來作為確實認同的參考或意見，此稱為有根據的意見。而確實的認識則是理性的直接認識，所謂確實的認識即是我肯定、同意這個事物和那個客體彼此之間的關聯性。由確實就產生了確實性，「確實性」指一種心靈的狀態，因著有效的理由使人的心靈對一個判斷深信不已。心靈的狀態就是一種心理的狀況，我接受這種確實，我肯定、同意這種判斷，我相信科學家們根據其專業所做出來的推論，我就接受他們的推論為真，例如一個天文學家對天體的發現，我們就根據他們的意見，我們接受了他們的發現而我們當成一種新的發明，這是一種心靈的狀況。因此這樣的確實性所產生的理由可以是主觀的也可以是客觀的。首先說明主觀確實性，主觀確實性是一種心理的狀態，亦即是在主觀上我接受或同意有這樣一種態度或看法。也是個人對自己信以為真之事的堅定態度。若是一個科學主義者即堅決相信科學家們所發現的事實都是其具以論述的意見；若是一個懷疑論者則會對科學家們所發現的事實加以懷疑。因此構成了理智對一事理的堅定態度。這種態度可能是因為有客觀事實作為根據，但更重要的是它是主觀意志的一種決定。我們瞭解科學家所發現的科學事實很可能只是一種幻象或者暫時的現象，而非長久不變的狀況，但是因為我相信科學家們的意見，以至於我失去了對科學家們加以批判的態度，這是一種主觀性的理由。這種主觀來自意志，因此由意志去相信的結果，我們無法保證這樣判斷不會犯錯。但是它的好處是可以排除個人對可能發生錯誤的畏懼感。也就是一個科學主義者相信科學家所發現的一些原理，因此堅信而不會懷疑。

　　所謂「客觀確實性」是由於客體的充分理由或證據所造成的確實性。今天我們看到一個客體，它充分的顯示自己，將自己身上所有的特

徵呈現在主觀者的面前，而造成了我們不能不承認這個客體事物的實在狀況，因此我們對它有一個確實的認識。這種確實性使人的理智能表示贊同。例如太陽所顯露出的光芒產生熱，我們身上感受到這樣的熱以後，我們承認太陽有熱能力的可能性。因此這種客觀確實性一般來說，比主觀確實性要來得確實。

由於客觀確實性比主觀確實性要來得確實，因此我們在測量真的時候，我們就採用客觀確實性，而客觀確實性一般來說有下列幾種確實性：第一種稱之為倫理確實性。這種倫理確實性是關於人事或人際關係方面的確實性。從人事關係的確實性而言，具有相對關係或權利義務的關係，這種關係常常是一種相對性的真。例如我在一個公司中，我和我老闆的關係，今天我是我老闆的屬下，我的權利和義務就是我要接受老闆的指揮、監督跟要求；但過了幾年以後，因為我的勤奮努力使我創新的事業，逐步攀上高峰而變成了老闆，過去的老闆可能因為競爭力不如我，變成了我的屬下，因此這種人事關係它就是一種相對性的關係。從人際關係上來說，首先可能會有主從先後關係，如同父母、子女、兄姐、弟妹的關係而言，由於這種關係是基於血緣的關係，是無法改變的，所以具有一種絕對的真。我們不可能藉由目前民主的方式，做子女的跟父母說我們要改選父親，那是不可能的事。因此它具有一種絕對性的真。除了血緣關係具有絕對真之外，其他的人際關係都出現在所謂相對關係上。

第二種稱為物理確實性，這是建立在自然律或者物理定律上，由於物理學不斷地發展與進步，對大自然學科不斷地發現，因此造成了它們對於某些事物的一種規則，所以大自然界的一些理論或者物理學上的定律，例如地球上的重物，重物往上拋時必定會掉落地面上，理由是有地心吸引力，這地心吸引力就是一種自然律，一種自然的現象、物理發現的定律。這樣的定律只要是地球上的重物它比空氣重便會掉落地面上，因此這樣的確實性，它具有一種絕對性，除非有奇蹟的出現，不然這樣

的狀況是很難改變的，基本上來說是擁有絕對性。

第三種是數學確實性，它是使用數學定律來規範確實性。這種確實性一般來說是超越了經驗，基本上建築在超越經驗值之上，譬如 $1 + 1 = 2$，這「1」、「+」、「=」、「2」四個名詞都是抽象的，是我們的經驗無法得到的，但是藉由數學的運算規則，而使我們對這些抽象性的觀念把它具象化了。如果去尋問一般的人「1」在哪裡，我們最多顯示出一隻手指頭，而無法說出「1」是什麼。同樣的「=」、「+」、「2」都是一樣的。所以我們瞭解這個數學是超越了經驗，而這樣的確實性，它的絕對性只適用於「量」的測量。在「質」的測量上，數學的確實性就不能達成這樣的目的。

第四種是形上確實性，又稱為存有的確實性。這種存有的確實性是建立在形上的原理或存有原理的確實性上，此種確實性是建立在一種自明的原理上，也就是不需靠其他的證明、其他事物的證據就可以自我明瞭、自我證明的一種方式，所以這種確實性是絕對正確的。例如形上學原理或存有學原理中所述的同一律就是這樣。

㈡ ── 明顯性

所謂明顯性是指客體事實清楚顯示自己及其明朗化的東西，也就是說客體自己足以證明自己的模式。這種明顯性一般來說有兩種，一種是主觀明顯性，另一種是客觀明顯性。首先主觀明顯性是指一個人對於一件事所能夠理解的程度。例如對於太空、其他的動物、其他的學科的理解程度只能根據自身知識的背景或者社會的背景，這樣的程度是否真的能夠符合對象的內涵是值得懷疑的。因此這種理解的程度就有主觀性的可能，也會有錯誤的可能。所以它不足以作為測量真的方法。第二客觀明顯性是指事物自身或客觀的事態能夠清楚的顯示自己，即是指理智形成或信以為真的判斷基礎是認識客體即物自身的明顯性，而非認識主體。客體自身能夠明白的顯示自己，不需要依賴主體而能夠加以認知，

不是以主體來決定客體的模式，而是客體自己決定自己的模式，這就如同一個人可以清楚向他人述說自己是什麼，而不需要藉由他人來指出他是什麼。這種客觀明顯性和判斷的真實性、確實性之間的關係是一種因果的關係，也就是說判斷的真實性是一種因，而確實性則是一種果，因為有真實的判斷，才會有確實的產生；若沒有確實的判斷，那確實性就無法呈現。這就是客觀明顯性的原則，也就是說當我看到一個客體，我之所以能對這個客體有一個確實性的態度，是因為客體所給予我判斷的證據足以造成我對客體確實性的肯定。一般來說，客觀明顯性有兩種，第一種是內在客觀明顯性；第二種是外在客觀明顯性。首先外在客觀明顯性是不存在於判斷所肯定的實體內的明顯性。它是基於實體以外的明顯性，這種對實體以外的明顯性是經由對事實的判斷而獲得的知識。也就是說，它所能得到的明顯性不在於實體或事物本身所產生的明顯性，而是由於實體外在的元素所產生出來的。例如看到一個人，覺得她很漂亮，常常不是因為她身體的結構或者身體的曲線，而是因為她所穿著的衣服或者她外在的打扮讓我感受到她的一種狀況。一般來說，外在客觀明顯性有兩種，一種是基於權威的外在客觀明顯性；一種是基於不明智的懷疑的外在客觀明顯性。前者是指權威者本身具有極高的信賴度可以被信賴，或者具有極大的公證性，或能作為某一個學業界的代表，而能力顯示出他的明顯性，當他按照他的專業述說其專業上的意見時，他能顯示出的可靠性愈大。因此證人的可靠性愈大，其明顯性愈大。例如參加過越戰的人所描述越戰的狀況要比沒有參加過的人描述較具明顯性。而後者是指事物本身的明顯性無法使我們相信其為真，但卻足夠排除所有不合理或不明智的懷疑的明顯性。這個理由就是因為對於非專業科目的相信即是基於此明顯性。例如科學分工愈細，愈無法由個人努力獲得，而我們只能相信。例如我們住房子，由於自己不會蓋房子，蓋房子的知識如此專業，我們只好信任營造商或者建築師，因此營造商或者建築師愈可靠，房子結構愈穩固，愈是值得我們信賴。

內在客觀明顯性是指存在於由判斷所肯定的實體內的明顯性，理由是實體本身擁有的特質讓我們瞭解這個客觀的實體，也就是說，是一種在客體自身內所含有的明顯性，能使理智形成判斷。例如我們已經習慣加減乘除的方法，當我們述說 2＋2 時，從小到大的訓練中，我們不容懷疑的知道答案為 4，但反之說 4 時，它的構成就不一定是 2＋2，因為它仍然擁有其他的可能性，例如 0＋4、1＋3、2＋2，所以 2＋2＝4 只是成為 4 的一種選項，因為前提的 2＋2 造成了 4 的必然性，但是 4 成為前提時，則 2＋2 是成為 4 的選項之一。由此可瞭解內在客觀明顯性所要顯示的客體內自身的明顯性。

　　一般來說內在客觀明顯性可分為內在直接客觀明顯性和內在間接客觀明顯性。首先說明內在間接客觀明顯性，所謂內在間接客觀明顯性是指實體不直接呈現於理智或感官，必須經過理智的思考或推論之後才能獲得結論。例如早上起床推開窗子，看到陽光普照，卻發現地板是濕的，因此推論昨夜下過雨。其二是內在直接客觀明顯性，所謂內在直接客觀明顯性是指由判斷所指示的事實直接呈現於理智或感官，它不需要經由媒介或一個反省的過程，或推論的過程就能直接把事實和理智做一個結合。也就是說，實體直接呈現於理智或感官，不須靠其他明顯性的證明，又稱為自明明顯性。

　　從以上所述的確實性跟明顯性來看，可知是要以內在客觀直接明顯性作為測量「真」的方法。這種內在客觀直接明顯性又可以稱之為自明原理。

四、明顯性與自明原理

　　按照亞里斯多德所說：「一切原理的共同點是原理，凡是原理皆以此為起點，他物由之而有、而成、而被認知，一些其他物首先從它而來、而有、而認識之物」，此稱之為自明原理。也就是說，自明原理是

一切原理的基礎，是一切原理的出發點。而自明原理有多少呢？按照歷史發展規則的說法，一般來說有三個：一、同一律（Law of identity）；二、不矛盾律（Law of non-contradiction）；三、排中律（Law of the excluded middle）。首先同一律是指前提和結論是一致的，它肯定每一個存有皆有使之成為此存有的限定本質。也就是說每一個存有皆是自己，不是他物。例如：有是有，非有是非有。在數學上來說就是 A 是 A，非 A 就是非 A。因此 A 限定了 A，它只能成為 A；非 A 限定了非 A，它只能成為非 A。所以同一律又稱為限定性原理。第二、不矛盾律是由同一律演變而來。按照歷史上不同哲學家的說法，可以歸納出在同一個觀點下，一件事情不可能同時屬於又不屬於同一主體，此稱為不矛盾律。如果不同的事物同時屬於又不屬於，這就產生了所謂的矛盾；若在同一律的原則下，A 是 A，這是不矛盾的，但若 A 是非 A 的話就產生矛盾了。第三、排中律是由不矛盾律而來，認為任何一物只是有或非有，不可以同時是「有」又是「非有」，當它是「有」的時候就排除了「非有」的可能，因為這同時也犯了矛盾律，不是此就是彼。

因此從以上各點的分析來看，要述說「真」的內涵或測量「真」的方法時，只能用內在直接客觀明顯性來確定「真」的意義，而這種內在直接客觀明顯性就是一種自明的原理，而在上述的三個自明原理中，皆以同一律為最優先，只有 A 是 A，非 A 是非 A，一切的原理或定律才能藉著同一律產生，才能作判斷，才能構成「真」的一種狀況。

第三節　真的種類

從以上的敘述我們可以瞭解，要作一個「真」的判斷時，必須以內在直接客觀明顯性的同一性作為判斷的標準或基礎。在歷史上，對於「真」的敘述乃是根據前面實義的說法，就是要名實相符。既要內在直

接客觀明顯性，又要名實相符，則此「名」就是觀念和實物，它本身的連接性是要建立在必須性的基礎上。從這個觀念上來看，我們可以藉由這個作為判斷的方式來討論下列三種在歷史上共同認為「真」的種類。第一、邏輯真；第二倫理真；第三、存有真。

一、邏 輯 真

「邏輯真」在歷史上的定義認為任何的「名」都要符合「實」，也就是說任何的觀念必須符合實際的事物。即是所有的觀念要接受物的測量、接受實物的規範，沒有實物，沒有外在客觀的東西，觀念也就失去了地位，無法加以測量或判斷。邏輯真就是存在於觀念內，是在認識的主體內。邏輯真是指明觀念與事物的關係是形成人對物的知識的真假判斷。亦是認識主體的觀念與認識對象的本質相合。邏輯真理一般來說又稱為認識真理。我們可以理解藉由邏輯推論的方法，我們瞭解如何使用我們的觀念和外在事物結合，或去認識外在的事物。藉由這種邏輯的判斷或推理所造成認識的結果，稱之為邏輯真。

二、倫 理 真

「倫理真」是人的內在思想與其外在表達一致。也就是說，人內在的觀念和外在的行為或語言是一致的。這種真理並不涉及人對事物真相的確知性，是否真的瞭解並不重要。因此，倫理真只是心口合一，並不必須符合客觀事實。若要符合客觀事實，則必須加上邏輯真。就如同我對一個人的觀念，我認為他是好人，或者是壞人，那是我主觀的認定，我心中也許很討厭這個人，但是在社會化的條件下有時並不能直接表達，所以有時反而會對他加以讚揚。這種心中想法和語言不一致就違反了倫理真。倫理真並不需要符合客觀的事實，若要符合客觀的事實便要

加上邏輯真。

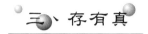

三、存有真

　　存有真乃是實與名相符。也就是外在的一切事物都要接受觀念的測量。也就是說，任何的事物要在觀念的指導下，它才能夠接受或成為它之所以為它的理由，即是任何物存有之先必須先有此物之模型、典範或標準。任何物必須合於此物之模型、典範或標準。存有真理中，理智、模型、典範或標準是物的存在原因或存在要件。物要接受理智的測量，因此，理智是存有真理的基礎，但人的理智並不一定都是存有真理的基礎。所以，這裡所謂的理智乃是指理智本身。這種存有真理的說法就是指明在任何一個事物構成前，先有構成此物的觀念或者想法。例如一個建築師要蓋一棟房子前，先要有房子的模型或典範、或標準，然後營造商根據建築師的模型按圖所建，逐步把房子蓋起來，建築師的觀念就是先於房子。這和邏輯真正好相反，邏輯真是指明觀念要接受客觀事物的測量，而存有真則是客觀事物需要接受理智的測量，這個理智要先於事物之前的理智，而非存在於這個事物之中的理智。當我們在判斷事物時，我們很容易把存有真和邏輯真混淆，因為邏輯真是有了事物之後，事物內的觀念和事物同時並存，但由於感官經驗累積的結果，我們只觀察到了事物，必須要經由理性的思考才能發覺事物內的觀念，因此才有觀念要接受事物測量的意義，但是就事物本身存在先後次序而言，則是先有觀念才有實物，存有真理要比邏輯真理優先。

　　從以上的分析可知邏輯真理和倫理真理都具有極大的相對性，不大可能有完全的絕對性。邏輯真理所顯示的實物作為測量標準的理由是根據感官經驗的覺察才能知覺到那個實物，但是在實物內所擁有的理論或觀念是必須經由反省跟思想推理過程才會得出，這就如同我們看到閃電和雷聲一樣的道理，事實上是雷聲先有才出現閃電，但是因為光速和音

速的不同，而讓我們先看到了光速才聽到了聲音，而造成我們以為閃電要比雷聲先。在當代主義者或者實證論者認為只有邏輯真理才是真正的真理，就是基於這樣的一種判斷或者觀念，而事實上隱藏於實物內的觀念是構成此實物觀念的內涵，但是構成此實物的原因卻不只是屬於此觀念的本質，亞里斯多德在述說四因說時就曾提到「一個事物本身擁有的形式和質料」。但這兩個理由並不足以完全構成此事物之所以為此事物的理由，它還有目的因和形成因，也就是有一個形成者能夠形成這個事物，若沒有形成者則此事物的形式和質料也就不存在了。所以存有真理比邏輯真理更為優先，更符合測量「真」的方法，而倫理真理從存有的意義來看，是存有真理的一種，這種真理中分成形式真理，又稱第二真理，包含了倫理或邏輯的模式。因為先要有存有真理才有邏輯真理或倫理真理；而存有真理，又稱為第一真理，包含了存有真理及倫理真理中所含有的倫理的本質，此本質決定了倫理的行為。我們理解這種區分之後，我們便知道雖然有三種真理的判別，而真正符合前一節所述測量真的方法中，只有存有真理可以被稱為真正的真理。

第 四 節　真與假

違反真就是假，不符合真就是一種錯誤，所以錯誤或假就是違反真理。一般來說，錯誤或者假如同真的分類一樣也有三種，即是存有假、倫理假和邏輯假。首先是存有假，即是觀念所肯定的不存在才造成錯誤的理由。此說法乃是由於事物本身的原因，由於事物超越理智，理智無法對這樣的原因有任何的觀念，以至於造成不存在或錯誤的可能。第二個理由是由於感官的原因，人的知識雖起因於感官，但感官有時也會發生錯誤，以致造成我們對事物的一種幻象。第三種是由於理智的原因，因為人的理智雖可以認識一切的東西，但因為受到肉體的限制，不但對

純精神的認識不清，就是對外在的事物有的時候也會有錯誤的判斷。雖然一般來說存有假有這三種可能的原因，但是從形上學的觀點來說，存有假是違反了凡存有皆是善的前提，所以這樣的存有假是不存在的。

　　其次是倫理假，倫理假是因為有意或無意的說出與倫理事實不符合的事情，以至於造成別人錯誤的判斷，即使善意的謊言也會造成錯誤的判斷。例如子女對父親所犯的病加以隱瞞，以至於造成父母錯誤的判斷，雖然是基於愛護父母的心，但是這樣的錯誤仍然會產生，至於在實際上要不要這樣做當然是值得討論的，但從倫理假的觀點來看，這種說出一些與倫理事實不符合的事，已造成錯誤的判斷，仍然是一種倫理假。最後是邏輯假，邏輯假所造成的原因相當多，由於邏輯所要求的肯定是要以實際作為理智判斷的測量，但是實際事物都是具有個別性的。每一個個別不同的理由或者原則，對於理性所作的判斷當然會有層次上的差異，以至於造成不同的錯誤。這種錯誤是由於人理智能力的有限性，對於事物無法具有真正的真知卓見，再加上外在因素的阻撓無法使我們能夠真實的認識。第二種造成錯誤的原因可能是由於實體本身的複雜性及缺乏明顯性。由於一個事物不只是一個因素，可能有好幾種因素所累積，以至於造成我們無法作出正確的判斷。第三種是由於意志的缺陷直接影響了理智對於缺乏明顯性事物的判斷，以至於無法對模糊、曖昧不明的狀況表達我們的意見或看法，造成了錯誤的可能。

　　第四種是由於偏見，偏見是未經研究而遽下的判斷或者意見，一般來說偏見有下列四種：一、種族偏見，認為自己的種族比其他種族來的優秀，以至於造成一種偏見或者錯誤的判斷。二、政治的偏見，由於政治的學理或者實務的操作造成了自以為是的看法，而造成了錯誤的判斷。三、學術的偏見，在學術上獨特的發展，以為此學術發展可以排除其他學術的意見而唯我獨尊，造成了錯誤的判斷。四、宗教的偏見，有的宗教基於自身信仰的原因而形成一些對人事物不真實的看法，造成了一種錯誤。第五種是由於誠心和毅力的缺乏而造成的一種判斷，因為誠

心和毅力的不足使人失去一種耐心，以至於應該堅持而沒有堅持，造成錯誤的判斷。第六種是由於對權威的崇拜，尤其是對權威無限的崇拜，一般來說，對權威合理的崇拜是符合理性的原則和真知卓見的觀念，但是對於權威的無限崇拜就會產生迷信或妄信，以至於造成了錯誤的判斷。第七種是由於虛榮心常常使我們容易在他人面前，裝成比原來的自己更完美的人，我們常說某些人喜歡吹噓自己，造成和實際上他自身的一種差距，而產生了錯誤。

　　從以上敘述來說，除了存有假違反了凡存有皆是善的原則而不存在之外，其他兩者經常會出現。特別是邏輯假，常常會造成我們判斷的困難。在瞭解知識的意義跟價值的時候，我們要去學會如何使用正確的知識，如何使用有效的推論，如何使用合理的反省跟理智的思考，幫助我們達到知識的價值──「真」，結構出人生為了追求真理，而發展出自己人生的意義和價值。

1. 如何定義「真」，「真」之內涵為何？
2. 真與假如何判別？
3. 試圖舉出「真」所具有的種類？
4. 如何作出正確的判斷，獲得事實的真理？
5. 獲得真理的目的為何？

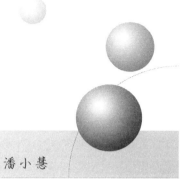

第 2 章

倫理價值──善

潘小慧

學習目標

1. 瞭解倫理、倫理學的意義與對象。
2. 瞭解善／惡、倫理善／惡的意義。
3. 嘗試思考「為何道德？」此一倫理學基源問題。
4. 認識兩種倫理判斷、兩種倫理學。
5. 認識三條倫理學進路。

摘要

　　本章共分三節，每一節又分五點闡明：

　　第一節，「何謂善？何謂倫理善？」首先，介紹倫理、倫理學的字義。其次，說明善、倫理善的意義。接著，依據對善的理解，進一步探討惡的幾種意義。之後，指出道德或道德原則的特徵。最後，以蘇格拉底為例介紹倫理思考的要點。

　　第二節，「為何道德？／人為什麼應該道德？／為什麼要有倫

理善?」首先，指出應該蘊含能夠，倫理實踐是可能的。其次，區分人性行為和人的行為之不同，點出倫理學的研究對象是人性行為。接著，分別從後設倫理學和多瑪斯倫理學二方面探討「為何道德？」的基源問題。

第三節，「如何判斷道德、不道德？──倫理標準」。首先，簡介從兩種倫理判斷到區分兩種倫理學到發展出三條倫理學進路。其次，簡介目的論倫理學和效益主義倫理學。最後，指出近二十年來倫理學高倡復興之德行倫理學。

「判斷」通常可以分成二種：一是「實然判斷」，如「今天天氣晴朗，溫度攝氏 20 至 25 度之間」；一是「價值判斷」，如「今天的棒球賽真是精采」。人的日常生活中，除了要理解、明白事物外（實然判斷），還常需要「評價」事物（價值判斷）。這說明了價值及其相關事物也是人生不可或缺的因素。哲學是一門「以人類理智的自然本性之光研究宇宙人生諸事萬物的第一因或最高原理原則的科學」，其中包括了知識的「真」、倫理的「善」、藝術的「美」以及宗教的「聖」各個領域，而有不同的哲學分支。因此，哲學家也研究「價值」的問題。

事實上，二千多年來，「價值論」或「價值學」作為「企圖澄清人的生活價值的理論」，一直是各哲學裡相當重要的基礎部分。關於價值，我們必須分辨三樣東西：第一，有一個實在的事物，它能被賦予價值，不論是正面的或負面的價值；第二，這事物是因為具有一種性質，所以才能夠被評價，這個性質就是最嚴格意義的「價值」一詞；第三，當我們領會到價值時，我們心中揚起某些意志，如想要躬行實踐或感到義憤等等。也就是說，我們不要混淆了「具有價值的事物」、「價值本身」和「人們對價值的態度」三樣不同的東西。「價值本身」又至少包含知識價值、倫理價值、藝術價值以及宗教價值。

本章主要將視角置於倫理價值所呈現的「善」上。於是首先必須認

識第一個「W」──「What」，也就是認識「什麼是倫理？」「什麼是善？」及「什麼是倫理善？」同時認識「什麼是惡？」「什麼是倫理惡？」的問題。其次，必須認識第二個「W」──「Why」，也就是詢問「為何道德？」或是「人為什麼應該道德？」或是「為什麼要有倫理善？」的倫理基源問題。再者，進一步基於倫理學史嘗試找出倫理判斷的幾種主要標準，解答如何分辨善、不善，善、惡或對、錯，這是第三個「W」──「How」。

第 一 節　何謂善？何謂倫理善？

一、什麼是倫理？──倫理、倫理學的字義

在外文中，「道德」與「倫理」有不同的語源。「道德」的語源是拉丁文的 moralis；而「倫理」的語源則是希臘文的 ethikos。二字的原義均為風俗習慣。在中文中，「道德」與「倫理」二詞也並不完全一致。「道德」通常關涉個人，「倫理」則關涉群體。如《大學》所言之「誠意、正心、修身」屬於道德，而「齊家、治國、平天下」則屬於倫理。至於西方哲學，在康德（Immanuel Kant, 1724-1804）以後，德國觀念論之哲學家便將二詞予以區分，如謝林（Schelling）、黑格爾（Hegel）均然。大致說來，如同中國哲學，「道德」關涉個人，而「倫理」則是涉及社會群體。二者雖密切相關，然層次有別。

現在通用的「道德哲學」或「倫理哲學」，乃翻譯拉丁文中的 *philosophia Moralis*，英文作 Moral Philosophy，本義為風俗習慣之學。至於「道德哲學」，又可稱為「倫理學」（Ethics）。

二、什麼是善？什麼是倫理善？

「善」，有時也可說是「好」，英文作為「good」，是「讚賞」（commendation）最普遍的語詞。《牛津英文字典》說「善」是：「讚賞最普遍的形容詞，隱含某些可敬的或有用的特殊性質之大量存在。」

「善」一詞的使用是超範疇的。「善」一詞可以指涉事物的美善，如山水風景等自然物的美善；畫作、攝影作品、電影、建築、音樂、詩歌、舞蹈等藝術作品的美善；汽車、電腦、家具、文具、玩具、用具、農作物、食物等實用品的美善；也可以指涉觀念此抽象物的美善，如「好觀念」、「好點子」，我們有時也會說 "good idea"。「善」一詞還可以指涉人——尤其作為「道德主體」或「倫理人」——的美善，如「他的品行良善」、「她的動機良善」。也還可以指涉人的行為的美善，如「這位體操選手的馬鞍動作漂亮（美善）」、「美國第一任總統華盛頓的誠實行為很好」。也還可以指涉事件結果的美善，如「大家都誠懇待人的結果是好的」、「實施垃圾不落地政策對整體環境的結果是好的」、「每個學生都吃早餐的學習結果是好的」。……以上的各種「善」的使用，或許是基於各種標準，基本上我們可以按倫理意義的有無區分為二種善：一是倫理意義的善，如作為「道德主體」或「倫理人」的美善，像「好人」、「善人」、「善良意志」、「善念」、「良善動機」、「美德」等；以及由道德主體發出之人性行為的美善，像「好事」、「好行為」等。一是非倫理意義的善，倫理意義以外的其他美善均屬之，如「好的作品」、「好的工具」、「好的動作」、「好的建議」、「好的結果」等。

善是一種價值。有些人往往將「價值」當作「善」與「目的」的代名詞。價值與目的有時可以互相混用：凡是有價值的事物都可以當作目的來追求，凡是當作目的被追求的事物也都可以稱為有價值的事物。但

是仔細分析，便可以發現就範圍而言，價值不一定與倫理相關，但是倫理一定與價值相關。倫理意義的善可說是一種倫理價值；而非倫理意義的善就是一種非倫理價值。

　　歷史上的中西哲學家多重視「善」的概念或理念，因為「善」往往被視為「價值」的根源。除了在理論哲學中的形上學或本體論裡作為存有的超越屬性「一」、「真」、「善」、「美」之一，「善」與「存有」具有可互換性，如士林哲學有所謂「一切存有皆善」的說法。「至善」或「善自身」甚至等同於「第一因」或「上帝」外，「善」也作為實踐哲學中的倫理學裡倫理行為或人性行為的價值歸趨，中國儒家哲學更將「善」作為人性的代名詞或人性的本質或人性的特質或趨向。「善」的意義如何？「善」是否可以被定義（本質定義）？如何正確理解「善」？成為中西哲學的重要課題。

　　「善」字，按照《說文解字》的解釋：「吉也，從誩羊，此與義美同義。」段玉裁註曰：「羊，祥也，故此二字從羊。」善、義、美三字都從羊字。《說文解字》：「義，己之威義也，從我從羊。」「義」指我的美好之威儀表現。「善」指人互相說吉祥美好的話。善、義二字都有美好的意思。

　　根據亞里斯多德，善不屬於類概念而是超越範疇的，故不可能有所謂的本質定義。二十世紀初英國哲學家謨爾（G. E. Moore）所著《倫理學原理》一書最終也闡明：「善是什麼」這個問題的答案是自明的，但不能被證明。有關「善自身」的命題，是直觀的知識。善是單純的、不可分析的概念，「善就是善」，「善不能被定義」。「善」很難有所謂的「（最近）類」加上「種差」的「本質定義」，孔孟也從未對「善」概念有過嚴格的本質定義，頂多只是描述定義、指物定義或範例定義，像孟子言「可欲之謂善」便是。

　　於是，我們可以說「善」的理解有幾個層次：首先，是作為本體論或存有學之善，「善觀念」或「善自身」或「至善」，「善」即等同於

存有，存有即善。其次，才是倫理道德意義之善（倫理學之善），也就是倫理學和儒家哲學強調之善。再者，才是與倫理道德意義無關之善（非倫理之善），是日常生活經常使用到的善。

三、什麼是惡？

依此，我們也可以談談對反於「善」的「惡」到底應如何理解？首先，就本體論或存有學的角度，根本不存在所謂積極的「惡觀念」或「惡自身」或「至惡」，也就是不存在所謂「惡」之本體，「惡」只是被理解為「善的闕如」（privation of good）。據此，倫理道德意義之惡（倫理學之惡），作為「倫理善的闕如」，可能指涉「道德主體」或「倫理人」美善的闕如，例如「壞人」、「惡人」、「邪惡意志」、「惡念」、「邪惡動機」、「惡行」等；也可能指涉人性行為美善的闕如，例如「壞事」、「壞行為」等，這些屬於不可接受、不被允許的倫理惡（moral evil），也是真正的惡。我們說某某人殺人、放火，「罪大惡極」，其實指的就是倫理道德意義之惡。至於非倫理意義的惡，可以包括自然界或天生之缺陷，這屬於可接受、可允許的物理惡（physical evil），如眼盲、耳聾、肢障等天生即有或後天導致的缺陷，或一隻手有六根手指、兩頭蛇、雞有四隻腳等異常或突變現象等；也可以包括非自然界的「壞的（不成功的）作品」、「壞的工具」、「壞的動作」、「壞的建議」、「壞的結果」等。

四、倫理思考的典範：以蘇格拉底為例

在柏拉圖《對話錄·克利多篇》裡，我們看到倫理學的守護神、人稱「倫理學之父」的蘇格拉底（Socrates, 469-399B.C.）的親身經歷，我們以他作為我們倫理思考的典範，來說明一位哲學家如何達到知行合一的

境界。由於蘇格拉底經常在雅典街頭與雅典青年辯論倫理、哲學問題，也曾經透過他那著名的詰問方法，令許多雅典的仕紳名流因而感到困窘。後來又因為雅典的政治紛爭，致使他受到政敵誣陷，被控以「褻瀆神明，蠱惑青年」的罪名入獄。在經過雅典公民的大會審之下，被判死刑。雖然這是明顯的政治迫害事件，而且蘇格拉底的弟子也買通獄卒意圖助他逃獄，但是蘇格拉底以堅持維護雅典的政治體制，而不願成為一個逃犯，寧可慷慨就義。克利多在蘇格拉底臨終時說：「他是我們所知同時代一切人之中，最善的、最智的、最正直的人。」

倫理學的主要目的是要幫助我們從事倫理思考。也就是在倫理問題上，學習做個有理性的人。追問理由不是追問自以為是的理由，而是追問在任何有理性的人的考驗之下依然會成立的倫理理由。要做到倫理思考，也就是要能有效地、正確地追問倫理理由，並反駁別人的理由以證立自己的理論。蘇格拉底首先提出倫理思考、推論的基本要點：

第一，我們的決定不可受制於情緒，而必須依循正確的推理來考察問題；我們必須直接根據事實，並使理智清晰。諸如此類的問題，能夠且應該以理性來解決。

第二，對於問題不能訴諸一般人的看法，他們可能會錯；我們必須嘗試找出我們能夠自以為正確的答案。我們必須為自己思考。

第三，我們絕不能做道德上錯的事。我們只要考慮哪種行為才是對的，而不是要考慮行為之後的結果如何，或別人會如何看待我們，或我們會如何看待行為之後的結果。因為這些都與道德的本質無關。

倫理推理的典型有二：

第一，將普遍的原理原則應用到特殊情況。這預設我們知道普遍的原理原則。

第二，單單訴諸規則是不夠的，因為在一個具體情況中，多個規則之間可能發生義務衝突的困境，因此還必須決定規則的優先順序。

我們發現蘇格拉底所思考的不只是他個人的生死問題，而是考慮到

更普遍的道德常規的問題。而且所有關於倫理的思考總應超越個人的利害得失，追求普遍認可的行為法則。

第二節　為何道德？／人為什麼應該道德？／為什麼要有倫理善？

一、應該蘊含能夠：倫理實踐是可能的

當我們說「我們應該孝順父母」、「凡人不應該說謊」、「我們應該開車去」……等含有「應該」（"should" or "ought to"）字眼的述句時，隱含了我們「能夠」（can）孝順父母、能夠不說謊、能夠開車去；也就是說，不論道德上或非道德上所要求的「應該如何」必然預設「能夠如何」（「應該蘊含能夠」，should implies can），如此才有意義。本節要談的問題是：「為何道德？」、「人為什麼應該道德？」或「為什麼要有倫理善？」這是倫理價值必要性、必須性的問題。如果這個問題是可解的話，必須先解決一個更基本的問題，即：「我們能夠道德」或「倫理實踐是可能的」。

二、人性行為和人的行為

雖然說只有「人」才有所謂倫理道德可言，但並非人的一思一言、一舉手一投足都關乎道德。這裡，就必須將「人性行為」和「人的行為」作一區分。

「人性行為」（human acts）不同於「人的行為」（acts of man）。

「人性行為」是一種「出於理智的認識與意志同意的活動」或「由人的
自由意志自動自覺發出的動作」，又稱為自由意志的行為。人性行為乃
專屬於人、非其他存有者所能行者。人性行為按其實現於內或外又可分
為內在與外在兩種：⑴內在行為——直接發自主宰心及止於主宰心的行
為，亦即指主宰心本身所有的意願意決；⑵外在行為——內在行為的外
顯或具體實踐。

　　外在行為常以內在行為為基礎，人能只有內在行為而無外在行為，
但不能只有外在行為而無內在行為。一個與內在主宰心無因果關係的無
心之舉，僅是一種人的無自覺意識的外在活動，不是外在的人性行為。
至於人的行為，則指人性行為以外之其他有關人的任何活動。如心臟的
跳動、血液的循環和手觸及高溫或冰冷之物馬上挪開的反射動作……等
生理現象，以及肚子餓了想要吃東西、冷了想要多穿件衣服、難過時想
哭……等情緒或官能反應均屬之。這些現象或反應並非人所專有，其他
動物也有相同或類似者。人的行為或活動所關涉者乃人之動物性層面，
無關乎道德，屬於「非道德」的領域，自然無道德價值可言。只有人性
行為方有道德可言，也才能產生道德價值。

　　倫理學以「人性行為」為研究對象（質料對象），尤其關注人性行
為的是非善惡性質（形式對象）。是非即對錯，是「正確」與否的問
題；善惡即好壞，利益或益處是一種善，但不可說善即等同於利益或益
處。是非問題不同於善惡問題但都隸屬於倫理學課題。一個道德行為所
具備的倫理性質是「是」或「善」，若能既「是」（「對」）且「善」
尤佳，也就是說一個真正具備倫理價值的行為它既是正確的又是好的；
例如「誠懇待人」的行為既是正確的又是好的。

三、為何應該道德？——儒家哲學的解答

至於「為何應該道德？」（Why should I be moral？）這個問題也可以

如下的問法：「為什麼我們的行為要道德的呢？」、「為什麼我們應該參與道德的生活法規呢？」或「為什麼我們應該採取道德的觀點呢？」這個問題不同於像「為什麼應該平等地看待黑人和白人？」及「為什麼不應該墮胎？」等問題。後兩個問題乃以某種方式為行為尋求倫理的理由，所以是「倫理學內」的問題（questions within ethics），它們已預設了倫理觀點；而前者則是另一層次的問題，乃「關涉倫理學」（a question about ethics），並且作為後兩個之類問題更為基礎的問題。

從字面上，我們發現「為何應該……？」是歧義的，可能是詢問「動機」，也可能是要求關於「道德的理性證立」。但是，我們又發現，一個道德的人在行動上的理由，乃相當於他證立道德的理由；因此，問題雖然可以分成兩方面。事實上所要求的答案是可以重合的。

中國的儒家哲學將「應該道德」的理由歸於「人」之哲學理解上，也就是歸於「人性」。人之所以應該道德，不為別的，只是因為人的本質就是道德的存有，人即是「倫理人」，人不同於其他動物的「種差」就是倫理道德的有無。於是，理解了人「是」什麼，就理解人「應該」如何。人是什麼的問題，即儒家的「人性論」，是儒家哲學的顯性題材，也幾乎是歷代儒者所共同關心的問題。

以主張「性善論」的孟子為例，孟子說過：「生，亦我所欲也。義，亦我所欲也。二者不可得兼，舍生而取義者也。生亦我所欲，所欲有甚於生者，故不為苟得也。死亦我所惡，所惡有甚於死者，故患有所不辟也。如使人之所欲，莫甚於生，則凡可以得生者，何不用也？使人之所惡，莫甚於死者，則凡可以辟患者，何不為也？由是則生而有不用也，由是則可以辟患而有不為也。是故所欲有甚於生者，所惡有甚於死者，非獨賢者有是心也。人皆有之，賢者能勿喪耳。」（《孟子·告子上10》）

孟子的這段文字說明：「生」（存有的繼續或創造）並不是人最大的欲求，「死」（存有的消滅）也不是人最痛惡的；人最大的欲求在於道德實踐，最痛惡的是違反道德。也就是說，道德的考慮凌駕於生命的

保有及其他,「舍生取義」的根由源於人性本然,故言「非獨賢者有是心也,人皆有之」,至於實際上那種人能做到?是每個人嗎?當然不是,唯「賢者能勿喪耳」。這指出「應該道德」的理由就在於人性本然,人就是道德的負載者,人就是朝向倫理實踐的存有。

四、為何應該道德?——多瑪斯哲學的解答

多瑪斯(St. Thomas Aquinas, 1225-1274)哲學的解答與儒家哲學有同有異。首先,多瑪斯也認為「應該道德」的理由是植基於人這一類的存有者正是「倫理人」,是人自然本性的一部分。

多瑪斯基本上依循波其武(Boethius, 480-525)定義「位格」是「理性本性的個別實體」,並指出位格是「整個本性中最完美之物」。據此,位格必須一是「理性的」,一是「個體」;滿足此界說的存有有造物主、天使及人二類受造物,若論及道德實踐,則僅及於「人的位格」(human person),或可稱為「人格」。天使與人之為位格乃分享了神存有的最高級的美善。也因此,天使與人乃有別於無理性的受造物,堪稱為「上帝肖像」。人既為人格,則無疑是一個體或自立體,此個體或自立體應用於倫理活動,則為一倫理或道德主體;又人格必為理性的,故此一倫理或道德主體當為「自主的」。多瑪斯曾說:「有理性的受造物,乃藉理智及意志支配自己」。理智與意志同為人的理性能力,由於理性,使得人自主;由於個體或自立體,使得人是主體;於是人之為人格使得人可作為自主的倫理或道德主體,足以從事倫理實踐,使得人有無可比擬的尊嚴,以完成人生的目的。

人的自然本性符合理性的首要律則——「自然律」(Natural Law)的,而包括自然律、人為法等之所有律則又都來自於「永恆律」(Eternal Law)。也就是人的自然理性的必然傾向道德,乃源於神的理智。

總之,「為何應該道德」在儒家及多瑪斯哲學看來,是因為人的本

性如此，人性善或朝向善故，人之存有必然要求道德。

第 三 節　如何判斷道德、不道德？——倫理標準

一、從兩種倫理判斷到兩種倫理學、三條倫理學進路

　　如何判斷行為或事件之道德或不道德？其倫理標準何在？這主要在於倫理判斷上。按照西方規範倫理學，倫理判斷有二大類：

　　一是「倫理義務判斷」，一是「倫理價值判斷」。

　　所謂「倫理義務判斷」乃關涉某個行為（action）或某種行為是否在倫理上對或錯、應該或不應該等，如「我們應該守承諾」、「蘇格拉底不應逃獄」等屬之。

　　所謂「倫理價值判斷」則關涉人、動機、意向、品格特性等之是否具有倫理善或惡、是否有德行、是否邪惡、是否負責、是否該譴責……等，如「孔子是個聖人」、「仁愛是種德行」、「他的動機邪惡」等判斷屬之。

　　據此，倫理學依所關注之道德判斷種類之不同，可區分為「倫理義務論」或「義務倫理學」（Deontic Ethics）及「倫理價值論」或「德行倫理學」（Aretaic/Virtue Ethics）。

　　義務倫理學的「義務」一詞，來自希臘文的deon，相當於英文的duty或 obligation；且以「行為」作為探討的要點，注重道德主體—人—「去做」的問題，並按道德判準之不同區分為以「道德行為自身價值」為主的「義務論」（Deontology），及以「行為效果之非道德價值」為主的「目的論」（Teleology）。

　　倫理價值論或德行倫理學的「德行」一詞，來自希臘文的*arete*，相當於英文的 virtue，本義是「卓越」（excellence）；且以道德主體之人格、動機、意向、品格特性等作為探討的要點，注重道德主體「成為」或「是」的問題。

　　由此，我們可以發現「義務倫理學」與「德行倫理學」作為規範倫理學的二大分支，具有某種程度的相對性或對比性。

　　我們試以「說謊」為例，來說明這一行為在以上各種倫理學理論中的倫理評價重點。對於義務論者而言，作為一個人，說謊的行為是不應該做的，因為說謊此行為的本身就是錯誤的。對於目的論者而言，說謊行為的結果是不好的，因為這樣做會使大多數人的利益受損。對於德行論者而言，說謊的行為是不好的或是悖德的，因為這不符合一個有德者的特質。

　　於是，我們可從規範倫理學發展史中發現對於倫理思考的三條路徑：第一條路是「義務論倫理學」，第二條路是「目的論倫理學」，第三條路是「德行倫理學」（Virtue ethics）。以下就分別說明這三條路。

二、目的論倫理學和效益主義倫理學

　　義務倫理學中的「目的論」主張：道德對錯或道德義務的最終判準在於其所產生的非道德價值上，也就是說，將道德意義的善化約為非道德意義的善。目的論者按照「應該促進誰的善」此問題之不同解答而區分為三種目的論。若主張「凡人應該做促進他自己最大善之事」者，稱為「倫理自我主義」；若主張「最大普遍善」（the greatest general good）是應積極致力者，稱為「倫理普遍主義」或「效益主義」（Utilitarianism）；若主張「應促進他人的善」者，稱之為「倫理利他主義」。

　　目的論者會採用任何非道德意義的善的觀點。因此，目的論者可能是快樂主義者（hedonist），把善等同於快樂，把惡等同於痛苦。但目的

論者也可能是非快樂主義者（non- hedonist），把善等同於權力、知識、自我實現、完美等等。目的論者雖然對善有各種不同的看法，然而其決定對與義務的標準同在於它是否導致最大的善餘額（good over evil）。

　　無論是哪一種型態的效益主義，都依循一個共同原則，即「效益原則」（the principle of utility）。所謂「效益原則」即主張：人類所有行為的道德目的，就是促進最大善餘額（盡可能最大善多於惡），或最小惡餘額（盡可能最小惡），以此為人類行為對、錯或義務的唯一最終標準的原理原則。

　　這隱含善和惡，不管它們是什麼，就是可以被量化，可以用數學的方式相加減。像邊沁（Jeremy Bentham, 1748-1832）是第一個以「最大多數人的最大幸福」為最高原則、最終目的的哲學家，並且還是第一個試圖把此道德原則運用到政治、立法、行政、司法等各個實際領域之中的改革家。所以，邊沁是效益主義倫理學的創立者和典型代表。邊沁還設法建立一套「快樂主義的苦樂計算學」：以強度性、持久性、確定性、即刻性、豐富性、純粹性、廣袤性等七個向度作為測量準據。邊沁強調「幸福」的數量意義之哲學被當時人戲謔為「豬的哲學」，因為按照邊沁，一隻豬享有牠的生活可能比不滿意的蘇格拉底擁有更佳的快樂／倫理狀態。

　　彌爾（John Stuart Mill, 1806-1873）為了修正邊沁所遭致的批評，他將幸福分成「較高級的快樂或滿意」，如理智上的、美學上的和社會上的享有，與「較低級的快樂或滿意」，如肉體上的歡愉兩種；設法引介「質」和「量」到快樂計算學裡。彌爾以為較文雅的快樂高於較低級的快樂，因此反駁修正說道：「一個不滿意的人比一隻滿意的豬好；而一個不滿意的蘇格拉底比一個滿意的愚人好。」但即使有質的協助，也很難說明效益主義的標準，連彌爾本人也沒有說明清楚。

　　究其實，有些學者無法認同效益原則就是基本原則，理由是效益原則顯然預設另一個更基本的原則，即應該行善而避免行惡。如果沒有這

個更基本的義務，就沒有實現最大善餘額的責任。學者福蘭克納（W. K. Frankena）將此優先原則稱為「仁愛原則」（principle of beneficence）。

三、義務論倫理學

　　義務倫理學中的「義務論」基本上否定「目的論」所主張者。他們否定對的、義務的、道德善的完全就是（不論是直接或間接的）非道德意義的善，或者完全是其促使個人、社會或全世界之善多於惡之最大餘額。他們主張判定一個行為或行為規則為對或義務的方法，除了依據其結果的善或惡外，至少還有其他的標準，即行為自身的某種特性。例如履行承諾是公正的，因為它是神或國家的命令。目的論者相信對只有一個最終的判準，即與其相對應的非道德價值；而義務論者一面否定這種標準，一面又肯定有另外的標準，以為只求最大善餘額，而不管善的分配，不能成為道德的標準，或者至少不是最終標準。所謂「義務論」的基本立場是：反對將道德意義的善化約為非道德意義的善；因此，一個行為或行為規則之所以具有道德意義，其最後判準並不在於其所產生的非道德價值，而在於其自身的特性。如為康德而言，倫理道德是出乎義務（act from duty）且恪遵義務（act in accordance with duty）的。

四、德行倫理學

　　在西方，自從蘇格拉底和柏拉圖的時代，德行（virtue）和惡行（vice）就主宰了道德的哲學討論。哪些是最重要的德行？哪些惡行最危險？德行的價值何在？我們如何將德行和惡行教導給孩子和學生？這些都是長久以來倫理學者關心的議題。不論宗教或世俗觀點都將對德行的正確理解及其反論視為倫理生活及正義社群的核心。這樣以德行為基的倫理學實與古代希臘哲學家亞里斯多德（Aristotle, 384-322B.C.）同久遠，直到近

代，大約於十八世紀而有所改變。十九、二十世紀的哲學家普遍忽略德行，取而代之的是討論普遍律或道德原則、基本權利、直覺善、功利，以之視為理解及追求倫理生活及正義社群的核心，這是以「行為」為基的倫理學。

在過去的二十年，哲學界對德行和惡行的重視似乎再興。學者和哲學家在專業刊物及會議中闡揚德行倫理學，作家和評論家在許多公開討論會上討論德行和惡行。這顯示許多倫理思考者已經發現以行為為基的倫理學進路的缺失，轉而重新討論德行和惡行，找尋另一條倫理學進路。伊莉莎白・安絲孔（Elizabeth Anscombe）在 1958 年寫了一篇題為〈現代道德哲學〉的文章，她指出德行對反於原則，更適於說明倫理學。她建議我們最好避免稱呼行為是「道德上錯的」，我們應該稱呼行為是「不正義的」、「不仁慈的」或「不公平的」。一個正義的人不會作不義的事；而不義必須視其「環境」，不是效益論者所宣稱的「結果」，也不是康德學派所主張的「普遍律」。因此，當結果論與義務論發出失敗信號時，第三種方式——也就是仰賴德行，成為我們合理的選擇。在德行的觀點之下，品格的卓越是道德的基本；至於行為的判定端賴它們是否來自於可欲的動機及可欲的品格特性，而不是它們如何符合規則和原則。

麥可・史塔克（Michael Stocker）曾經提供一個例子，藉由顯示規則進路的不恰當來支持德行倫理學。例子的大意是：如果我們在生病住院期間，一個朋友來探望了好幾次。有一次，為了表達內心的感謝，我們用語言謝謝他的探望及仁心善意；可是他卻告訴我他的來訪僅僅出於道德義務感，而非出於仁心或對我的情感。這時我們的內心彷彿若有所失，因為我們很清楚知道我們並不希望來探訪的所謂朋友僅是出於不關心的義務。同樣的探望行為，會因為動機不同而給人不同感受：一個是基於愛與關懷的心向讓人溫暖，一個則是基於形式上對道德律的尊重，讓人悵然若失。這個例子顯示道德需求超過僅僅形式上的義務論的或結果論的思考，道德包括人的因素，個人的承諾來自於一個好品格。

　　史塔克的例子顯示品格和動機包含於行為之中，而行為之中也包含個人的關係：我們希望父母的行為是出於愛，而不僅出於義務。但是德行倫理學的旨意在超越親密關係而擴至所有倫理抉擇。在倫理抉擇中，我們不能僅考慮規則或結果，我們需要更多，我們需要一種實踐智慧或明智，從規則的桎梏中解放出來，真正作個好抉擇。規則太疏離了，太無干於具體的情境，許多哲學家不滿意倫理規則和原則的局限本質，他們認為真實的情境太複雜以至於不可能有秩序地統整於規則之下，於是他們轉而尋求品格特性的價值。他們相信好的選擇和好的倫理判斷有賴於好的品格。

　　亞里斯多德正是創建西方德行倫理學的第一人，他以為道德的基本問題不是「我應當做什麼？」而是「我應當是什麼樣的人？」於是，「成為」一個有德者遠比「去做」一件道德上對的事還重要；「是」比「做」優先。此即德行優於義務。在道德判斷上，強調「道德價值判斷」，不只會指引我們做什麼行為，也會指引我們成為什麼樣的人。因此，在亞里斯多德幸福論的建構下，德行即是幸福人生的核心。

1. 蘇格拉底所提出的倫理思考及推理的基本要點是什麼？重新思考蘇格拉底的生死抉擇與處境，如果是你，你會如何？為什麼？
2. 請舉多個例子分別說明善與惡、倫理善與倫理惡的意義。
3. 請舉例說明並分辨人性行為與人的行為。
4. 請嘗試思考並回答「為何道德？」此一倫理學問題。
5. 請說明有哪三條倫理學進路？你比較同意哪一條倫理學進路？為什麼？

第3章

藝術價值——美

尤煌傑

學習目標

1. 認識美作為存有的超越特徵。
2. 認識美的存在，在於主觀性與客觀性的調和。
3. 認識對於美的不同範疇：優美與壯美。
4. 認識美的對立面醜，瞭解醜在藝術作品中的作用。
5. 認識藝術品的構成，及其在人生中的意義。

摘要

　　本章共分五節：

　　第一節：美作為一種特殊形上學的對象。在本節首先說明「美」的性質源自形上學的存有的超越特徵，美和一、真、善並列存有的超越特徵，彼此相通。其次，整一、完備、明亮是從形上學出發，對「美」所作的規範。接下來說明對於「美」的感性方面的發展，與對於「真」的理性方面的發展，彼此並不矛盾。最後說明近代以

來西方對於「美學」研究的起源。

第二節：美的主觀性及客觀性。透過西方美學史上主張客觀論與主觀論的考察，我們發現主觀論者的言論愈來愈強。但是，我們主張真正的「美」存在於主觀與客觀的調和之間，這才是更符合事實的主張。

第三節：優美和壯美。我們對於一切美好的事物不能只以一個毫無區分的「美」來道盡一切，必須有所分別。優雅、柔和，可以一目了然的景物，適合於運用「優美」來形容；而數量龐大、力大無窮，無法估量的景物，適合於運用「壯美」來形容。

第四節：美與醜。乍看之下，美、醜似乎極端對立，但是在藝術作品中不但容許「醜」作為表現的元素之一，藉以襯托主體的美艷，甚至有些較極端的例子也拿「醜」作為藝術表現的主題。藉著這個主題的討論，我們可以澄清藝術不必然以表現「美」為唯一方向，「醜」的存在有其在藝術表現上的價值。

第五節：藝術品。本節首先從「藝術」在西方的字源與涵義，進行歷史的考察。然後，分辨藝術品與非藝術品，藉以分析出藝術品的特殊價值。接著，進入藝術品本身，探究藝術品的構成要素。我們主要根據藝術品的「質料」與「形式」，這兩大範疇來分析藝術品的構成要素。接下來，討論藝術品的創作與鑑賞，藉以說明藝術創作者、藝術鑑賞者、藝術對象、藝術作品四者的相互關係。最後，探討藝術與人生的課題，在此主要引申出「為人生而藝術」或「為藝術而藝術」這兩大立場，並思考藝術與道德互動的關係。

第一節　美作為一種特殊形上學的對象

存有學作為哲學研究的核心部分，意味著一切哲學的分支研究部門都會以這門學問作為進一步研究的基礎，無論是有關存有之呈現為真、善、美的任何形態的研究都應如此。所以不僅有關概念知識之真理的研究在存有學內得到根源性的解釋，連有關人性行為的倫理學，以及有關創作新事物的美學，都應該有針對其特殊面向的存有學來解說它們的首要根源，因而我們可以要求必須存在著一門道德存有學，以及一門美之存有學（或藝術存有學）。

一、存有的超越特徵

形上學認為「存有」的超越特性有：一、真、善、美。古希臘時代的柏拉圖把美善視為同一；但是中世紀有些哲學家們又不把美視為超越特性；當代的哲學家們又有將真、善、美三者都視為存有的超越特性的主張。如果就多瑪斯所主張的美的特徵包含：完整、和諧、光輝而言，再加上馬里旦所主張的「美是真理的光輝」，綜合來看，我們可以發現，對於美的描述或形容之中都已包括了存有的「一」、「真」、「善」的特性了。所以，我們至少可以說：美也是存有的一項特徵，但不是直接的或原始的特徵。

我們可以說：凡是存有，既然存在，它是單一、真與善，因此皆美。而且，存有的內容愈豐富，其美的程度也愈大。

二、美的條件

從以上所述，我們可以肯定存有學確實是哲學的中心研究學門，而且美之存有學，作為普遍存有學之下的一門特殊存有學的分支研究也應該能夠成立，我們之所以如此說的理由就在於美可以作為存有的超越特性。

多瑪斯對於美的條件指出有三個：

　　美包含三個條件：整一（integrity）或完備（perfection），因為受損的東西事實上就是醜的；恰當的比例或和諧；以及明亮或清晰，在被稱之為美的事物的地方就有明亮的色彩。

多瑪斯除了指出美的觀念的三個條件之外，他也指出美和理性的關係，特別是美和形式的關係：

　　在一件事物中的美和善基本上是等同的，因為它們都立基於相同的東西，那就是形式；因而善被讚譽為美。但是它們邏輯上有所不同，因為善恰當地關涉欲求（善是萬物所欲求的）；因此它有一個目的的方面（欲求是一種朝向一事物的運動）。另一方面，美關涉認知能力；因為美的事物是當看它的時候產生愉悅的東西。因此美在於恰當的比例；因為感覺由於事物的比例而喜悅，這是順從它們的種類之故。因為即使感覺也是一種理性，正如同一切的認知能力。現在，因為知識是經由同化作用，而相似性關涉形式，美恰當地屬於一個形式因的性質。

在以上的引言當中，多瑪斯首先指出美、善的共同基礎在於形式。

但是在活動的形式上卻有所區分，善指向一個目的的欲求；美朝向感性
認識所產生的愉悅。多瑪斯在廣義的使用理性（intellect）一詞之下，他
把感覺能力也視為理性能力之一，而美因為一方面和理性相關而可以從
認知的角度被把握，另一方面美又是和感覺相關而使得美的把握方式和
概念的把握方式有所不同。

三、感性與理性需要平衡發展

　　一般人經常有一種似是而非的觀念，以為藝術鑑賞活動或創造活動
所強調的能力——感性，和理論建構活動或純粹思維活動所需要的能力
——理性，兩者是互相矛盾或互相排斥的兩極，這兩極在一個人的身上
似乎不能得到和平共處的可能。因此，有人據此誤以為作為一個藝術家
的靈魂，和作為一個哲學家的靈魂，是不可能和諧共處的。在此我們要
極力澄清的是，藝術活動和哲學活動，儘管在歷程上各擅勝場，但是它
們所追求的目標卻是一致的，那就是對真理的追求與詮釋。作為藝術家
和作為哲學家都需要有清晰的思辨能力，才能看出真理的目標。藝術家
與哲學家都需要對於人性中的感性層面有所體會，才能表現出真理的具
體面貌。在一個健全的人身上，他所稟賦的理性能力與感性能力，一點
都不會有所缺少的。我們所需要努力的僅只是好好順應感性能力與理性
能力的特質，好好發揮它們的能力。

　　我們從哲學的分類而言，可以把哲學區分成理論哲學與實踐哲學。
我們在求知的過程上，純粹為了知識本身的目標而追求知識，其結果是
為理論知識；理論知識中以獲得最高原因與原理為目標的知識，是為理
論哲學，形上學是理論哲學中最根本的部分。如果我們所追求的知識是
以獲得人生之美滿為目標，則是一種實踐的知識；眾多實踐知識當中，
以獲得人生之絕對美善為目標之知識，則是實踐哲學，廣義的倫理學或
價值哲學是其核心部分。

　　從研究的對象來看，美學（或藝術哲學）的研究應隸屬於理論哲學或實踐哲學呢？這個看似簡單的問題，卻包含了複雜的內涵。如果就藝術或美表現真理的向度而言，美的存在是一種存有（being）的屬性，有關此種能表現美的存有的研究應是一種特殊的形上學，所以，美學應屬於理論哲學的範疇。可是如此一來，卻又和一般人的常識觀點大相逕庭。不管藝術是否真的表現真理，一件完美的藝術品確實涵養了我們的人格，滋潤了我們的心靈，這何嘗不是有益於我們人生的美善的提升呢？所以說美學隸屬於實踐哲學，誰曰不可！

四、近代美學的形成

　　哲學對於美的研究，統稱之為「美學」（Aesthetics），也有稱之為「藝術哲學」（Philosophy of Art）。美學的字源來自希臘文 αἰσθητικός（aisthetikos）英文為 aesthetics。它的本來的意思是「感覺」（αἴσθησις, aisthesis），它相當於英文的 sensation。哲學史上第一位賦予美學這個稱號的是德國哲學家包姆加登（Alexander Gottlieb Baumgarten, 1714-1762）。

　　包姆加登在他的《關於詩的一些哲學沉思》中提到：

由低級認識官能所接受的觀念叫作感性的觀念。
一篇感性作品的完善和它的各組成部分能引起的感性觀念多寡
成正比例。
一篇完善的感性作品就是一首詩。

　　所謂「低級能力」（vires inferiores）是相對於「高級能力」（vires superiores）而說的，這兩個術語都是源自包氏的老師沃爾夫（Christian Wolff, 1679-1754）。沃爾夫的哲學只集中注意力於高級能力，因為他認為那是可以用文字明白地表達的概念，而低級能力只涉及感覺能力，是

不能被明白表達的概念。包姆加登針對這種理論體系上的缺乏，力圖補充之，故強調我們也不應忽略感覺方面的知識，這一方面的知識就以代表感覺的希臘文 aisthesis 來作為總稱這門學術的字源。

在美學的研究範疇中，可以繼續區分成：美的存有論（ontology of beauty）、審美學（aesthetics）、和藝術哲學（philosophy of art）三個研究的分支。美的本體論是從一個特殊形上學的向度來研究美的存有；審美學是從審美的主體向度來研究審美對象與審美主體之間的關係；藝術哲學是以藝術活動的結果——藝術品的存有，作為研究對象。

第 二 節　美的主觀性及客觀性

在《六祖壇經‧行由品第一》有一段文獻：

> 一日思惟：「時當弘法，不可終遯。」遂出至廣州法性寺，值印宗法師，講涅槃經。因二僧論風旛義，一曰風動，一曰旛動，議論不已。慧能進曰：「不是風動，不是旛動，仁者心動。」一眾駭然，印宗延至上席，徵詰奧義，見慧能言簡理當，不由文字。

這段文獻的大意是說，自從六祖慧能接了五祖弘忍大師的衣鉢之後，為了怕被惡人追襲曾經在外沉潛了十五年，終於有一天想到是應該入世弘法的時候了，不可終生逃遁職責。於是前往廣州的法性寺，正逢印宗法師講論《涅槃經》。由於有兩位聽講的僧人辯論寺院裡的旗子迎風飄揚，到底是風使旗動，還是旗子自己能動使然，一直爭辯不休。於是慧能進去說了：「不是風在動，也不是旗子在動，而是您的心在動。」此言一出，立即引起大眾的驚訝。於是印宗法師延請慧能上講席，一一

質問深奧的佛理，但是慧能都能以非常簡明的言詞，恰當的佛理予以答覆，完全不受文字的限定。

「美」究竟是主觀的產物，還是客觀的性質？這個問題的爭辯就如同上引的禪宗公案一般。在有關美之性質的討論歷史當中，一直就是懸宕在主觀論和客觀論之間。一般而言，古代較多採信美的客觀論，而近代以來則較多採信美的主觀論。

美在客體作為事物的一種性質，或美在主體作為主體直覺的一個內容，這個爭論一直到了德國啟蒙運動的時代出現康德的哲學，才使這個問題的討論得到一個實質的進展。雖然這個進展也不必然就是康德的獨特發明，但是就它的理論的出現而言，至少在他們的時代發展到一個相當的極致。這就好像康德的知識理論超越了在他之前的大陸理性主義和英國經驗主義的針鋒相對，而得到一個整合的效果。同樣在美學的理論上，康德從他的《判斷力批判》所發展出來的美學體系，也是對於美的主觀論和客觀論提出一個綜合的理論來超越之。

（一）——康德對客觀論與主觀論的調和

康德首先從審美判斷和邏輯判斷的形式上來比較兩者的區分：就邏輯判斷的形式而言，它是把一個表象包含到對象的概念之下。例如：「這朵花」是「薔薇科的植物」。在這個判斷的構造當中，主詞「這朵花」，就是康德所謂的表象，我們從科學分析的角度可以知道有一個更大的概念範疇「薔薇科的植物」，可以在這個判斷的形式當中作為謂詞的功能，把主詞包含進去。在這個判斷之中，只要主、謂詞的關係正確，它就成為一個具有普遍性的，或是必然性的判斷，對於這個判斷我們可以透過論證的過程來導出，結果我們也可以要求所有的人都必須毫無例外地接受這個邏輯命題為真。

但是，如果我們也做了另一個類似的審美判斷，則其狀況將大為不同。例如：「這朵花」是「美的」。主詞和上例的主詞相同，但是謂詞

「美的」對於主詞的包含卻不是從普遍概念對於個體事物的規範性來強制主、謂詞的關係。因為對於別人大可提出「這朵花不是美的」判斷，也不至於違反任何邏輯謬誤。因此，康德說：「鑒賞判斷是不能由諸概念來規定的，所以它只是築基於一個判斷一般的主觀的形式條件。一切判斷的主觀的條件是從事判斷的機能本身，或判斷力。這判斷力在運用一個由對象所給予我們的表象裡，要求著二種表象力的協調。即想像力的（為了直觀和直觀裡多樣性的組合）和悟性的（為了作為這個組合的統一性的表象）。」

　　我們很快就可以發現涵攝「美」的判斷形式，不同於一般的邏輯判斷的形式。邏輯判斷的基礎在於概念，而鑒賞判斷的基礎在於感覺。而且鑒賞判斷顯示為主觀的判斷，而邏輯判斷顯示為客觀的判斷。

　　但是雖然鑒賞的判斷是主觀的，卻也不是那麼一點共通性也沒有。例如《孟子·告子篇·七》：「口之於味也，有同嗜焉。耳之於聲也，有同聽焉。目之於色也，有同美焉。」由於我們的感覺器官的構造都彼此相似，所以對於感覺的內容也是彼此相似的，所以對於感覺所下的判斷也是有一定的共同基礎。因此，儘管鑒賞的判斷是主觀的，卻也不是雜亂無章的，它們還是表現出某種一致的趨勢。這種共同的趨勢，康德把它稱之為「共通感」（Sensus Commuis）。

（二）── 美在主觀與客觀的調和之間

　　經過了以上的考察，我們可以肯定的說，美既不完全在客體，也不完全在主體；美既不能捨客體基礎而只談主體的感受是否產生快感，也不能不顧主體的感受能力而盡說客體的規律性或屬性就是美之所在。

　　我們可以發現這裡其實包含著許多雙重的特性：

　　1. 雙重的經驗。我們同時經驗到美的客體和體驗美的主體。我們發現美的客體是作為有關美之感覺的基礎，有了這個客觀的基礎，使我們的審美判斷不至於落空而成為主體的幻想；有了體驗美的主體，使我們

的審美判斷成為有意義的活動，經由審美活動的共感力，使我們也能保持審美判斷的普遍有效性，但是這個普遍性的基礎是建基於感性的而不是概念的。

2.雙重的明顯性。美的客體的基礎和審美的主體，二者共同構成審美判斷活動的完成。這雙重性是不可再被簡化的，而且其理至為明顯。

 第 三 節　**優美和壯美**

 　一、壯美

在《莊子‧逍遙遊》之中有一個很有名的故事：

> 北冥有魚，其名為鯤。鯤之大，不知其幾千里也。化而為鳥，其名為鵬。鵬之背，不知其幾千里也；怒而飛，其翼若垂天之雲。

這個故事大意是說，在北海有一條魚，牠的名字叫作鯤。鯤的身體龐大，不知道有幾千里長。鯤變化而成為鳥，牠的名字叫作鵬。鵬的背部也很巨大，不知道有幾千里長；當牠奮力起飛的時候，牠的翅膀就像從天而降的一片雲。

我們在這個故事中所看到的一個寓言的情境，其中所出現的動物不論牠是作為魚或作為鳥，牠的身軀都是極為龐大，不知有幾千里長。當牠化作鳥，牠的翅膀也大到只有天上的雲才可以形容牠的尺寸。這個故事給我們的第一印象，就是超越日常生活經驗所能想像的龐大尺度。像這樣的對象，我們很難接受用「美」這個觀念來涵蓋這樣的對象。因為

一個作為審美的對象，如果巨大到無法讓我們在一個意象當中完整的把握到它的整體，我們就難於說它美或不美。這個對象無法讓我們對他作整體的、統一的感受。

Sublime一詞源自希臘修辭學者朗吉努思（Casius Longinus, 213-273），他曾經寫過一本名為《論崇高》的著作，它主要說明的是有關詩體的崇高風格。近代論崇高這個觀念的最有名的人物則是康德，他曾經寫過一本名為《論秀美與崇高的感覺》。他把崇高分為兩種：一種是數學的崇高，一種是力學的崇高。

崇高之情感，產生於面對一對象之情緒，這個情緒涵攝一個主觀的目的性，憑藉著想像力，而關係到「認識心能」或「欲望心能」。從「認識心能」產生數學的崇高，從「欲望心能」產生力學的崇高。數學的崇高是對於量的數學估計為無限大時之意識，這時候對於「自然」之諸事物對象所產生的估量，是純粹審美的強烈感覺，這種感覺也是依照主觀的決定，而不是依照客觀的決定。至於力學的崇高，是當我們面對自然的潛力所發生的感覺。這種感覺令我們以為「自然」有一種內在的潛力，它非常的強大，足以超越一切障礙，我們的審美意識面對這種超克巨大障礙的強大力量，就會產生像力學的崇高的感受。對於像「北海之鯤」所產生的審美意識，就可能是一種數學的崇高；而當我們面臨自然界的颶風、海嘯、山崩地裂，就會產生一種力學的崇高的感受。這些崇高的感受通常使人感到嚴肅，或情緒上的不安；而對比於「秀美」的感受則是使人容易感到欣喜、歡樂。

二、優美

關於秀美（或優美）的解釋理論有兩種派別：一派主張它是由於筋力的節省，另一派主張它是由於歡愛的表現。法國哲學家柏格森提出一個兼採兩種理論的學說：我們看見省力的運動，自己也彷彿感覺到它所

伴著的筋肉感覺，這是「物理的同情」。這種「物理的同情」隨即引起「精神的同情」。我們不但覺得秀美的事物表現輕巧的運動，並且還覺得它是向我們運動，來親近我們，所以我們覺得它和藹可親。柏格森不否認秀美中有「物理的同情」，但是以為「精神的同情」為它最要緊的元素。他還認為「物理的同情引起精神的同情」。

第四節　美與醜

在《莊子·德充符》裡，有一段有趣的故事：

> 魯哀公問於仲尼曰：「衛有惡人焉，曰哀駘它。丈夫與之處者，思而不能去也。婦人見之，請於父母曰：『與為人妻，寧為夫子妾』者，十數而未止也。未嘗有聞其唱者也，常和人而已矣。無君人之位以濟乎人之死，無聚祿以望人之腹，又以惡駭天下，和而不唱，知不出乎四域，且而雌雄合乎前。……」

這個假托的寓言故事大意是說：有一次魯哀公請教於孔子，說衛國有一個長相醜陋的人，名叫哀駘它。男人和他相處，都留戀而不願離去。婦女看到他，回家向父母稟告：『與其嫁為他人的妻子，寧可委身當他的一個妾就好了』，有這種想法的女性不下數十人。不曾聽到他有感而發的引吭高歌，他只是附和他人的歌唱而已。他沒有高官厚祿來左右他人的生死或滿足富貴的欲望。他的長相之醜陋天下聞名，沒什麼才藝和知識，卻吸引許多男男女女來到他的跟前。

像哀駘它這樣的人物在《莊子》的故事當中還不只他一個而已，在這些故事當中他們都要說明的一個主題是，外表的醜陋和內在的美德是可以同時並存的，而且還要更進一步的強調「德有所長，而形有所忘。」

還有，內在的美德足以超越外表醜陋。

　　從莊子的這篇故事當中，我們發現它的內容已經顛覆了我們日常生活當中的審美經驗。在我們的日常生活當中，總是喜好聽悅耳的聲音，喜好看鮮豔奪目的色彩。因為這些好聽、好看的東西吸引我們的注意，引發我們的愉悅的情緒。反之，難聽、難看的東西，不吸引我們的注意，招致我們的情緒的反感。於是，那些容易引發愉悅情緒的東西，就被稱之為「美」；而那些容易引發反感的東西，就被稱之為「醜」。但是，如果一切的審美標準都以直接的情緒反應是否產生愉悅或不適的感受，那麼莊子的「哀駘它的故事」就顯然無法可解了。

　　我們建基於日常生活經驗裡的美、醜的觀念顯然太過簡單。在常識經驗當中所以為的「美」可能不是真正的有審美意識的美；在常識經驗當中所以為的「醜」可能也不是真正的在審美意識中所認為的醜，因為，它有可能是起因於鑑賞者本身的低層次的感覺經驗，甚至是鑑賞者本身的精神境界不高所致。

　　我們現在就「醜」這個觀念在美學的意義來討論，一般的看法有的將它視為和「美」呈矛盾對立的情況，意即把它排除在美學或藝術的範圍之外；另一種看法認為它和「美」只是反對對立的情況，它也是一種美學或藝術範圍之內的觀念。

　　就第一種態度而言，最有名的代表人物就是克羅采（Benedetto Croce, 1866-1952），他認為「美就是成功的表現」，「醜就是不成功的表現」。所謂成功的表現就等於是美，是藝術，是有價值的。所謂不成功的表現就等於沒有表現，是非價值的，不是藝術，只能是醜。如此一來，藝術裡就只能表現美而不能表現醜。這就和柏拉圖所主張的，在理想國裡只能容納表現讚頌神明和德行高超之士的詩歌，如出一轍。

　　在藝術的表現當中往往出現「醜」的表現，藉由這種醜的表現來襯托出主題的美。例如：在戲劇裡，丑角的出現有時候可以一方面襯托主人翁的角色特性，一方面也可以讓觀眾在嚴肅的情節發展當中藉由一些

滑稽的動作而得到情緒的舒展。另外,在戲劇裡的反派角色,在情節的發展當中,可能做出一些傷風敗俗的行為,但是這些行為不能單獨來看待,而必須和整體的情節發展結構一起來看。這時候,這些反派角色的行為,只能是作為表現整體作品美的一項對比元素。這種情況就如同在一幅繪畫作品當中,並不是每一個部分都是光線充足,色彩豐富而飽滿的,為了表現整體作品的立體感,光、影的對比是不可或缺的,因而陰影、晦黯的部分也是有其在整體作品當中的積極意義。在這種情況之下,醜的地位仍然只是作為整體作品表現當中的一項構成元素,作品的目標仍然是以表現美為主。醜仍然不是作品的主題或整個作品的目的。

我們應該加以分辨現實世界所發生的醜的事件或事物,和藝術作品所表現的醜的形相。在現實世界當中,沒有人會在無任何條件的情況下,樂意地或歡喜地接受「醜」的事物進入我們的生活裡。但是,當我們從一件任何形式的藝術作品裡看到「醜的形相」時,這時候我們的審美意識其實已經把它和現實世界分離,而採取了一種心理的距離。由於有這個無關乎利害與好惡的心理距離,使我們得以暫時擺脫真實世界的牽絆,而可以對它形成一種審美的鑑賞活動。因此,醜的形相也可以成為藝術創作裡的一個構成元素。

但是在現代的前衛藝術的表現手段當中,他們已經不再以表現美為中心主題,因此也不會在乎是否藉由醜來襯托美,往往有些作者刻意以醜作為主體或作品主題來表現。這種態度就不是傳統美學觀點所能範限的。通常這種態度也不是從鑑賞的要求來從事創作,而是把藝術活動當成一種觀念的表現。

第五節　藝術品

一、「藝術」的字源與涵義

從字源來看「藝術」的發展，今日英文的 art 一字，源自拉丁文的 ars，而這個拉丁文的更早前身是希臘文的 τέχνη（techne）。τέχνη（techne）在古希臘，ars 在羅馬與中世紀，甚至晚至近代開始的文藝復興時期，都表示技巧，也即製作某種物象所需之技巧，諸如：一棟房屋、一座雕像、一條船隻、一台床架、一隻水壺、一件衣服；此外，也表示指揮軍隊、丈量土地、風靡聽眾所需之技巧。希臘文 techne 也就是今日英文 technique 的字源。

以美術（boas artes）一詞作為藝術的代稱源自十六世紀荷蘭達（Francesco da Hollanda）論及視覺藝術時，已經偶然動用到「美術」（boas artes 源自葡萄牙語）。十七世紀後半，建築理論學者布隆德（Francois Blondel）將建築、詩歌、雄辯、喜劇、繪畫、雕刻、音樂、舞蹈整合起來。認為它們之間的共同要素是和諧，而且也是令人感到愉悅。1707 年巴多（Charles Batteux）提出「美術」（Les beaux arts）。包括：繪畫、雕刻、音樂、詩歌、舞蹈、建築與雄辯。

二、藝術品與非藝術品

藝術品與非藝術品的區別可以大致整理如下：

1. 藝術品之作為藝術品的特質，在於它不涉及實用性，也不涉及科學概念的知識性。儘管同一件物品可能兼具藝術品與實用物品的功能，

或兼具藝術品與科學知識的功能，但是使它成為藝術品的特質與這些功能都無關。

2.觀賞藝術品的態度，在於觀賞的主體能超脫利害、是非的觀念，而純粹就該物體的整體型態進行審美鑑賞活動，往往這個物件和我們心中的審美觀念愈接近，我們就愈肯定它的美的成分。

3.藝術品與日用工藝品的區別，在於藝術品的存在不是以大量複製為目標，而是以單一、獨特、創新等品質為目標；反之，日用工藝品的存在是以大量複製為目標，它要求產品規格的一致性，強調使用的便利性，和經濟效益。

4.藝術品也不同於自然產物。藝術品的產生在於藝術創作者有意的創作活動中，經由刻意的安排使它產生預期的審美效果。自然產物也有許多可以成為審美對象的事物，但是它的審美價值在於它偶然地符合了我們的審美觀念，而成為具有自然美的事物，這種審美效果是不期而遇的，不是刻意經營出來的。

三、藝術品的構成

我們分析任何藝術品都可以發現它具有一些構成要素。我們對於構成一件藝術作品的要素，最關心的是它的形式與質料。和形式相關的因素如：風格、構圖、造型等等。和質料相關的因素如：材料、顏料或媒體、題材等等。

就材料而言，一件作品所使用的材料影響它所欲表現的情感因素。例如，當我們觀看木雕大師朱銘所雕刻的「太極」系列雕刻作品，它最初的模樣是使用木材，以粗獷的刀法，表現出太極拳法的行雲流水。如果這個作品把木材用光滑堅硬的不銹鋼替代，其原有效果將大打折扣。再者，如果把作品的表面磨平打光，其原有的氣勢也就一併被磨除了。一件作品的材質也能表現出它特有的肌理，讓我們感受到這件作品的立

體質感。

　　一件藝術作品如何在形式上表現它的「秩序與平衡」，或「明與暗的對比」，或「空間的比例關係」，或「動態與節奏」，或「影像與象徵性意義」，這些課題都會呈現出藝術形式的相關性。例如，杜象（Marcel Duchamp）有一幅名為「下樓梯的裸女」的畫作。在這幅作品當中，畫家嘗試把人體走下樓梯的連續動作表現在一個畫面當中，因此我們看到許多流動的人體影像呈現在畫面上。這幅作品顯示靜態的繪畫作品也可以表現出具有時間性的動態與節奏。又例如，畢卡索有一幅名為「格爾尼卡」（Guernica）的畫作。在這幅作品當中作者使用相當豐富的物像來象徵對殘暴屠殺的反省，如：伸出手臂握著煤油燈的人物，從倒臥戰士手中浮現的花朵，戰士斷臂手中仍然緊握折斷的刀劍……等等，這些是暗示著光明與新生的一線希望的象徵或比喻。

四、藝術品的創作與鑑賞

　　藝術之價值或藝術之美，從現代的角度來看，它既不在主體也不在客體，而是在主體與客體的協調當中。這個主、客關係可以從藝術家與創作對象的關係來看；或從藝術家與藝術作品的關係來看；或從觀賞者與藝術品的關係來看；或從觀賞者與審美對象的關係來看。

　　我們首先可以把這些關係以下列圖示來說明：

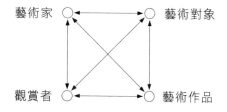

從觀賞者與藝術對象之間的審美經驗來看主、客關係。那個作為藝

術對象的存有物，它可以是任何一種事物，只要它能感動人心，吸引審美觀照，激起審美情感，都可以是任何藝術創作所欲表達的藝術對象。對於任何人而言，無論他是一般觀賞者或從事創作的藝術家，他都要首先是一位觀賞者。

從觀賞者與藝術品的關係來看主、客之間的關係，我們可以發現藝術品本身就是我們生活世界周遭的一部分。它是一個獨自存在的存有物，不隸屬於任何人，就如同一個小孩雖然由父母所生，但是他作為一個人的存在是獨立的存有者，而不是隸屬於他的父母的所有物。也就是觀賞者可以對藝術品進行第二度的創造性詮釋。

從藝術家與觀賞者的關係來看，他們之間的共同焦點就是藝術品。我們可以發現藝術品的一個極為重要的存在價值，就是作為溝通藝術家與觀賞者之間的媒介。藝術品提供觀賞者一個觀看的立足點，使觀賞者得以看到藝術家所看到的世界。從而使藝術家的心靈和觀眾的心靈得以溝通。

從藝術家與藝術作品的關係來看主、客關係。藝術家個人的生活經驗不可能和藝術作品的內涵完全畫上等號。一個在現實生活充滿淒苦環境的藝術家仍然可以創作出令人感到充滿快樂氣氛的作品，反之亦然。例如，西方音樂神童莫札特（Mozart, 1756-1791），雖然在他的晚年生活有許多不如意，但是他仍然創作出許多令人感覺愉悅的作品。

從藝術家與藝術對象的關係來看主、客關係，應該就如同我們之前所說明的一個觀賞者與藝術對象的關係一般。藝術家與觀賞者的不同之處，在於觀賞者只能被眼前的藝術對象所感動，卻無法進一步將它以藝術的形式加以保存，而藝術家可以透過他所熟練的藝術技巧和藝術創作的構思，把藝術對象加以藝術化的再現，而不是照相寫實地重製原物品。

從藝術對象與藝術作品的關係來看，一個藝術家能否恰到好處地透過藝術品，成功地表現藝術對象，這是我們判斷一件藝術品是否為一件成功的作品的依據。例如，一個畫師的表現不好，產生「畫虎不成反類

犬」的反效果。這樣的例子顯示創作者對於所欲表現的對象的把握能力有問題，這不純粹是技巧的問題，也涉及藝術家個人境界的層次。作者想要表現的對象跟他所呈現出來的作品之間，以及他的手與心的聯繫是否能夠一致，這同時涉及技巧與境界的問題。就如同《莊子》「庖丁解牛」故事中所謂的「技」與「道」的分辨。庖丁能在極短的時間內，以極為有節奏的動作把一頭牛肢解，他所憑藉的不僅只是技巧而已，還有所謂「道」的體會，也就是「官知止而神欲行」。

五、藝術與人生

　　從人的角度來思考藝術在人生裡的價值，主要的關鍵在於藝術與道德之間的關係。我們認為它們之間的關係是一個外在的關係，主要的根據是因為在美學的討論當中，它只關切它的研究對象的內在屬性與價值，但是在倫理學的討論當中，它可以研究藝術作品對於其他事物的各種關係。這些關係涉及一件藝術作品所產生的效果，它對人類行為的影響，對社會制度的影響，對人性的普遍影響。

　　從歷史上而言，對於這個問題的態度可以大致區分成兩個對立的立場，那就是「為人生而藝術」和「為藝術而藝術」。從「為人生而藝術」的立足點來看，它可以延伸出以下的問題：

　　1.藝術作品是否轉變觀賞者的人格成為善良的或邪惡的，並且從而影響他的道德行為？

　　2.如果肯定藝術作品對於道德行為的影響，那麼我們是否就可以依據道德的基礎來判斷藝術作品的好壞，就如同我們褒貶一個人的正、邪，或社會制度的良窳一般？

　　3.進一步而言，我們是否有資格以政令或立法的手段來規範藝術作品的創作或發行，甚至禁止某些作品的發行？

　　從「為藝術而藝術」的立足點來看，則將出現如下的問題：

藝術在創作和欣賞兩方面，是否都可以免除道德的評判和控制？

這兩方面的立場似乎極端對立，但是並非毫無調和的可能。因為就如馬里旦（Jacques Martain, 1882-1973）所言：「藝術與道德在本性上是兩個自律的世界，彼此間沒有直接和內在的從屬關係。此二者要是有所從屬，也是外在的和間接的。」我們可以說藝術與道德彼此是不可能互相化約對方，同時兩者各自都是一個自律的世界。它們都可以展現出致力於提升人類精神層次的努力。因此我們也不要輕易放棄藝術與道德展現出自律的調和的可能性，我們這樣的相信的理由在於這兩者都是來自同一個精神的根源之故。

1. 請引述本章所述的「美的條件」，說明你的意見。對於古人所提出的條件，你是否要提出增減的意見，請討論之。

2. 你是否認為「審美鑑賞」與「概念分析」是兩個截然不同的能力，在一個人的身上不可能兼具？或是可以得兼？請討論之。

3. 請說明美在主觀或美在客觀，或是兩者的調和。請提出你的理由。

4. 何謂優美？何謂壯美？請簡答之，並舉例說明之（最好有生活週遭之實際體驗為例）。

5. 請說明你對於「醜」的觀感。在一件藝術作品當中加入「醜」的元素，是否影響這藝術品的價值，請討論之。

6. 請說明藝術品與非藝術品的分辨。對於日益商業化的社會風氣，把藝術品當作商品高價哄抬，對於藝術品的評價有何損益，請討論之。

7. 請嘗試以任何藝術品為對象，分析這件藝術作品的質料與形式等構成元素，並探討如果把它們原來的質料或形式加以抽換，將產生何種效果，請

討論之。

8. 如果有一件藝術作品令人感到困惑，不知道該如何進行鑑賞活動。你會認為這是藝術家的錯，還是觀眾的錯？根據什麼理由，請討論之。

9. 「為人生而藝術」或「為藝術而藝術」，你支持哪一個論點？請討論之。

參考文獻

1. 虞君質著，藝術概論，台北市：大中國圖書公司，民國 85 年二版二刷。

2. 朱光潛著，文藝心理學，台北市：台灣開明書店，民國 58 年重一版。

3. 劉文潭譯，西洋六大美學理念史，台北市：丹青圖書公司，民國 76 年。

第4章

宗教價值——聖

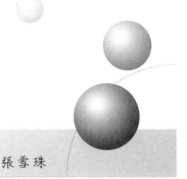

張雪珠

學習目標

從探討哲學家們的宗教觀點，認識宗教的意義。

摘要

按照時代的順序，探討重要哲學家們對神的觀點和他們的宗教看法。他們對宗教的看法，決定於他們對神的觀念。但是不論他們對神有怎樣不同的觀念，他們都是從各自的角度在談論一位完美存有的神。

　　討論宗教是一件很尷尬的事情，因為要討論宗教就得先知道宗教是什麼，但是直到今天還沒有出現過一個被大家所公認的宗教定義。這是為什麼呢？主要的原因有兩點：第一，在世界上和人類歷史中出現過的宗教現象，種類非常的雜多，以至於你做了哪個定義，總會有些宗教被你排除在外。譬如，如果你將宗教定義為「對神的崇拜」，那麼佛教就沒有被包括進去。第二，定義是固定的，但是宗教現象卻是動態的，同一個宗教在不同時代和不同地方，會改變和調整自己，以回應時代的要求和配合當地的社會脈動。譬如，佛教在以前是遠離凡塵，到深山裡去修行的，現今它活躍在繁華的市鎮，興學、辦醫院，做各種的慈善事業。所以我們只給它一個很籠統的定義，即「人與神聖界的關係」。

　　不論那種宗教都將它們信奉的對象看作神聖不可侵犯的，而稱為「神」。凡是屬於「神」而屬於宗教的，也都是神聖不可侵犯的，而與「凡俗」分別開來。譬如，寺廟和教堂不同於一般公共場所；星期日稱為「禮拜天」或是「主日」，也就是在這一天信徒要到教堂去參與上帝崇拜和專修心靈課業的活動，不同於從事一般生計事業的其他日子；奉獻自身於「神」的教士們也不同於一般平信徒等等的區別。

　　不同的宗教屬類跟他們對於所崇拜的「神」的觀念有著密切關係。信奉怎樣的「神」，就決定你屬於怎樣的宗教。這種關聯性也反映在哲學家們有關於宗教的思想。哲學家們對於宗教各有他們的特殊立場和不同的價值評估，而這個立場和價值評估的不同決定於他們對宗教的瞭解；他們對宗教不同的瞭解，又可以歸因於他們對「神」不同的想法。這種現象不僅出現在有宗教信仰的學者們身上，在那些無神論者圈子裡的人，當他們談到宗教時，亦莫不如此。

　　宗教也是哲學思想的一個對象，因為對於宇宙和人生之來源與去向、對人生有生有死、有痛苦、有善惡等謎樣的情事，宗教有一套的解說：簡單說：宗教對宇宙和人生有終極的關懷。藉著這些解說，宗教試圖揭露人生的真相，使人生活得有目的，有意義。並且使人在今生今世

就能夠與神聖界有個交往，心靈有所歸宿。對於人類這樣的一個文化現象，哲學必然會產生興趣，要加以瞭解和反省其中的意義。

　　宗教是人類歷史上的一個普遍現象。考古學發現，哪裡開始有人類文明，哪裡就有宗教存在的跡象。這是為什麼呢？對於這樣的一個問題，不能單單以人類心靈的「投射」來回答，因為這樣的回答會產生另外一個更不容易回答的問題來，即：為什麼人類的心靈要這樣「投射」呢？當然也不能將宗教的一切用一句「迷信」做全盤的否定，因為這種回答只凸顯出說者對於宗教的無知，混淆了「正信」與「迷信」的差別，還不自知。

　　下面我們就按時代的順序，提出一些重要哲學家們對於宗教的觀點，不論他們是有神論者，或者是無神論者，我們都要提到。然後從我們人天生本能來看宗教的產生，以及宗教信仰應有的理性基礎。

第 一 節　古代希臘哲學家

　　古代希臘哲學家們，一般來講，對於宗教的價值是持肯定的態度的，只是對於他們當時民間盛行的神話信仰，頗有微辭。因為荷馬（Homer, 900B.C.）與赫西奧（Hesiod, ca. 700B.C.）的神話史詩把諸神明描繪得像人一樣有七情六欲，緋聞不斷，思想家們顧慮到，這樣反倒蒙蔽了神明的真相。因此，他們一方面批評神話的多神信仰，另一方面不忘提出他們認為「正信」的「神」的觀念。

一、蘇格拉底之前的宗教觀

　　對於民間的神話信仰，赫拉克利圖斯（Heraclitus, 544-484B.C.）很不以為然，他批評說，民眾對著泥塑的神像禱告，就像對著房子講話一樣

滑稽。雖然如此，他仍舊主張，在萬物生成變化、流轉不息中有不變的普遍法則，即世界理性，它是神性的。

　　最常被提出來的，則是齊諾芬尼斯（Xenophanes, ca. 570-475B.C.）尖銳的駁斥。他反對的理由在於，荷馬與赫西奧的神話史詩，將竊盜、通姦、欺詐等卑鄙無恥的惡行惡狀也都歸諸神身上，他認為，這乃是擬人化神明使然，也就是把人類的性格賦予神明的原故。他說：假設人可以憑藉一己的幻想，擬人化地創造神明的話，那麼「埃塞俄比亞人說他們的神是獅子鼻黑皮膚，色雷斯人說他們的神是淺藍色的眼睛紅頭髮」，未嘗不可。以此類推，那麼如果牛馬能夠描繪牠們的神，則諸神豈不都要變成牛頭馬面，完全地要喪失掉身為神明的尊貴和美善了。另一方面，他積極提出，真「神」唯一、不變、與萬物一體，祂用理智推動和主宰一切。他對「神」的這種觀點，後來成為基督徒哲學家們討論上帝的楷模。

二、雅典學派的宗教觀

　　但是堅持「正信」，反對民間盛行的神話信仰，有時是要付出極大代價的。在哲學史上因信仰而付出最慘烈犧牲的，莫過於蘇格拉底（Socrates, 469-399B.C.）的殉道。他以不信雅典城邦信奉的神明和誤導腐化青年的罪名，被判死刑。實際上他是篤信神明的，只是不信太擬人化的神話神明，尤其他教導人的是，良心是神明呼喚人的聲音。在坐牢期間，他仍舊與朋友和弟子們侃侃而談，靈魂的不朽和人生智慧等問題。他不聽眾友的勸告逃亡他邦，反而堅持他向來主張服從法律的原則，終於從容飲了獄吏奉上的鴆酒，溘然長逝。他最後的「遺言」是向來為他送終的一個故友說：「克利多啊！我還欠亞斯克萊比戊斯神一隻公雞，代我奉獻，不要記哦。」為什麼他能夠這樣灑脫地死去呢？這是因為他堅信在他良心內說話的神明的緣故，還有就是他相信人死後靈魂繼續存

在，而且可以獲得生前得不到的正義。他最關心的哲學問題便是所謂「靈魂的關懷」。他在宗教哲學史上的貢獻是，他用生命證明了「神」具有道德的性格。

柏拉圖（Plato, 427-347B.C.）更是認為，那些虛構神話的詩人對社會的健康具實在的危險性，應當將他們驅逐於城邦之外。另外他尤其受到他的老師蘇格拉底從容赴死的感動，不僅相信人的靈魂不朽，並且為之提出六個論證。此外，他也論證自滿自足的至高神的存在。他主張有所謂「理型界」的存在，我們的世界是那個「理型界」的影像。「理型界」中的理型有高低的差別，最高的理型是「至善」，是「美自身」。綜合來說，柏拉圖的思想已蘊涵了「神」是真、善、美自身。

亞里斯多德（Aristotle, 384-322B.C.）有名的形上學不單以上帝為最高的對象，而且從「運動」證明上帝是「不動的原動者」。因為他講的「運動」是從某一件事的「潛能」到其「實現」的一個變化過程，這個「運動」必須來自某個「實現」的推動，這個「實現」本身也是由某個「潛能」變動而來，這樣推動的過程可以一直往後推溯，但是最後必須由一個「純實現」來推動，它本身則不再被推動。因為最高的實現不再有潛能，所以它本身不再被動。上帝是這個「純實現」，意思是最完美的存在者；因此上帝既是世界創造性的「第一因」，也是一切所以變動的「目的因」。人生最高的幸福便是，生活在對上帝的默觀。亞里斯多德對上帝的這些觀念，日後成為基督徒哲學的基本概念。

三、希臘主義哲學的宗教觀

希臘哲學史在亞里斯多德之後的發展，有三個學派值得提出來，他們對於「神」各有不同的看法。首先我們探討斯多亞學派。這個學派喜歡用自然界來寓意神明的存在，譬如，克利西布斯（Chrysippus, 280-207 B.C.）就說，神話中的至高神宙斯是宇宙至高統治的理性和靈魂。不過

這種解釋已經不是單純的自然寓言，而是表達了神明為整個自然界的過程負責。因為斯多亞學派的宇宙觀是一個泛神論的宇宙觀，「神」是靈魂，自然界是軀體。這樣他們藉著寓言，化解和轉變神話擬人化的多神信仰，成為具有神性的宇宙觀。

伊比鳩魯（Epicurus, 341-270B.C.）則開始討論起宗教信仰的起源問題。根據他的說法，神明信仰是人類心靈的一種病徵，它起源於人們對神明與來世的恐懼。由於恐怖的自然現象誘導人去探索它們背後的存在物，而自然的可怖現象，不容易讓他們想像，在它們背後的是位施惠的恩主。另方面，人們相信行惡的人在來世會遭受到懲罰。因此他們創造了神明。但是智者並不害怕神明，因為神明不管人間的瑣事。

當時有位小說家叫作歐黑梅洛斯（Euhemerus, ca. 300B.C.）的，按照他的說法，神明原是人，因為有功德而被列入神班。事實上希臘神話信仰中，英雄與神明之間是有關聯的。亞歷山大帝（356-323B.C.）在位時就已經被當作神明來膜拜。

柏羅丁（Plotinos, 204-269）是新柏拉圖主義中常被提出來的一位代表。他相信宇宙萬物一體，一切來自於一個共同的最終原因，這個原因無以名之，只好稱為「太一」。從「太一」流出一切。這個「流出」不像水流，而是像太陽普照一切，它自己毫無損失。既然一切源自於「太一」，那麼一切最後也要回歸「太一」。要回歸「太一」必須除去障礙物，這障礙物就是物質，包括我們的肉體。因此，宗教的修行是必需的。第一步當走的是淨化，要把我們內心的物質性和肉欲除掉，然後能夠超升。所謂超升，就是要達到「忘我」的境界，把自己有肉體的存在都忘得一乾二淨，心神嚮往的只是「太一」。

斯多亞學派和新柏拉圖主義代表的都是一種泛神論的人文信仰。對於宗教，古希臘哲學家已有了「正信」與「迷信」的區分，他們一方面批判神話擬人化的多神信仰，另方面試圖提出他們認為正確的「神觀」；除此之外，他們也開始討論宗教信仰的起源問題。

第 二 節　基督徒的哲學

　　在西元之初，宗教史上發生了一件大事，就是基督宗教的產生。這個宗教在一些基本觀點上，承繼了希伯來人的宗教信仰，因為他們的教主耶穌基督就是一個猶太人。可以這麼說，基督宗教的形成，是出自於耶穌在希伯來宗教內的一次大革命。因此，兩個宗教一致相信：只有一個上帝，祂是天地萬物的創造者，是自有者、全能、全善、及全知。在創造之後，祂還進入人類的歷史傳達自己，主動地與人類交往；所以兩者都屬於上帝啟示的宗教——相對於源自人類文化所形成的人文宗教。記載上帝在人類歷史中的自我啟示和與人類交往的書籍，稱為《聖經》，它與「教會」的「傳承」同為其信徒所當信奉之「教義」的最後根據。這兩個宗教不同的地方，關鍵點在於基督宗教相信，耶穌基督是上帝之子的降生，同時是希伯來聖經所預言要來的那位「彌賽亞」——「受傅者」，即「救世主」之義。希伯來宗教不信這個。記載耶穌基督的事蹟、他的使徒們開始傳教的情形、及使徒們留下來給信徒團體的牧函、還有默示錄等，合併稱為新約、或是新經。希伯來人原有的聖經則被稱為舊約、或是舊經。在基督宗教內，新約與舊約合併稱為《聖經》；希伯來宗教不承認新約。根據聖經的啟示，上帝主動來與人類交往是扮演著既是創造者又是救援者的角色，因為百姓有苦難。而人生的苦源，最後歸咎於人類自己犯下的罪惡。因此，基督降生並受苦受難致死，就是要來為人類贖罪。他的佈道就稱為「福音」，因為他呼籲人們要懺悔己罪，並宣告悔改可以獲得罪赦，還能夠與上帝重新建立和好的關係，甚至成為「父子的關係」，即所謂「地上神國」的來臨。這樣的福音，它的可信度，建立在基督死而復活的奇蹟；這個奇蹟同時也啟示和保證了來生來世永遠幸福的可能性。

　　基督宗教泛指天主教、東正教、與各派的基督新教。它是一個典型的制度宗教，有教團，稱為教會——即信徒團體之意、有信徒們當信的教義、有他們在生活上當守的教規和祭獻（彌撒）時當行的教儀、有神職人員。這個現在已成為世界最大宗教之一的基督宗教，開教之初並不很順利，一開始就受到希伯來宗教的排斥，開教前三個世紀也一直不斷地遭受羅馬政府慘烈的迫害，即使當它在希臘與羅馬文化圈傳開後，又面對了異教知識份子的質疑。於是基督徒學者試著採用希臘哲學的概念和論證的方式，以及斯多亞學派和伊比鳩魯學派對古代多神信仰的批判，來為自己的信仰作辯護，並且逐漸形成學派。其中主要受到柏拉圖與亞里斯多德思想的啟發，遂產生了基督徒哲學的兩大學派：受柏拉圖理型論影響的奧斯定主義（Augustinianism），與建立於亞里斯多德知識論和形上學的多瑪斯主義（Thomism）。不過，多瑪斯將柏拉圖的理型論修改後，也一併整合入他自己的思想體系裡，即主張可經驗事物的存有是分享了「存有自身」——即上帝——的存有。

一、教父時期的宗教觀

　　以哲學的方式來闡發基督徒的信仰，第一個繳出成績的是儒斯定（Justinus, ca. 100-165），他溝通聖經信仰的至上神與希臘哲學的最高概念。這樣上帝既是柏拉圖思想中的「善本身」，也是亞里斯多德哲學裡的「不動的原動者」。接著依雷紐士（Irenaeus, ca. 126-202）強調，上帝的創造與救贖是一體的兩面，舊約與新約一貫不可分，世界來自上帝的創造，即所謂的「從無創造天地」。而且這創造是出自上帝的自由意志，因為上帝是善本身，祂要將自己的美善顯示於外。因此上帝創造的世界，一切都是美好的，尤其「人」最好。人的靈魂與肉體結合成為不可分的一體；這靈肉一體說，給予後來的中世哲學很大的啟示。

　　以哲學的概念來闡述基督宗教的信仰，基本上預設著哲學與神學的

會通，理性與信仰的相輔相成。不過基督徒學者中也有逆向而行的。戴爾都良（Q. S. F. Tertullianus, ca. 150-220）就是一個明顯的例子。他首先發現理性的極限。他認為理性永遠不能懂得信仰，人的智慧在上帝的智慧前實在算是愚蠢，因此聖經的信仰與希臘哲學也沒辦法調和。有了啟示之後，人不必再從哲學中去找真理，而應該到聖經內去找。早在此時，他已說了：「因為荒謬，我才相信。」一千六百多年後，我們發現祁克果（Sören A. Kierkegaard, 1813-1855）有著雷同的思想，只是出發點不同而已。對祁克果來講，在上帝與人類之間存在著無限的差異，對上帝我們只能信仰，不能夠做客觀知識的把握。他這個非理性的信仰，不單不建立於理知，而且是反理知的，如同他所說的：「如果我能夠客觀掌握上帝，那麼我不是信；但是正由於我不能夠，所以我必須信仰。」

　　不過主流的基督徒學者們，還是努力尋求哲學與神學，理性與信仰之間的會通。終究理性和信仰最後是同源的，即都是來自於上帝。在初世紀影響後世最大的一位學者，是奧斯定。他的學說融合了希臘哲學與基督信仰，主張理知與信仰相輔相成，於是他走出了兩條通路：「你明白吧，好使你相信！」的理知進路，與「你相信吧，好使你明白！」的信仰進路。他先是屬於摩尼主義（Manichaeism）的信徒。這是一個主張精神與物質對立、光明與黑暗對立、善與惡對立的二元論。離開摩尼主義回歸基督信仰之後，他將世界萬物一切歸諸於唯一上帝的創造，稱為「從無中的自由創造」，藉以表達上帝對受造界絕對的主宰權，與受造界對祂完全的依靠，因為萬有都出自於祂。從此，他看惡是善的缺乏，沒有自己獨立的實存，所以不能夠說惡也是來自上帝的創造。至於道德上的惡，則是出自人對自由的濫用。柏拉圖的「理型」，現在成為上帝創造時的觀念。斯多亞哲學裡的世界法則，成為上帝創造時安置於事物內的自然法則。祂還賜給我們的心靈有天生的永恆不變和必然的真理，意思是，在所有不完美的心智活動中，我們碰到完美，在相對中接觸到絕對，這樣我們在情、意、智的追求中遇到上帝。因為上帝是那完美

者，無祂，不完美的不能被思想。就為真理和善本身，祂是一切真理和價值的本源。因此，上帝不單是創造者，也是人類的歸宿，不只是在來生來世，而且就在今生今世，正如他在《懺悔錄》第一章指意的：「我們的心是為你而造的，除非安息於你，我們的心將永不安寧。」後來主張天生上帝觀念的學說，都可以追溯到奧斯定思想的影響。

　　奧斯定說「信則明」，安瑟倫（Anselmus of Canterbury, 1033-1109）則提出「信求明」的格言，給基督徒哲學指出了一項該當履行的任務，即尋求給予信仰一個哲學的系統說明；因此他被尊稱為士林哲學之父。他也如同奧斯定一樣，肯定我們有天生上帝的概念，即「不能設想比之更偉大者」；這個概念蘊涵後來笛卡兒（René Descartes, 1596-1650）、萊布尼茲（G. W. Leibniz, 1646-1716）、與康德（Immanuel Kant, 1724-1804）等的上帝觀念：「最真實的存有」和「最完美的存有」。從這個上帝概念，安瑟倫推論出上帝的存在，即著名的本體論證，或稱存有學論證。因為，如果至高者僅存在我們的思想中，也就是只是個思想物罷了，那麼祂就不是那個可思的至高者，而應當還有那樣的一個至高者，祂不僅被我們所思想，並且實際存在。這個論證有人接受，例如波那文都拉（Bon-aventura, 1221-1274），笛卡兒加以發揮，而在近代成名，萊布尼茲也應用它，黑格爾（G. W. F. Hegel, 1770-1831）則為之辯護；而這些思想家在某一意義上，也都肯定我們有天生的上帝觀念。由此可見，存有學論證針對的不是無神論者，不是用來說服他們相信上帝，而是針對信徒們，給予他們的信仰一個理性的基礎罷了。不過也有學者不接受這樣的論證，例如多瑪斯（Thomas Aquinas, 1225-1274）和批判期（成熟期）的康德。

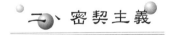

二、密契主義

　　基督徒哲學除了知性進路之外，還有一種屬於情意的、修行的、訴諸於心靈內在對上帝經驗性的認知，即密契主義（mysticism）。這是一

種深度宗教經驗的認知，但不是直觀到上帝本身，而是求不受想像力影響的純精神的認知，內心與上帝結合。他們用於描述的語言是象徵的與否定神學的。他們受到的主要影響有來自於奧斯定的思想，他說過：上帝比我更內在於我；也有來自新柏拉圖主義者柏羅丁的「忘我」的超升意念，但因教義不同，密契主義要達到的結合不是溶入「太一」，而是在聖三——上帝一體的三個位格：父、子、聖靈——內愛的結合。除此之外，還有偽狄奧尼修斯（Pseudo-Dionysius, ca. 500）思想的推波助瀾，他在他的著作《密契神學》（*Mystica Theologia*）中提及達到上帝的三條通路：第一條通路是「積極神學」，指出上帝的各種積極特性，如全能、全知、全善等等，所應用的是肯定法，將在人身上發現的美善歸諸於上帝，因為人是上帝所創造的，則從人身上發現的美善，理當可以無疑慮地推論上帝也具有那樣的完美性。第二條通路是「消極神學」，指出上帝的消極特性，如不可知、不可形容等，所應用的方法是否定法，即在受造物所發現的不完美性，不能指涉到上帝身上去。第三條通路就是沉思、默觀，到「忘我」，忘掉自己的存在，用這種「忘我」的方法，使自己與上帝結合。

三、多瑪斯的宗教觀

　　不過主流的基督徒哲學採取的仍然是理知的進路，而集大成於多瑪斯。他對於神學與哲學，在方法上已有清楚的劃分。神學的運作根據的是信仰的啟示，哲學則是建立於人自然的理性之光。因為兩者之間事實上只是方法上的不同，因此對於同一個主題，兩者可以彼此互補。在此前題下，多瑪斯綜合了教父傳統，尤其是奧斯定的思想，與亞里斯多德的哲學體系，並且達成以哲學系統闡發信仰的目標。

　　多瑪斯不承認有所謂的先天觀念，包括先天的上帝觀念，因此順理成章地他反對存有學論證的證明方式。他也不認為上帝的存在只有靠超

自然的啟示才能獲知，所以他有名的「五路論證」都是以可經驗的事實作為根據，應用因果原理，推論出上帝的存在。

關於創造者上帝與受造的人類和世界之間的關係，多瑪斯注意到，受造物是可有可無的「偶性存有」，但是一旦它們存在，就必須有使其存在的原因，而這個原因最後必須是「必然存有」，意思是，祂的不存在不可能。換句話說，創造者上帝是「必然存有」。祂「自無創造」一切，因為若非自無創造，則上帝之外有永恆物質，那麼祂就不是一切的原因。而且祂是有意志的創造萬物。而所謂的創造，其實就是存有的「分享」。上帝是由己存在的「存有自身」，是唯一的；其他存有不是由己存有，只能夠是分享了上帝的存有。不同的分享，有不同的存有的完美。受造世界在存有上分享上帝的存有而相似上帝，這個相似，意思是有所同有所不同，在邏輯上就稱為「類比」。而世物真正的「本質」，是上帝在創造時有的觀念。又由於受造存有是靠「分享」才存在的，屬於可有可無的存有，所以世界不只是在創造之初，而是常常依靠著上帝的支持才繼續存在。不過上帝就為萬物存在的原因，祂與世界的原因屬於不同的層面：上帝是「第一因」，使一切原因成為可能，因為是祂給予一切物「存有」與「活動」；這樣受造界一切的活動無不在「第一因」的力量內，接受其支持。世界內的原因則統稱為「第二因」。

多瑪斯最喜歡用來表達上帝的是「自立存有自身」（ipsum esse subsistens）。因為「上帝的本質無他，即其存有」，或說：「在上帝內，存有自身即其本質」。換句話說，上帝是最圓滿的存有，擁有一切完美，無以復加，因為在祂內，一切本質都實現了，所以又稱為「純實現」。受造物則有本質與存在的區分，因為受造物並未把它們的本質完全實現出來。由於無論在概念上、時間上、本性上、與目的上，實現都先於潛能，因此多瑪斯能夠證明，上帝既是存有的開始，亦是存有的終結。就為絕對實現，上帝是一切受造存有的開始，因為實現先於潛能，是祂賦予存有的。上帝也是萬物的終極歸宿，因為實現是潛能的完成。

　　此外，多瑪斯證明人的靈魂不朽，也闡述在人的良心內，有首要和自明的倫理原理。倫理原理是天生的，人人知的。它分享了上帝的價值與真理，稱為神律的分享。關於人生的目的，他承繼古人和基督徒哲學傳統的思想，尤其如同亞里斯多德一樣，在真理之觀中講人生至福，在上帝之觀中看人生幸福之目的。這個就是所謂的多瑪斯的理知主義：幸福的本質存在於理知的行動；因為只透過理知，我們才洞視生命的最高目的。只是按照亞里斯多德，幸福應當在今世可以獲得圓滿；對多瑪斯來講，至福在來世才能夠實現。

第 三 節　啟蒙時代的理性宗教、自然宗教、與自然神論

　　歐陸在近代一方面經歷宗教改革與國際情勢的變化，另一方面與不同文化圈和不同宗教的接觸，促成哲學家不只是對自己的信仰，而且也開始對宗教之為宗教做理性的思考，結果形成了普世性的「理性宗教」與「自然宗教」的概念，尤其在科學的機械論世界觀下產生了「自然神論」。在思想發展上，三者彼此配合。其歷史背景錯綜複雜，主要可以歸納於下列三個因素：一、新興的科學促成了世界觀的改變；二、宗教改革運動的結果；三、啟蒙運動對權威的質疑。

一、新興的科學促成世界觀的改變

　　在啟蒙運動時期，西方世界正進行著整個世界觀的大革命。其中一個重要的因素，是牛頓（Newton, 1642-1727）機械世界觀的流行。在此觀點下，世界被視同一部大機器，其內部一切大小事件，都由同一的普遍

因果法則所決定。據此，宗教上向來歸於上帝對自然界和人類歷史所做特殊策施的奇蹟和啟示，都被歸列為外來的超自然的干預，而被認為不可能。

早在十四世紀時，奧雷斯梅（Nicholas of Oresme, ca. 1325-1382）就已經將上帝比喻作一個技藝精良的鐘錶匠，祂在太初給這個世界上了發條之後，就不需要再來做任何的修改和支配。

自然神論（Deism）者就將上帝看作世界這個大機器的建構者，祂創造世界和世界內在的因果法則之後，不再來干預這個世界，而讓它依憑自然法則自行運作發展。他們認為，這樣的主張才愈顯上帝的偉大。宗教上所謂的超自然現象，他們認為事實上都是些自然事件，因此只適宜做象徵性的詮釋。依據他們的看法，承認任何的奇蹟與啟示，等同承認上帝有再干預祂偉大建造的世界機器的必要，這樣對一位全能全智的創造者來說，是大不相宜的。

二、宗教改革運動的結果

宗教改革運動的結果，形成不同的教派，而且各自都聲稱擁有絕對的真理與得救的方法。這在信徒之間，造成宗教意識的混亂和不確定感。不再有教會內信仰的保障，每個人要按照自己的良心、自己的主觀信仰，自己做抉擇。學者們對人在世界的反省，也就不再是中世神學觀的受造物，而是理性自律的主體。

但影響更深遠的，則是在新大陸發現之後，來自非西方文化與宗教的衝擊，尤其是與東方大宗教的接觸。西方的宗教思想家發覺，他們至今所信奉的聖經人類宗教史，不足於包容和說明其他形式的宗教的存在，遂產生了基督宗教與其他宗教之間的關係等疑難問題。對此，一般思想家存著宗教寬容的態度，開始詢問宗教的本質。在西洋哲學史上，這個時候宗教才就為宗教被提出來討論，因為不同的宗教相遇時，才會

觸發宗教到底是什麼的本質問題來。

　　有學者嘗試在各種不同教派和不同宗教信仰之中，去尋找它們的共同點，而產生了建立於理性的自然宗教，即人文宗教。被稱為英國自然神論之父的赫爾伯特（Lord Herbert of Cherbury, 1583-1648），就為了擴大宗教的觀念，在聖經的啟示宗教之外，引入了自然宗教的觀念。它不溯源於超自然的外來權威，而是奠基於所有人內的共同理性和共同信念。即尋找一個普世宗教。赫爾伯特所列人類共同的宗教信念，包括：創造者上帝存在、人有朝拜上帝的本份、道德與虔敬是朝拜上帝的主要課題、人應該懺悔己罪、以及人人在來世將按今世的行為受賞或受罰。

　　另有學者將啟示的基督宗教理性化而自然化，意思是說，基督宗教並沒有什麼特殊性，只是建教的方式與其他自然宗教不同而已。丁德（Matthew Tindal, 1657-1733）就更進一步將聖經的啟示宗教與自然宗教同一化。在只有一個上帝之意志和僅有一個真宗教的前提下，他堅持，聖經所啟示的，與建立於人之理性和事物之本性的自然啟示，內容上並無不同，也無所增加。兩者的差異，僅在於不同的啟示傳達方式。聖經的啟示，對我們人來說是外在的啟示，自然啟示則是內在的啟示。他的著作：《與創造同壽的基督宗教》（*Christianity as old as the Creation*），充分表達了他的這個宗教理念，而被喻為自然神論者的聖經。

三、啟蒙運動對權威的質疑

　　在反權威的啟蒙運動下，代表傳統權威的觀念和制度，不斷受到理性的質疑。當時所謂的「自由的思想者」（free thinkers）就主張，理性的活動不應受到任何傳統和權威的限制，即便是來自教會和聖經的權威，也不例外。

　　在宗教思想方面，自然神論者追求理性的宗教。他們認為真正的宗教只建立於理性，而反對宗教的超自然化，擯棄任何依據理性之外其他

權威的宗教命題。因為在當時啟蒙運動的口號「理性至上」之下，思想家要求以合乎理性和科學的態度討論宗教；尋求以理性去說明宗教。簡單地說，理性宗教主張：真正的宗教根基於理性，否則就是迷信；透過自然理性的推論人能夠認識上帝；基督宗教沒有什麼超乎自然的特殊性，它如人類一樣古老。

洛克（John Locke, 1632-1704）本人雖不反對啟示的觀念，也拒絕將基督看作僅是一個純自然宗教的佈道者，但是他的著作《基督宗教的合理性》（*The Reasonableness of Christianity*, 1695），尤其他以理性作為啟示的審斷者的思想，成了基督宗教理性化的有力推動。自然神論者根據他的思想做更極端的發揮，將基督宗教說成一個純理性的自然宗教。托蘭（John Toland, 1670-1722）的著作，《非神秘的基督宗教》（*Christianity not Mysterious*, 1696），即是十八世紀自然神論者理性化宗教的一個富代表性的作品。

理性宗教、自然宗教、與自然神論的支持者，共同推動了將基督宗教理性化而自然化的思想運動。籠統地說，他們相信，這個世界及其疏而不失的自然法則和次序，都來自上帝的創造，並且認為，這個可以透過論證做理性的證明。不過，自然神論者所憑藉的是一個封閉的機械世界觀，否認上帝對祂所創造的世界做進一步的支配，因此也否認奇蹟和超自然啟示的可能性。順理成章地，啟示宗教被認為不可能，唯一被承認為真宗教的，只有建立於理性的自然宗教。雖然他們並未否定上帝創造世界的真理，但是，在封閉的機械論的世界觀之下，必然會使得世界彼岸的「建築師」成為多餘的。在宗教意識上，上帝逐漸變成一位對現實世界「缺席的上帝」。

靠著迷人的科學世界觀和理性主義的訴求，自然神論曾對當時許多的知識份子產生巨大的影響。今天已經沒有哪位深思熟慮的思想家，再堅持自然神論的立場。理由在於：一方面由於機械論的觀點明顯地不能說明世界內有我們人自由意識的存在，另一方面自然神論者在論到上帝

為世界大機器的創造者時，顯然限制了「第一因」的形上意義，而混淆了創造者的「第一因」與受造界的「第二因」的作用。

　　無論如何，宗教理性化而人文化的結果，宗教的行為跟著成為人文的道德行為，對於宗教的起源也只能做人文化的說明。在此脈絡下，我們就可以容易地瞭解休謨（David Hume, 1711-1776）和康德的宗教觀。

第 四 節　自然神論者的宗教觀

一、休謨：心理學的宗教史

　　休謨在自然神論的觀點下，反對無神論，對理性宗教的可能性則採取懷疑和不可知論的觀點，因為按照他經驗主義的判斷，人的知識只及於經驗的範圍，而上帝的屬性和行動都不是我們人所能夠經驗的。不過他支持自然宗教觀，贊同對創造者上帝的朝拜。

　　對他來講，宗教是「信仰」。「信仰」非理知的，而是屬於某種的「感覺」。在其著作《宗教的自然史》（*Natural History of Religion*, 1757）中，他以心理學的觀點說明宗教的起源和發展。

　　根據他的說法，宗教的產生，不是起源於理性的思索，而是出自人類精神內在的需要。生活的變遷、命運的不可把握、對將來的憂慮、以及對死後的不安，引發起對超能力的信仰感覺，以滿足希望與減輕恐懼。又由於人心靈的不安和希望是多樣化的，所以人類最早的宗教形式應該是多神信仰的。後來在諸神中產生了一個父神或是民族的神，信徒們對之特別地敬畏和諂奉，而再加以推崇成為世界的神，最後發展為一神論的神。

　　有關宗教的本質，休謨指出宗教對人心靈的安撫作用，而不在於理

性客觀的認知。但是他對理性推論的排斥，又沒有實在神聖界的概念，在實踐上，能使宗教走向迷信；在理論上，能夠走向心靈投射說，如同後來費爾巴哈（Ludwig Feuerbach, 1804-1872）對宗教的批判：上帝是人的創造，實際上人崇拜了自己的渴望。

至於宗教發展的過程，是如同他所主張的由多神信仰進化到一神的信仰，或是由一神的崇拜退化到多神的朝拜，應當視當地情況而定，不能一概而論。值得一提的倒是，在基督徒哲學中他開始以人文的心理學的觀點，取代啟示說，來說明宗教的起源。

二、康德：道德朝拜的宗教

康德是活在啟蒙運動時代精神中的一個自然神論者。他支持機械論的世界觀，提倡理性宗教，強調真宗教應當是屬於人人的自然宗教。具體地說，就是人文的道德朝拜的理性宗教。

他所謂的理性信仰的對象，不是教會內當信的教條信仰，而是理性的先天對象，包括：完美的道德實踐、「福德一致」的終極目的，及這兩者的先決條件：靈魂不朽、與上帝存在。因此宗教是我們把道德義務當作上帝之命令的認知。因為宗教是以上帝為道德的立法者與審判者，所以宗教是道德朝拜的宗教。這個意思是，不僅肯定道德的實踐能夠是宗教性的行為，而且認定宗教全然屬於道德，換句話說，只有道德才是真實的宗教行為。真宗教的本來目的，就是要達到道德的改善。

問題是，一般的宗教除了道德實踐之外，還有教團、教義、與教儀等非道德性的構件，它們在純道德的宗教的概念下如何定位呢？康德對此雙管齊下，一方面他道德作用化上帝的概念，即上帝為我們是道德的立法者和正義的審判者。另一方面，他工具化詮釋宗教內非道德性的構件。教會內的教條、教規、教儀、甚至教會本身，僅有工具和方法的作用，也就是說，它們存在的意義在於推進道德的實踐和堅定道德朝拜的

目的。簡單地說,教會應當藉這些非道德性的構件將教會的信仰轉化成為純道德的宗教信仰。

康德的道德主義的宗教觀在宗教哲學史上的意義是,他開始有系統地人文化或稱俗化宗教信仰。但是問題是,道德有它自己獨立的系統,不必然具有宗教性。此外,他所講的上帝是一個道德化的自然神論的上帝,祂在世界的彼岸,是一個所謂在今世缺席的上帝,人只能以道德朝拜祂,然後等待來世祂的審判,而在今世並沒有實質的「人與神聖界」的交往關係。上帝與世界和與人類之間的這個距離,要等待德意志觀念論者來溝通。

※第 五 節※ 德意志觀念論:上帝是絕對主體的宗教觀

在康德的宗教思想裡,上帝與世界分離。德意志觀念論者以上帝為絕對主體,試圖統一康德所造成的對立。他們使用的方法是,將上帝視為一位生活的絕對主體,使祂包容和內在於世界,而達到宗教上主體與客體的統合。上帝成為內在於世界和人之意識內的第一位格,但所完成的不是一個單純的和靜態的泛神論,而是「萬有在神內論」(Panentheism)形式的動態泛神論。

一、費希特:道德理性直觀的宗教觀

德意志觀念論者一致認為上帝是唯一存有者,祂外是祂的呈現,因為祂是純生命,祂有自我實現的過程,而這個過程包容和呈現於世界過程。在這個大觀念之下,費希特(J. G. Fichte, 1762-1814)強調,「道德的世界次序」就是上帝;上帝就是「道德的世界次序」。因此信仰這個就是信仰那個。他所謂的「道德的世界次序」,不是具自然法則性格的

已完成的世界次序,而是指次序安頓的行動本身,稱為「能安頓的次序」。在自然事物內的一切事件、一切生命和交織、一切力量和抗拒,是上帝的生命。所有人的生命也是上帝的生命。我們內的一切道德意志是上帝的意志;我們所有的認知是上帝在我們內的認知。若說上帝是「絕對知」,它在我們人的認識主體內實現自己。可以這麼說,在我們內最深的根源處,我們自己是上帝的存在。在宗教的實踐上,因此我們必須除滅自我和自己的自由,完全地「沉入上帝內」。在自我消滅的時候,我們還使用自由,此後不再有自由,因為自由已用盡。完全「沉入上帝內」是唯一真自由的行動,每人一生只有一次,此後不再有墮落的可能。若是再墮落,那表示事實上並未做那樣的抉擇。而只有不完美的意志,還有行善與作惡的可能,也就是說還有自由。道德完美的意志不再有「應當」,因為它已固定於上帝,不再有自由。

　　費希特宗教哲學的實踐意義在於:至福不是在墳墓的彼岸,天國不只已臨近了,而且就在此生此岸,在我們中間,即在與上帝的真正關係之中。這樣他超越了康德和所有自然神論只在彼岸的上帝信仰。

●二、謝林:神劇的宗教觀

　　就為德意志觀念論的一員,世界過程在謝林(F. W. J. Schelling, 1775-1854)的哲學裡,同樣是上帝自我實現的過程,只不過他的核心問題是惡之來源的問題。貫穿他整個思想過程的一個思想是,惡是來自上帝內的「墮落」。因為上帝是世界絕對的來源,所以應當能夠在上帝本身內指出惡的來源,而不至於犧牲掉祂是絕對的善。謝林思想的出發點是:凡存在的,有使其存在的基礎。凡被產生的存有,例如我們人類,其存在的基礎在己外;上帝是絕對存有,祂存在的基礎只能在己內,但不能就是祂本身,而是在祂內與祂不同的一個元素。在祂內,「存在」與「存在的基礎」之間是一種非時間性的因果循環關係。上帝有其存在

的內在基礎，就此而言，存在的基礎先於上帝；但若無上帝實際的存在，存在的基礎不能是存在的基礎，就此來說，上帝先於其存在的基礎。這個在上帝內的非祂本身，是個非理性的黑暗意志，要生育自己——就是說上帝要經世界的實現陳述自己，創造的世界史成為上帝自己生育自己的歷史，惡的根源即在此。

　　上帝內的這個分化進入世界，則黑暗的元素和光明的元素支配著整個受造界。因黑暗的元素世界與上帝分離，因光明的元素世界在上帝內結合。但兩者之間，有本源和終結的統一。整個的創造過程，是從太初的黑暗元素轉變到光明的一個內在的變化過程，則本性黑暗的元素，同時是那個要轉變成光明的元素。從黑暗到光明的提升，在人表現在「個人意志」對「普遍意志」的就範。「個人意志」是盲目的意志和欲望，它的根源在上帝那古老的黑暗元素，永恆追求著自己，是反抗光明的意志。因此，人內有「天生的惡」也有「天生的善」；所以人常有悔改的可能性。善出於「個人意志」與上帝意志的結合。惡則是擺脫上帝。因此，道德最後是宗教性的，都與上帝的關係有關。

　　但是「惡」不是自己獨立存在的勢力，也不是善的全等值的對立。它是善的濫用，而稱為「墮落」。它是寄生於善的力量。因為一切活力基本上都是向善之力。因此，善與惡兩元素在地上之戰，自始就不是同等的爭鬥，而是無能對全能的反叛。惡從善所奪走的力量本身非惡，它最後乃屬於善，最後仍要無誤地再回歸於善。換句話說，受惡之勢力控制的世界，仍然有向善奮鬥的出路。

　　從上帝神生觀點來看這個過程。當上帝在原始狀態，在一切啟示之前，祂只隱含著祂是什麼；此時祂尚在一切對立的彼岸，祂完全不分而處在中立的狀態。當上帝進入啟示的過程——即世界過程，祂受對立奮鬥的統轄。當上帝完全的自我啟示，此時是上帝的完成狀態，也是一切事物的終結，一切對立統一而和諧。只在完成狀態下，上帝才是祂的整體，祂的本質才是位格性的，因為祂的整個本質只在祂外顯和實現的完

成狀態中出現。

惡只在過程中存在——在上帝內黑暗的意志是惡的基礎，不是惡本身，它最後要消失，要轉變成為善。問題是，為何需要這麼一個過程和惡呢？為什麼不在起初就是完美的呢？唯一的答案是：因為上帝是生命，而不單只是存有。凡有生命的有命運，隸屬於苦難與生成變化之下。上帝自願這樣隸屬於，為成為位格，也就是為了祂的自我實現，因為在生成變化當中，存有才感覺自己。

在此上帝過程觀中，宗教成為密契地參與上帝善惡鬥爭的神劇過程。在宗教哲學史上，謝林開始了上帝受苦的說法。繼起的有黑格爾的上帝死亡的說法，以及現代上帝受苦與天主死亡的神學。

三、黑格爾：主體性合一的宗教觀

在黑格爾的系統裡，宗教哲學是哲學中的一門，但是他的整個哲學大系統就是一部大的宗教哲學，因為他的整個系統是絕對精神——上帝——自我意識的辯證過程的陳述。因此，當他在哲學處理雜多層級的世界時，他就在處理上帝本身。在世界有機發展中顯示的，即上帝的存有。

雖然黑格爾也區分狹義的宗教的信與哲學的知，兩者形式不同，前者是依托和崇拜，後者是概念的掌握。但是兩者的對象同是唯一的絕對者上帝。上帝是絕對精神，絕對精神的本質是對己之知。上帝的知己不全在世界的彼岸，而在我們人的意識內。反過來說，人在宗教上的意識，是上帝在人的意識內的自我意識。人在哲學上的意識，是上帝在真理的意識，也就是達到意識之實現的意識。在此我們可以瞭解，為什麼在〈絕對精神論〉黑格爾要從宗教辯證到哲學，而非相反，因為對黑格爾而言，上帝絕對精神的本質是思想。因此宗教的信要在哲學的知才得其圓滿，即精神才在精神的形式下認知自身。

宗教的本質是有限生命向無限生命的提升，這個只在有限精神的人

類才可能，因此更正確地說，宗教是有限精神與無限精神的合一。這種合一是「主體性的合一」。從有限精神的觀點來看此合一過程，它是個有機辯證的宗教現象，它一步步從最直接的純感覺辯證到藝術，從藝術辯證到想像，再從想像辯證到哲學概念。換句話說，在最直接的純感覺中，人在自然中經驗上帝。在藝術，人在自己的創作中經驗上帝。在想像中，信仰的對象藉比喻或圖形的形式被表達。

　　從無限精神的觀點看此宗教上的「主體性合一」，它是個「意識」過程的問題，也就是說，宗教是上帝的自知和直觀。絕對精神在自己的意識內自知，也在有限精神的意識內自知；因為有限精神不只是上帝自我疏離的「他存」，也是「同一」。宗教成為，或根本就是：絕對精神在有限精神之知中的自我意識。

　　宗教現象有一系列的顯象形式，同樣具歷史的和超歷史的兩面意義；同樣不在發展的結局，而是過程整體才是宗教的真理。換句話說，宗教現象有發展的過程。宗教的顯象形式來自上帝的直觀形式。上帝的直觀形式是超時間的和內在的，宗教的顯象形式則是時間性的、是外顯的結果。宗教的顯象形式是多樣的，就看上帝的本質內的什麼「因素」被直觀。因為絕對者按本質是萬有中的萬有，所以一切實在，從最低的到最高的存有形式，都能夠成為絕對者直觀的形態。在每一個形態內，宗教有其限定的真理內容，但不就是「真宗教」，其內同樣各有非真或是消極的因素，而由此向新的形態推進。黑格爾將上帝的直觀分三級：在自然形態、在藝術品、及在精神的真原始形態。此直觀三級配合宗教的三層形態：自然宗教、藝術宗教、與啟示宗教。自然宗教指對自然崇拜的宗教形態。藝術宗教指古典希臘世界呈現於神像、讚美詩、神明慶節、密契崇拜、史詩、及喜劇等的宗教形態。但是輕浮的喜劇說出了嚴肅的話：「上帝死亡」；這是損失與大疼痛的意識。宗教死於人文化之內。八十年後有尼采（F. W. Nietzsche, 1844-1900）在生命價值觀上宣告的上帝死亡，與之相對映。不過「上帝死亡」有另一個意義：死亡是人的

命運，能死亡的上帝是成為人的上帝。因此，「降生成人」取代了「崇拜為神」的位子。人造的藝術宗教，進入了上帝「啟示的宗教」。

上帝成為個體的、實在的一個「人子」──「神而人」的耶穌基督，在他具體的自我意識內，上帝成為可直觀的形式。在此形式內，上帝被傳於普遍的意識，生活在祂的信徒團體中。從耶穌的個別自我意識，變成普遍意識或稱團體──即教會，這就是上帝的「精神復活」。上帝的「走入死亡」是祂的自我捨棄；祂原是生命！因此確實是絕對者與自己的和好，而成為一切和好的基礎。基督信仰的本質，即宣告上帝與墮落的世界、及與上帝分裂的人的和好。

按照黑格爾，上帝在世界過程中才完成自己，人與世界成為上帝的「他存」。如果人本主義化宗教，從人本的方向去看這整個正、反、合的辯證過程，則會陷於無神論，如十九世紀的無神論所表述的。

德意志觀念論的「萬有在神內論」都主張上帝的本體在每一個人的心靈中，所以人可以在自己內找到上帝的存在。人可以在此生此世與上帝密契結合，參與上帝自我意識、自我實現的過程。

四、史來馬赫：感覺宗教觀

史來馬赫（F. E. D. Schleiermacher,1768-1834）是一位德國的哲學家，但不是一位「萬有在神內論」者，不過德意志觀念論講絕對主體的上帝，引向理性直觀和密契的宗教生活，加上當時候盛行的浪漫主義，都有利於讓他來發揮感覺宗教的理念。因此我們將他的學說放在「萬有在神內論」的德意志觀念論之後。

他主張，宗教的本質，不是思辯，所以不在於對至高者概念的掌握；也不在於倫理系統，所以既不是康德的道德朝拜，亦非費希特的倫理的理性直觀；而是心靈內在虔誠的感覺。對於宗教的感覺，他先是定位在，心靈對宇宙整體做虔敬自我交付的情感。

他說：宗教為人是直接的，感覺是宗教的來源，也是宗教生活的空間。意思是，上帝已直接給了人，而非我們思想所得。但宗教經驗本身不應當常停留於非反省，而應該在思想中被解釋清楚。這是一個如何達到「存有的超越基礎」的問題；不再是上面所講的宇宙整體之觀的問題。

要達到存有的超越基礎，非思辨的上帝概念所能做到，不管是泛神論的或是創造神的概念。換言之，理知的進路無法通達到超越的存有基礎。實踐理性同樣達不到超越的存有基礎，因為從意志的觀點來看，超越的基礎是倫理律，不是存有的超越基礎。

但是思想與意願不能完全分離，因為每一個思想活動能推源於某個意願，相反的，每一個意願中有某個思想的根源。史來馬赫認為，存有的超越基礎只能在思想與意願的這個同一點上達到。此同一點，他稱為「純直接自我意識」。這個自我意識不是「我」對自己的意識，這樣的意識已屬於「反省的自我意識」。但是純直接自我意識如何達到存有的超越基礎的呢？這得先看存有的超越基礎與純直接自我意識的性質。

存有的超越基礎不顯現於某特定的時間，但以非時間的方式伴隨一切思想，同樣也伴隨純直接自我意識；純直接自我意識則伴隨我一切的生活。因此，存有的超越基礎不赤裸裸地獨自出現，它常與一切具體的事物在一起；純直接自我意識不在反省中，而在一切我中。存有的超越基礎不直接被感覺，而常是在某具體存有中一同被肯定；純直接自我意識也是在具體的自我意識中同被肯定。因此，宗教意識是普遍屬於人的，不是限制於某些特殊的宗教天才。

對史來馬赫來講，沒有所謂普遍和抽象的上帝意識，有的常是在時間與具體多樣連結中的純直接自我意識。而在每一個自我意識中有二個確定的因素：「自我設置」和「自我並未如此設置」。與之相對應的是：「自我行動」和「領受性」，或稱為「自由」和「依賴性」。我們沒有純自由感，但有純依賴感。純依賴感並非來自某一既成對象的影響，因為對這樣的對象的依賴感常是片面的和部分的。因此，純依賴感不是塵

世的一種感覺，而是屬於宗教的虔敬之感，是我自己對上帝——存有的
超越基礎——之關係的意識。我們感到自己和自己所有的自由感都是在
上帝內被設置的。所以純依賴感並不是如人所誤解的，排除我們自我行
動的能力，相反地，它說明自我行動的可能；因此不是決定論的機械論
的世界觀。

在此的「我」是自我設置和已被設置的「我」，對如此設置我者有
虔敬的、整體的依賴感。這基本的虔敬本身是宗教的，對上帝的。

在宗教哲學史上，史來馬赫首先提出，宗教既不是建立於上帝的思
辨概念和證明，亦不建立於實踐理性，而是來自統合思想與意願的純直
接自我意識；此意識本身已是宗教性的。但是純直接自我意識，或思想
與意願的同一點，這一哲學構思並未被普遍接受，是有爭議性的。此
外，由於「感覺」受一般用法的限制，容易將人與上帝的關係引向情感
的園地，而不是他所要的包含整個人的向度。因此所達到的效果恐非真
正對上帝的感覺，而更只是美學的宇宙感。況且，純非理知的信仰，也
容易走向盲目的信仰。

第 六 節　無神論對宗教的解說

在理性宗教、自然神論、與康德建立於實踐理性的宗教觀裡，上帝
是個客體，祂在人生的彼岸，致使宗教生活與日常生活分裂。為了克服
這種分裂現象，德意志觀念論提出絕對主體的上帝觀，強調上帝是在今
生今世生活的。尤其對黑格爾而言，生活的上帝有一個生死的過程，上
帝死亡然後復活，這樣的上帝才是真正生活的上帝。但是黑格爾左派不
讓上帝回生，而是就此讓上帝消失。

此外，十九世紀存有學上的無神論接受機械唯物論的支持。這是一
個主張嚴格因果律封閉的唯物世界觀，不承認有獨立自由的精神生命的

存在。事實上，自然神論的機械世界觀，已經把上帝請到世界的彼岸去了。上帝的問題成為世界開闢的問題：世界是自己永恆存在的呢？或是上帝創造了世界？但是在自然神論之下，上帝已經跟此世無關，所以兩者孰是孰非，對宗教的實踐生活已無差別。如果是理性的上帝創造了這個世界，那麼這個世界的存在還有目的和意義可言。換言之，上帝成為世界意義的說明。但是意義是可以被否認的。因而否認了上帝之後，世界有計畫的目的也要被否認。唯物論主張精神只是一種的物質，因此更適宜無神論。主張無神的理由各有不同，也就有不同的無神論，而他們對於宗教的解說，也就各闢蹊徑。

一、費爾巴哈：人是上帝的創造者

費爾巴哈（Ludwig Feuerbach, 1804-1872）採用辯證法，所以他的無神論是由內部在反駁黑格爾的理論。又由於同屬於觀念論，所以他的出發點不是一般無神論者所採取的機械唯物論，而是觀念的，即以人的意識和精神作為瞭解世界的進路。而且他如同黑格爾一樣，從絕對者出發，只是這個絕對者不再是上帝，而是人類就為無限的本質。因此他的辯證法與黑格爾的次序正好顛倒。

有關宗教現象的解說，按照黑格爾，宗教是有限生命向無限生命、有限精神向無限精神的提升，而本體上是上帝在人的宗教意識中自我意識。費爾巴哈就正對著黑格爾宗教思想的這個中心點作攻擊，按照他，宗教是人之意識對自己的關係。他不否認有宗教事件，但他否認有人對上帝本身的關係；他不否定精神，他甚至把人的意識抬舉到最高的位子，但是他否認「絕對精神」。所謂的絕對精神，按照他的說法，只是人具體精神的抽象和形象化的想像；藉著這個說法，他試圖說明宗教的起源，同時揭發宗教的自欺。

在黑格爾，無限精神捨棄自己而「他存」於有限精神，為的是要與

有限精神「同一」。對費爾巴哈來講，人類才是實在的真實，絕對或無限的精神是純粹被抽象推想出來的。關係因而倒置，神只是人之意識的作用，人才是那唯一真實的。神不是人的創造者，人才是神的創造者。雖然還有上帝，也仍然是絕對的，但純是人的意識的投射想像。從人類來看，人的本質是無限的本質。這是宗教的錯誤，將人類本身的無限本質視為己外獨立的和先己的存在者。因而人不只是神的創造者，而且人還按照自己的肖像造了上帝；不是如同宗教上所說的，上帝按照自己的肖像造了人。在黑格爾，人對上帝的意識是上帝的自我意識；現在費爾巴哈說：「對上帝的意識是人的自我意識」。

　　宗教的另一個錯誤是，他們認為上帝是一個主體。事實上沒有上帝的主體，只有一些追加於上帝的述詞。這些述詞都是真實的，但是它們最後是人之本質的述詞，按價值被視為神性的，而被歸於上帝。似神的主要述詞有超自然性、不死性、獨立性、與無限制性。它們是人之位格的述詞，而投射於神的位格。因而費爾巴哈說，人在上帝的位格頌讚自己位格的超自然性、不死性、獨立性、與不受限制性。

　　就為承載這些屬性的存在，上帝是至福的位格化和形象化。則愛上帝是人神化的自愛。但是人實際上並非無限的本質，承擔不起那些似神的本質述詞。因此費爾巴哈改口說，具完美屬性的上帝所表述的不是真實情況的人，而是人的願望。於是宗教成為人幻想能滿全其願望的園地。宗教將人所有的願望投射於天堂，而使人疏離現實的此世，所以宗教不只是幻想，而且還是腐化人真實生命力的幻想。

　　費爾巴哈不否認人有宗教的經驗，但否認宗教是人真正與上帝的關係。但是他的理論結構有問題。按照他，上帝的信仰來自人無限的本質或是願望的投射，但是他沒說明為何人有此無限的本質和願望。他說上帝是人自我意識中對象化的創造，那麼他沒有也不能說明世界存在的理由。雖然他後來說：「世界在自己內有其基礎」，但這是機械唯物論的一個命題，而他對宗教的批判是觀念論和人類學進路的。在說明外在世

界的問題上，兩個非常不同的系統勉強撮合在一起，產生了系統的矛盾。最後他只有逐漸除去觀念論的因素，而以「自然」取代傳統上上帝的位子。但其結果或是成為他自己所反對的泛神論，或者「自然」成為抽象的概念。

此外，他將傳統歸於上帝的所有述詞全數歸於人的位格，在此他失去了人的真實性。真實的人承擔不了那些述詞。這樣失去了上帝的主體，也失去那些述詞的立足點。因而必須改換成人的願望，以滿全願望的幻想來解說宗教。但是就此他走入了另一個矛盾。因為他的進路只在人的無限本質之假設下才可能的。現在卻說，這無限只是個願望。總之，失去了上帝，在他的系統裡造成了一個無法彌補的真空，他想要以「人是人的上帝」的最高原理作為世界史的轉捩點，是一個幻想。

二、馬克思：宗教是病態社會的意識形態

馬克思（Karl Marx, 1818-1883）所帶來的影響比費爾巴哈大，因為費爾巴哈停留於哲學，馬克思則走上政治與經濟的舞台。他的理論曾被許多國家接受為官方的教材。他要達到的最後目的，是世界的政治和經濟的改革，他對宗教的批判，因而不是目的本身，而是為其他一切批判的失決條件。他本身始終是個宗教的局外人，所以他對宗教的瞭解是表面的，把宗教看作一種的社會勢力。

對於費爾巴哈的基本思想，他毫無批判地接受──上帝與宗教是人自己創造的東西，人是人的上帝，而且他更極端化，因此對費爾巴哈亦有微辭。

在實踐的世界的瞭解之下，馬克思看宗教是一種政治和社會的勢力，而不只是迷信的意識，它因應實際世界的需要而產生。因此，宗教不會因意識的改變，也不會因世界觀的不同而能夠被否認掉。它只經由世界實際的改造，才能有所改變。

　　此外，馬克思批評費爾巴哈對人的看法，沒看清楚具體的人並不是簡單的一個意識，而是在社會錯綜複雜的關係中的存在。在所有社會關係中，首先是生產的關係；因為人不像動物一樣只是生活著，而是一個工作與生產的存在。在此對人不同的看法之下，費爾巴哈看宗教，是人類要發現自己的本質所呈現的一種狀況，是在正常的狀態下人對自己加倍的投射。對馬克思來講，宗教也是人由自己推想出上帝而產生的，但非自然，而是幼稚，是人在不正常的社會條件下所產生的「自我疏離」。宗教的自我疏離來自社會的自我疏離，因而宗教不是一個正常世界的表達，或是人一般的幻想形式，而是病態世界的表達，所以在任何方面也就都是病態的。問題是，如果宗教不是人對無限存在的正常關係，而是人的自我疏離，那麼如何說明宗教的普遍性？為何宗教是病態的卻還是必需的呢？

　　按照馬克思，宗教是人尚未獲得自己，或又失落了自己的自我意識。人切實是失落了自己，因為病態的社會結構阻止他去成為真實的人。由於社會分工發展成資本主義的經濟系統，在這種情況之下，人為度生，必須將自己如同商品一樣賣出；領工資的勞工是人自我疏離的典型。這種狀況屬於資本主義經濟系統的必然性，且不斷地擴張。這一種情形，在資產階級中甚於封建社會。在後者尚有上司下屬的關係，還以政治和宗教來掩蓋剝削。在資產階級中不再掩飾地剝削，無恥、公開地、直截了當地剝削。宗教在這病態的世界中，對受壓迫者扮演了鴉片的作用，使他們藉以逃避現實生活的壓力和痛苦。

　　宗教是人民的鴉片，這句話的主要意思，對馬克思來講是：第一、宗教只給人一個幻想式的滿足；第二、宗教未真正以革命性行動去改進世界。馬克思要的卻是世界的改革。他同樣假定現實世界是痛苦的，但他不讓它這樣繼續下去，而將希望放在「此世的將來」。

　　此外，馬克思相對地也批判宗教是剝削者的權力工具。因為他認為宗教將世間的痛苦解釋做上帝的懲罰，或是上帝智慧的安排，而要求人

要懷抱怯懦、卑下、謙虛等奴隸特性的心態。相信上帝是創造者，則對上帝的依賴是奴隸心態之根。承認我為受造，則我之生命的基礎在己之外，這是自我疏離之根。

馬克思將宗教歸因於社會中階級的分別，所以宗教失去人類的向度，而成為階級的問題。有關宗教存在的價值，他認為，一天階級還存在，世界就尚未進入軌道，不幸必然存在，則任何理性的說明都沒有用，只有宗教仍然扮演真正有力的角色。這是因應來自統治者之利益與被剝削者之安慰的需要。但是有一天世界進入了軌道，不幸之事真正被排除了，人民不再需要什麼幻想來安慰心靈，則宗教沒有了必要而自然就不會存在。

馬克思未說明宗教的起源，他只指出宗教在社會中病態性的被利用。他有關宗教的說法假定了，在革命之後，上帝的問題在社會上會消失。這件事在他的時代固然還不能驗證。但現在，在所謂的革命之後，上帝的問題卻仍然存在，以至於布洛克（E. Bloch）、馬可威克（Machovec）、伽藍弟（Garandy）等馬克思主義的思想家們還要重新提出上帝的問題來。這表示，將宗教從人類的問題中除去，使之只成為階級的問題，或將上帝視為缺乏情況下的代用品等，都是有所偏差的思想，因此不能防止問題的再被提出來。

三、尼采：上帝死亡

從「上帝死亡」的角度來看，思想路線從黑格爾到尼采達到了最高峰。不過在黑格爾，上帝死亡為復生。在尼采，上帝死亡是定局，上帝已屬於過去。但是尼采不是在反對上帝本身，而是在反駁基督徒信仰的上帝。他不是在爭論實際上有沒有上帝的存在。他反對的是以上帝為最高價值的體系。至今上帝一直扮演著最高的價值。但生活的上帝已屬於過去，祂已失去祂的權力和活力，已不值得去信仰。而且上帝的死亡是

被殺害的，是人殺了祂，「你和我！我們都是兇手！」

為什麼要殺害祂呢？這問題跟下面的問題是同一個：為什麼要反基督徒的上帝呢？尼采在發瘋之前曾說：「有人瞭解我嗎？狄奧尼修斯反被釘十字架者。」那麼他是為了此世生命在抗議形上的彼岸，為了大地在反對天堂。基督徒的價值系統為尼采如同為費爾巴哈一樣，只是強調點不同而已，即：天上的光榮是地上的虛無，對來世的渴望是對此世的否認，對上帝的肯定是對生活的否定。

在他早期的作品裡，已出現兩個思想的對立，即對兩種不同存在的基本瞭解：太陽神阿波羅是適度、精神、優雅、天上的、完美的表象。與之相對立的是酒神狄奧尼修斯所表現的地上的、狂喜的、放縱、帶破壞力的衝勁。阿波羅代表由蘇格拉底、柏拉圖、亞里斯多德等所建立的理性精神；狄奧尼修斯所代表的則是非理性、由深處來的創造力和生命的表象。基督徒的上帝則是比阿波羅更是阿波羅的純精神性、道貌岸然、講究慈悲，懦弱無能，尤其是仇視生命、反狄奧尼修斯之價值綱目的製造者，是保障其他一切傳統價值的最高價值。如果把祂推翻，則價值顛倒，狄奧尼修斯的存在成為可能，但某些人會因此墮入虛無主義。

上帝是最高的價值，對這最高價值的信仰不再可信，即「上帝死亡」，則整個至今的文化價值系統要崩潰。上帝的死亡要產生前所未有的效應。首先會引起一場主觀的大災難。當事人一方面有「殺害」上帝和犯禁的罪惡感，另方面混雜著沒有了方向的失落感。但是只有對於病態世界的信徒，虛無主義的行程是一個災難。對於「強人」，對於智者，上帝死亡是復健、救恩世界的開始，是要歡欣鼓舞的一個理由。為什麼呢？因為天際終於除去，視界大開，毫無障礙。我們的船可以自由行駛在不曾有過的開闊的大海上。在無邊無際的大海行駛，意謂有任何方向的可能，也有失去方向的可能，所以得冒險，而不是天真的「強人」。但求知者的任何冒險是被允許的。

「上帝死亡」即為史無例、後無繼者的大事，則它是歷史的分野

點。但是新歷史沒有了上帝，產生巨大的真空，如何去彌補呢？這真空必須填滿。則人必須改變自己，現狀的人必須被超越，即要過超人的生活。超人是禁欲教士的對立，卻是屬於狄奧尼修斯的人，擁有新的價值綱目，能夠經由教育培養而成，是更高人類的代言人。他具雙重的矛盾性格：新價值的創造者，舊價值的毀滅者；一方面是卓越，另一方面卻是殘暴。如同樹愈向高處和光明伸長，根愈向黑暗的深處延伸。為成為創造者，他必須強硬和無情。同情是他最大的誘惑，他必須學會不去憐惜人。弱者是不值得同情的：「誰不高飛，應當墜下；墜下的，人應踐踏。」

權力意志是超人的新德行；超人即權力意志的化身。權力意志對生命而言是追求「更好」的生活，即常追求更大的權力。不可避免地要奮鬥。

尼采是西方傳統文化價值體系之革命的無神主義者或反神主義者。他尤其針對了建立於基督宗教信仰的道德原則。他對權力意志的強調意謂常是更大權力的追求，無限制和不擇手段的權力追求，甚至弱肉強食或消滅之。尼采將之列為超人的新德行，則不能容人而不能容神，是可以瞭解的。為生命的肯定，卻產生對生命的破害和否定，這是他對權力意志之強調的一大矛盾。

尼采的另一個矛盾在於他雙重意義的生命概念。他所講的生命，一方面是自然生機的生命，另一方面是宗教神祕的生命。這個矛盾綜合可以這樣試解。生命代言人狄奧尼修斯一方面是自然生機的表徵，尼采藉他來反柏拉圖主義下基督徒對生命的態度，而反最高價值上帝。尼采說，「沒有真理，一切都被允許的」。但若還有真理，真理的判準是，凡為生命有益的為真，（自然生機之）生命所推動的為真。狄奧尼修斯另方面是宗教神祕生命的表徵，因為他是取自希臘神話，因而不可能沒有其宗教向度。他象徵對生命整體性的狂喜肯定，也肯定生命中最可怕、最有問題的地方，包括生命的非理性性質。對生命全面的肯定，而提出「輪迴」的永恆意志，由之引出了尼采的第三個矛盾。

　　他提出對此世永恆生命的渴望。永恆的渴望屬於宗教，但是他渴望的永恆生命不是來世，而是這個世界，綜合表達於永恆輪迴。矛盾在於，一方面超人意謂超越了人，假定直線的時間觀念；另方面是永恆輪迴，一切在永恆再次重來，最小和最末的人都要一再出現。則人並未被超越為超人。矛盾的來源在於，「超人」是末世的將來，肯定的是將來，而否定現在，推翻現成的一切價值。「永恆輪迴」則來自對此世生命的肯定，而賦予此生永恆。

四、沙特：自由主義的無神論

　　沙特（Jean Paul Sartre, 1905-1980）是二十世紀存在主義的無神論者。存在主義本身不是無神論，而是凸顯出人在世界中之特殊存在方式的一個思想運動。作為特別關懷人之存在的學問，存在主義基本上相反於決定論的唯物主義，所以能夠是有神論的。但是由於存在主義的出發點是人的存在，而不是有關上帝的理論，所以在強調人的自由的情況下，也能夠走出無神論來。

　　沙特自稱他的存在主義是附庸於「大智邊緣」的一個意識形態。這個「大智」指的是馬克思主義。換句話說，他的存在主義建立於馬克思主義的「邊緣」，而不為其所接受，因為他的存在主義強調人存在的主體性與自由，相反了唯物論的決定論；唯物論不一定是馬克思主義，但馬克斯主義卻是唯物論。因此，沙特的存在主義是要在馬克思的革命哲學裡超越馬克思的唯物論，但為其無神論作辯護。沙特為無神論的辯護分存有論與倫理學兩條進路。

　　在存有論上他區分：或是物的存在，或是人的存在。物的存在無意識、混濁而不可滲透，沒有自由，沒有其他的可能性。它就是在，或只是在，問它存在的根基是無意義的。人的存在則是有意識和有自由的存有，與無意識和沒有自由的物的存在大不相同。為了完成人的存在，人

必須向外「自拋」，自己決定自己。但是人是在絕對自由中「自拋」，所以無方向，無意義，因而人是「自拋」於「空無」。這是沙特的悲觀虛無主義，在此沒有上帝的位子。因為詢問物存有的根基毫無意義。而人之存在是在絕對自由中自拋，也沒有上帝的位子。人要存在，卻走入空無，但是人仍然這樣存在，為的是要跨越存有與空無，也就是要建構自己存在的基礎，也就是要成為「自因存有」（ens causa sui），即上帝。但是存有與空無之間的距離太大，人不能成為上帝。這是個矛盾的觀念，沒有上帝，才配合人自由的存在；但是沒有上帝，人必要失敗。

在倫理學，沙特提出，人的存在先於本質，意思是，尚未被界定之前人已存在，也就是說，人要自我界定。在有神論裡，人已先被界定為受造物；真正存在先於本質而自我界定的，只有上帝。換句話說，若有上帝，則人有一個受造的人性，人只能這樣生活，沒有「他存」的可能性。但是人有「他存」的可能性，所以不能有上帝。

存在先於本質，指的是自由，因為自我界定來自於自己的選擇。上帝的「全能」是人之自由與主體性的剋星，兩者互相排斥，所以有上帝則無人，有人則無上帝。

沒有了上帝，有了自由，但是人並不歡樂，因為人固然能選擇自己的存在，卻不能選擇要不要自由。人被判為自由，人要決定自己。沒有上帝，有了自由，則整個價值界的重擔落在人身上。沒有了真正可根據的天賦或人性，沒有了定點。人的重擔，不僅要決定自己，也要去決定善惡。

有關上帝的不存在，沙特應用的是循環論證：人要自拋，自己決定自己，所以上帝不存在；上帝不存在，因此人的存在先於本質。這是他在存有論上講上帝不存在的立論根據，卻是個無效的論證。在倫理學上，他說，就是上帝存在也無足輕重，因為人已有自由。人在上帝之外決定自己，有上帝也不能改變什麼。問題是，人有絕對的自由嗎？

第七節　二十世紀：人類學的宗教觀

　　布柏（Martin Buber,1878-1965）聲稱二十世紀是神的黑暗時代。這是一個在馬克思主義、無神論、科學萬能主義、理性主義、及心理學主義之後的時代，知識份子以為宗教就是迷信。學者對宗教和上帝的討論是在黑暗中摸索，傳統的論證已失去公信力，具新公信力的論證尚未產生。各種學說如雨後春筍般地出現，但是眾說紛紜，莫衷一是，沒有哪個學派能夠獨霸市場，而只能代表某一個學派的主張。而且各個理論都非常地個人性，受到個人特殊的歷史、文化背景很大的限制。這個時代討論宗教問題的唯一共同點是，以人類學為進路。上帝的問題與人的問題彼此關聯、彼此定義。

一、布柏：神是永恆的你

　　布柏是猶太教的信徒。猶太宗教不像基督宗教那樣受到理性的批判，因為它不像基督宗教有那些艱澀和背理的教義，它更重視的是宗教的實踐，對神的服從，而不是當信為真的教義。在此背景下，布柏給宗教的定義是，「與神的相遇」。

　　「相遇的神」是一個主體，因此布柏排斥對宗教做哲學思辨，因為神在哲學思想中會被客體化，而成為觀念。況且神的觀念能夠與神本身相混淆，以致使費爾巴哈有機可乘，把神視為人之意識的投射，在此意識之外沒有神真實的存在，結果人與神的關係成為人自己對自己之意識的關係。「相遇的神」也與德意志觀念論所講的絕對主體相對立，因為前者是己外的一個「你」，後者則是己內意識的一個「我」。「與神的相遇」，更確定地說，是「與你的相遇」。在宗教中相遇的這個「你」，

可以有許多的可能去說祂，只要不講成我自己，祂是我之外的另一個。

布柏區分「它的世界」與「你的世界」。在「你與我」關係中的我，和在「我與它」關係中的我，截然不同。經驗的世界屬於「我與它」的世界；關係的世界是「你與我」建立的世界。只在「你與我」的關係中，我才以我整個的本質存在。在這樣的關係存在中，我不能沒有你；與你，我才成為人的我。「它」的世界是時空的延續，只是人生活的先決條件，人必須跨出並進入關係的世界，人才成為人。

神是永恆的你，與祂的關係可以類比人與另一個人的相遇，但非人與自己的相遇。神一方面可以與人的你類比，另一方面與人的你不同。人的你有時會以「它」的姿態出現。神則始終只在你的關係中對人臨在；縱使你以不完美的名字呼喚祂，祂在。神從不能被理解為「它」，意思是，不能把祂當成思辨的客體對象，或成為陳述的教義。在此客體化中，神消失，通往神的道路就被阻絕了。

與神的關係，如同每一個你的關係，具有排外性，即不能為其他的關係所取代，但包含對人和對世界的關係。意思是，無所謂愛神就不能愛世界和近人，反而是在世界和人之間愛神。日常生活就是事奉恭敬神的所在，雖然對神的崇敬不能被社會或政治活動所取代。換言之，宗教不是走出世界之外的另一個神聖的空間，而是世界應被聖化，這樣神的光耀能在此世彰顯出來。

從費爾巴哈、馬克思、到尼采的宗教批判，都假定了愛神與忠實於大地，彼岸與此世之間的對立，認為宗教為了神犧牲了世界，而提倡為了人之生命的完成要神死亡。但是這樣的批判所針對的，只局限於某種宗教態度，絕不是布柏所提的與神的關係。不過以永恆的「你」來講神，不免有「人」之位格性的涵義，這是最有爭議性的命題。

對此異議，布柏自己回答。他說，神不是觀念，祂在創造、啟示、和救援行動中走向人，主動與人建立直接的關係，使我們與祂建立直接的關係成為可能。那麼不可避免地要以位格性來描述神，因為這樣的關

係只能在位格之間建立。不過，將神局限於位格也不適宜，因為由此能
夠引起錯誤的擬人化，而無法表達出神的超越性來。因此只能說，神也
是一個位格。神有許多的屬性，我們知道的不只其精神性與自然性，還
有位格性。位格性是唯一在相遇中能認識的。除此之外，布柏放棄給神
作任何的定義。

二、雅士培：超越存在哲學的上帝觀

雅士培（Karl Jaspers,1883-1969）講的是超越的存在哲學，也就是說，
他對人存在的討論不在於存在對己的關係，而在於存在面對超越界的關
係。因此他討論的焦點集中在上帝的問題。但他相反於當時基督新教內
的辯證神學，他們強調啟示而排斥哲學。

雅士培哲學的基本觀點在於對「存在」的理解。人的存在非客體，
所以不能經由科學的客體化陳述所把握。存在非既成，而是要去存有，
稱為「自我存有」（das Selbstsein），要在行動中一步步地自我實現。這
個「自我存有」為我只能是自己，或成為自己，或是失去自己。因為存
在與自由緊密聯繫。存在被召向自由，在實踐自由中實現存在，在實現
存在中實踐自由。因而存在常有沒能達到自己的危險，但也是實現自己
的一個機會。

存在的意識自己，不在己，而在所謂的邊際經驗。它首先表達於對
純「世界存有」（Weltsein）的不滿，即不滿足於只是「此有」（Dasein），
而要走向人之存在的實現。其次是存在性的災難：死亡、痛苦、爭鬥、
及罪責等邊際經驗。最後存在突破「世界存有」，而經驗「超越界」。
雅士培強調，只在這最後的邊際經驗，即突破向「超越界」，存在才實
現自己。人不斷超越，因為人在尋找「超越界」。但何謂「超越界」？
它與上帝的觀念有何關係？為何人在邊際境遇中會經驗到它？

雅士培首先澄清，「超越界」是「存有的根源」，因此不能如客體

一樣被當作對象認知，其真實性也不能如世物一樣被指證。對其認知必然要失敗。因此常有否認「超越界」的可能性。但是這種否定，卻正表示沒有弄清楚存在本身。因為存在本身愈明，愈意識到它自己的這一存有的根基。

　　「超越界」是包容一切者。世界對我，我的意識對世界，是相對的超越和相對的包容，但是它指示真正包容和真正超越的「超越界」。這個「超越界」在任何時候都是「不可掌握」地臨在著，有如同無，因而在似乎墮入虛無之中，即在失敗中，會突然經驗到「超越界」，經驗到最終承載的存有。這個是最高的荒謬：在失敗中經驗「存有」。

　　按照對「超越界」不同的經驗，能分別稱之為「存有」、「實在」、「神」、或「上帝」。但是沒有其中哪一個稱謂能完全地把握祂。因此不能輕易將「超越界」與上帝認同。不過大體而言，對雅士培來說，「超越界」與上帝同一。意思是，若不對上帝做活生生的偶像想像，則他肯定上帝。

　　對人的存在而言，上帝是既超越又內在。因為「超越界」不在彼岸，而是自我實現之存在不可把握的根基。因此祂是遙遠而陌生的上帝，同時是永遠臨在者。在歷史中從不能具體把握祂。但是祂是如何表達自己呢？對此，雅士培提出「超越界」顯示的密碼特性。

　　「超越界」在歷史中以密碼說出自己。密碼不是「超越界」本身，它們是「超越界」的表達。但由於「超越界」是自我實現之存在的根基，所以只有超向「超越界」的存在能解讀密碼。原則上一切都能成為「超越界」的密碼，但語言有合適與不合適的分別。合適的密碼如原初的宗教語言：神話。因為原初的神話尚未成為定型的信理，尚非理性化的陳述，具有密碼的開放性和彈性，是「超越界」合適的密碼語言。關鍵點在於，「超越界」的密碼說法，不是將密碼當成客體，而是將客體當成密碼，然後透過存在的閱讀，將具體之客體的存在方式改變，使其客體性消失。

在密碼語言中出現，存在由「超越界」所支撐，「超越界」由存在所把握；對此結構，雅士培稱為「哲學的信仰」。稱之為信仰，因為在此實現了一個不是理性所能證明的基本態度，即「自我存有」自由地感激那包容一切者。稱為哲學，因為這是一個思想的、認知的、和願認識的信仰，是一個批判的信仰，不迴避問題，而願有理性的清晰。

「哲學的信仰」重視歷史性，而與啟蒙運動時期失去歷史性的理性宗教有所不同。「哲學信仰」建立於各自宗教的歷史傳統；對雅士培而言，其宗教的傳統是基督宗教和聖經宗教。但是「哲學信仰」對各自的歷史傳統，是採取批判的態度，一方面親近，另一方面保持距離。因此雅士培對教會和聖經上的上帝，也採取批判的態度。但是對他來講，聖經具獨特的地位，它不專屬於某個教派或某個宗教，而是屬於大家的。它具有「哲學信仰」所不可或缺的要素：唯一上帝、善與惡之間絕對的抉擇、在人內永恆的基本事實是愛、世界的開放性、痛苦的尊嚴、以及人最後唯一的出路是上帝等等。但是雅士培並未提到聖經中另一個重要的要素，即存在的恩典性。

雅士培代表了二十世紀思想家對於宗教和上帝之問題的一個典型態度。他一方面對宗教表達極深的尊敬，另一方面對具體的宗教保持清明的批判態度。所以我們看到他，一方面給予基督宗教和聖經極高的評價，另一方面不保留地嚴厲批判他自己教會的神學。對上帝問題的討論，他一方面表現學術上的負責，另方面非常保留，而大不同於費爾巴哈、馬克思、尼采、與沙特等的消極思維方向。他適逢上帝死亡和無神時代過去了的時代。這是一個摸索的時代，一方面反無神論，另方面也擯棄無神論者所反駁的有神論傳統，所以尚存有分歧的現象。這現象在雅士培表現在他一方面推崇聖經，另方面卻忽略聖經上的一個主要的要素：存在的恩典性。這是由於恩典思想尤其是新約聖經的特色，它建立於基督的救贖觀念。基督則是上帝的降生。這個對雅士培來說，正是「超越界」被具體客體化的迷信。對他來說，耶穌只是個人。就此而

言，他走上了啟蒙運動時代同樣的人文傾向的宗教。他的人文傾向使他在啟示與理性，神學與哲學之間，找不到銜接點。這又來自於他與自己教會當時的神學的對立態度。當時巴特（Karl Barth, 1886-1968）和布特曼（R.K.Bultmann, 1884-1976）兩位神學家強調：宗教只靠啟示建立自己，理性不能說明之。這種排除理性，只建立於外來權威的說法，使雅士培不能接受。因此他說：由理性來看，啟示不可能，也不是不可能。哲學不建立於啟示，而建立於理性。就「哲學信仰」來說，只有將啟示當作密碼來瞭解，啟示才能被承認。但是這一說法，對巴特和布特曼的啟示信仰來說，正好失去了內容。結果是雙方對立，壁壘分明。

第 八 節　結論

　　從以上的討論，我們發現，不管是主張人文宗教者或是啟示宗教的辯護者，不管是提倡理性宗教與自然神論者或是講絕對主體的上帝觀者，不論是強調道德朝拜者或是給密契宗教奠基者，甚至於不僅有神論者，連無神論者當他們講到「神」時，都一致意涵「上帝」是最完美存有者的觀念，只是強調的觀點不同而已。希臘哲學家與士林哲學家講上帝「不動」，意思是，上帝是純實現，祂的本質就是存在，也就是無以復加的最完美者。近代堅持「過程上帝觀」的，同樣試圖以生成變化的辯證「過程」來表達絕對精神的完美，祂是生命，祂包容和貫穿一切，在祂內一切對立統一，因此祂是人和一切的來源與最終的歸宿。即使康德曾批判傳統和他自己在批判前期的思辨論證，其中包括建立於上帝最完美觀念的存有學論證，他所反駁的仍然不是上帝最完美的觀念本身，而是反對從至完美存有和至真存有的觀念推論上帝存在的有效性。他自己不論在批判前期或在批判期，始終以最完美存有和至真存有為上帝的觀念。即使是無神論者，就觀念來說，他們不但沒有否認，甚至還假定

了上帝是最完美存有的觀念，只是他們反對這最完美的上帝的實存。

實際上，不論是一神信仰或是多神與泛神的信仰，是人文宗教的信仰或是啟示宗教的信仰，是民間信仰或是制度宗教的信仰，都相信他們信仰的對象是最完美的神聖界。固然一神信仰的對象是全能，是真善美本身，多神信仰的神聖界就整體而言又何嘗不是如此，只是這全能與全善被諸神給分享了，因為在多神信仰中諸神各有所司，也就各有所能。

有關宗教的起源，二十世紀上半葉有一些學者嘗試從比較宗教學的進路去探討，有的做古老宗教的比較，有的探討原始民族的宗教，結果是從宗教現象的分析產生了各種不同的宗教起源論，可以說是眾說紛紜，各執一詞，莫衷一是。最大的困難在於，現象的觀察無法涵蓋所有的地區和所有的現象，限於一隅，不足以說明人類宗教的起源。因此一個理論被提出來，又被另一個理論所推翻。況且，他們研究的所謂原始民族，已非人類的「初民」，他們觀察的所謂原始宗教甚至是已發展的宗教。學者們的理論又分進化理論與退化理論兩種，前者主張人最初本無信仰，後由低級和粗陋的多神信仰發展到具倫理性格的一神信仰；後者認為人最初是一神信仰，其他的信仰形式是宗教上的墮落現象。但是進化理論或是退化理論，都屬於沒有確實證據的揣測之論。總之，從宗教現象的探討，最多只能描述宗教現象的發展，不能說明宗教的形成，它屬於哲學的領域。

哲學反省宗教的形成，有下面的先決條件：首先必須肯定人類有宗教信仰的事實，而且是人類的一個普遍現象。其次要顧到，宗教存在於不同的地域和不同的文化圈，而有多種的形式。最後，對人類來說，宗教的對象是神聖而完美的，是人心靈所依歸。在這些條件之下，哲學反省的進路應當在人的心靈，也就是說，人的心靈本來就具有發展宗教的本能。因為從實現可以確定潛能，但不是反之亦然。因此佛教講「人皆有佛性」，奧斯定說：「我們的心是為你而造的，除非安息於你，我們的心將永不安寧。」多瑪斯講人對上帝有「服從的潛能」，新士林哲學

家拉內（Karl Rahner, 1904-1984）稱人生而為「無名的基督徒」，都是在講宗教的主觀本能。我們可以籠統地把這個主觀本能稱為「先天宗教心」。它本身尚非宗教，對各個不同的宗教形式來說，它是個無差別心。因著地域、「生存環境」的不同，人為完成生命所遇到的阻礙和威脅不同，對生命的瞭解和強調遂各有異，對存在與生命圓滿的憧憬也就不同，「先天宗教心」遂由無意識轉變到意識化，加上理性的反省，而形成不同的文化形態和不同的宗教原型。宗教的形成，消極地說，來化解人心靈對生命的疑惑；積極地說，使人在苦難人生中仍有尊嚴，仍能安身立命。這個已形成的宗教本身成為文化中的一個主導因素，而成為人「生存環境」的要素之一，在不同時代與社會結構之下，又成為宗教形式自我調整和自我改變的據點。不同的宗教形式，尤其反映在宗教的對象，即對神聖界的不同觀念；由之再限定各種宗教不同的教義、教規、及教儀。

　　以上所談到的僅及人文宗教的形成，其中「生存環境」扮演一個決定性的角色。這個「生存環境」多少是在「空間形式」下作的觀察。如果「生存環境」在「時間形式」下作觀察，則形成宗教的「生存環境」是歷史脈絡，歷史成為人與神聖界交往的境遇，歷史上的事蹟成為具有宗教性意義的事件，即來自神聖界的訊息，也就是啟示。在宗教發展史上，奠基於聖經的猶太宗教和基督宗教就是個歷史啟示宗教的典型例子。在宗教哲學史上，講「過程上帝觀」的德意志觀念論就是個給歷史啟示宗教做理性奠基的代表，依據他們的辯證表述，世界與人類史是上帝自我完成的一個過程，也是祂的自我啟示過程。

　　有了宗教信仰，則「信求明」，以免信仰成為盲信，甚至迷信。在哲學史上，從柏拉圖、亞里斯多德以來，不斷有學者提出各種的上帝存在論證，一方面達成以超越界說明現象界存在與如此存在的形上學目的，另一方面給予上帝信仰一個理性基礎。其中最著名的有安瑟倫的存有學論證和多瑪斯的「五路論證」。由於多瑪斯的前三路論證，事實上

可以說是不同角度的同一個論證。因此在啟蒙運動時代，學院的理性主義綜合傳統的論證，成為三個論證，也就是康德在《純粹理性批判》所批判的三個思辨論證：存有學論證、宇宙論論證、與物理神學論證；在批判了這三個思辨論證之後，他在同本書的後面，馬上提出他自己創作的道德論證，因為他把以超越界說明現象界的存在當作他的形上學的命運。論證在知識論上的確定性，可以區分：創造者上帝的存在是可以確定的，因為這個世界必須有使它存在的原因。至於上帝的屬性，則屬於類比推論，也就是在創造者與受造物之間的關係中，把受造物有的美善也歸諸於上帝。「信求明」的另一個途徑是，在信仰與信仰之間求系統的解說，這個工作已屬於信理神學的工作，不是哲學的議題。

1. 您對古代希臘哲學家的宗教觀有怎樣的瞭解？
2. 您對中世基督徒哲學家的宗教觀有怎樣的瞭解？
3. 您對啟蒙時代的宗教觀有怎樣的瞭解？
4. 您對自然神論者的宗教觀有怎樣的瞭解？
5. 您對德意志觀念論所謂上帝是絕對主體有怎樣的瞭解？
6. 您對無神論者對宗教的解說有怎樣的瞭解？。
7. 您對二十世紀人類學的宗教觀有怎樣的瞭解？

參考文獻

1. 鄔昆如著，宗教與人生，五南圖書出版公司，民 88 年初版。
2. 李震著，人與上帝（卷一至卷二），輔仁大學出版社，民 75、77 年初版。
3. 曾仰如著，宗教哲學，台灣商務，民 75 年初版。
4. 羅光著，中西宗教哲學比較研究，中央文物供應社，民 71 年初版。
5. 李杜著，中西哲學思想中的天道與上帝，聯經，民 67 年初版。

結論

鄔昆如

學習目標

1. 作為哲學入門，需知學習哲學的「十大肯定」以及「五大提案」。

2. 「十大肯定」是：

   肯定「哲學」乃「定位宇宙」，以及在宇宙中「安排人生」的學問總匯。

   肯定「哲學進路」為：「入門」的「哲學概論」，「形上學」乃「哲學」的「體」，「倫理學」為「哲學」的「用」。

   肯定人類「能知」。

   肯定人類「能善」。

   肯定「第一原理」的「同一律」、「矛盾律」、「排中律」。

   肯定「存有」的「超越屬性」：「真」、「善」、「美」、「聖」。

   肯定宇宙有始。

   肯定「人性」可走向「完善」。

   肯定「敬天」、「愛人」、「惜物」三德。

   肯定「宗教」的社會功能。

3. 「五大提案」為：

提議把握從「常識」經「知識」到「智慧」之路。

提議「歸類」和「抽象」的工夫運用。

提議「擇善固執」。

提議開放的「人本」精神。

提議重視從「物理」經「獸性」到「人性」直至「神性」的進化過程。

4. 「哲學」是「人」的「哲學」，是「愛智」，是「知所先後」的人生觀和價值觀確立的基準。

5. 「哲學」不但使人頭腦銳敏，認識真理，還助人心靈豐饒，擇善避惡，完成「人性」。

摘要

　　「哲學概論」是概括整個「哲學」的內涵和進程。「哲學智慧」乃教導人設法「定位宇宙」，並在宇宙中「安排人生」。因而先在「知識論」上肯定人的「知性」，肯定人的「知性」可以「向上攀爬」至「存有」的峰頂，肯定人的「知性」可以「往下探索」到達構成「物理」的微粒。前者便是「形上學」，後者則是「物理學」。人類透過對「形上」的研究，獲得宇宙和人生的「原理原則」。然後把這些「原理原則」運用到「價值哲學」，運用到人生文明各階層：「科學」求「真」，「道德」求「善」，「藝術」求「美」，「宗教」求「聖」。

　　要達到「形上」領域，需要有銳敏頭腦的訓練；要認清人生價值，需要有豐饒的心靈的培養。人類上有頭腦，下有心靈，可謂完備。

　　「存有」活動的外顯，首先是其「本尊」的完全呈現，即是「天」，繼而有「分身」的分受呈現，是為「地」和「人」。「形

上學」探討「天」、「地」、「人」三才，既能「定位宇宙」，又能
「安排人生」。人生的個人「安身立命」，群體的「安和樂利」，
原就是具體人生的目的；做人如何駕御「物性」，擺脫「獸性」，
增長「人性」，乃致產生「神性」，原就是「哲學」的完備任務。

第　一　節　定位宇宙、安排人生

　　「哲學」的內涵就是「定位宇宙」，並且在宇宙中「安排人生」。
「定位宇宙」要解答兩個問題：世界怎麼來的？以及世界的變化有何
「目的」？

　　有關「世界怎麼來的？」問題，就是「宇宙起源」問題。吾人可以
觀察世界的四階層：「物質」、「生命」、「意識」、「精神」。這四
階層似乎是一層比一層高，「生命」超度「物質」，「意識」提升「生
命」，「精神」度化「意識」。擁有「精神」的人類，其「意識」、「生
命」、「肉體」都受到「精神」的影響。四階層的區分原是為了互助合
作，而有著「內在目的性」（Entelecheia），「存在」的整體都是「目
的」、「因果」相互和諧共存的。

　　這「合一」、「和諧」的、「多樣性」的世界的來源，希伯來民族
提出「創造說」（Creation），由上帝「創造」天地萬物。

「靈」、「肉」二元的劃分，在「安排人生」的課題上，是依照柏拉圖的「觀念」、「感官」二元，以宇宙來「定位人生」，「重靈輕肉」的人生觀，恰好是「觀念界」為「真」，「感官界」為「虛」的延長。但是，主要的還是使「靈」、「肉」能「合」，使人與自己「等同」（Self-identification），而不是使人與自己的「疏離」（Self-alienation）。

個人的完美是「靈」、「肉」的合一，群體的完美在「人性」另一面的二元：橫向的「男」與「女」，「男」、「女」兩性之分的「目的」亦在「合」；「男」、「女」之合是群體性完美的開始：兩情相悅與傳宗接代，形成人類繼續繁衍的契機。

因為「哲學」是「定位宇宙」、「安排人生」的學問總匯，因而各學科都是全方位的設計；在「知性」的理論上，要包含「知物」、「知人」、「知天」；在「德性」的修養上，要全面「惜物」、「愛人」、「敬天」。對個別的人要提供「安身立命」的方案，對群體社會要指出「安和樂利」的道途，以及「安居樂業」的方法。

第 二 節　知識、形上、倫理

　　「哲學」的「思想」進路是依序從「知識論」作為入門，進入「形上學」的「體」，落實到「倫理學」的「用」。而其進程則首先是「近取諸身」，從「個人」的體驗出發，個人的「求知欲」、「求福欲」，都是天生的功能，人們可用之作為對「哲學」的起步工作。繼則是「遠取諸物」，從對大自然的「觀察」，尋獲「世界萬物」的「美善」，而推論出「本體」的「美善」。

　　「哲學」的「體」是「形上學」，是在探討宇宙和人生的「原理原則」，首先是「第一原理」的「同一律」、「矛盾律」、「排中律」，繼則是依著人文世界的「科學」求「真」，「道德」求「善」，「藝術」求「美」，「宗教」求「聖」的事實，推論出「存有」的「超越屬性」：「真」、「善」、「美」、「聖」。

　　吾人可以從「量」、「質」、「能」等多面向探討「存有」，「量」的「唯一」，可以導引出「哲學」的「一元論」（Monism），導引出宗教的「一神論」（Mono-theism）；「二元論」（Dualism）導引出「善惡二元」的宗教或倫理；「多元論」（Pluralism）可導致「多神論」（Poly-theism）。

　　「質」的「精神」或「物質」，形成「唯心論」（Idealism）或「唯

物論」（Materialism）。

「能」的「現實」和「潛能」（Act + Potence）學說，是動態「本體」的描繪，也是解答宇宙形成問題的主要學理。

「形上本體」的本尊開顯，形成「本體論」（存有學）和「神學」，其分身則是「宇宙」和「人」。

「宇宙論」（Cosmologia）的課題除了起源問題和科學有重疊之外，尚有「目的」或「機械」的生成變化問題。

「創造」、「流出」、「進化」、「生」、「創化」等學說都在設法證成各自的學說，說明宇宙是怎麼開始的，怎麼繼續發展。

「人性論」（Anthropologia）主要在問及人的結構和人生意義的課題：前者有縱向的「靈魂」和「肉體」，後者有橫向的「男」和「女」兩性問題。「靈」、「肉」的合一，「男」、「女」的結合，都是在和諧、合作無間的情況下進行。

第 三 節　人生而有知、萬物皆有理

人有「知」，適宜做「主體」，物有「理」，可以做「客體」；「主」、「客」的合一也正是「知識」的開端。「主體」的耳、目、口、鼻、手足，恰好對立著「客體」的聲、色、香、味、觸，「感覺」之上還有「思想」，「人性」也就從「感覺」、「思想」開始，獲知「世界」

「存在」的原理，同時也得知「人」「存在」的意義。

　　「知識」進路的「近取諸身」，是對自己的認識。早在蘇格拉底時期，就有「知汝自己」的勸諭。「知汝自己」不但是「倫理學」的課題，事實上也是「知識論」的課題。吾人能從自己「認知」的能力，一方面獲知「知識」能力的偉大，另方面可以「欣賞」世界的奧秘。「欣賞」世界的奧秘，算是「知識」進行的「遠取諸物」。對「世界」的認識，從「物理」到「生理」，到「心理」一層上升，經「人理」到達「天理」，從「知識」進入「形而上」，獲知「宇宙」和「人生」的原理原則。

　　萬物有「理」的語句，表現出世界秩序的和諧，從底層的「物理」開始，其嚴密的「因果原則」，解釋著事物「如何」以及「為何」的存在意義；「生理」層面的「生命」，點綴著「宇宙」的生生不息；「意識」層面的「心理」，更把「自然世界」的「美」加工，轉化成人文世界，使人更能在解決生活必需之外安身立命。

　　在「認知」作用進行中，「精神」層面的「主體」，以其「確定」（Certitudo）的信念，接觸到「明顯」（Evidentia）的「客體」，因而獲得「真知」。

　　主體「確定」在「悟性」本身的「歸類」和「抽象」能力，能超越「個別的」、「具體的」的事物，進入「共相的」、「抽象的」概念，乃至於「概念的概念」（Concept of concepts）、「存有」本身。

　　主體「確認」基本上是用「存異求同」的方式，把「個別性」的「差別相」放下，而專門吸取「共相」（思想的共融），達到最高的「概念的概念」。

主體「確定」揭露了人性「認知」的天性，同時也默認了「意志」的功能，後者就能憑著「知能」，走出一條康莊大道。在哲學上，就是「思想和存在一致性」。

第四節 人人生來求福

亞里斯多德哲學最大貢獻，在於其「知性」、「德性」兼備；《形上學》開宗明義說出「人人生來求知」，而《倫理學》則提出「人人生來求福」的原理。當然，「求福」必須「修德」，正是「福德一致」的訴求。

「修德行善」是「靈性」生命的天性。「福」與「德」是一體之二面，「福」的代價就是修「德」，反過來，作惡的人就沒有福而有禍。

「福」的表象是「心安」，是「行善修德」的成果展示。人生在世，最主要的還是求「心安」，只要一個人「心安」，其他榮華富貴都變成可有可無。

一般認為名利權位是「福」，事實上並不盡然，其論證就在「心安」與否，名利權位雖會滿足人心，但卻不一定能獲得「心安」。

第 五 節　第一原理

無論「思想」或「存在」都有一定的原理原則，首先就是「思想三
大定律」：

「同一律」（Principium Identitatis）的公式是 A＝A。「一件事物與
自己等同」。世間事物皆呈「個別性」、「獨立性」存在，每一事物都
是獨一無二的；在人生哲學中，「自己與自己等同」是首要任務；「自
我等同」（Self-identificaiton）正是一個人能安頓自己的「知」、「情」、
「意」，能安身立命。它的反面就是自己與自己的「疏離」（Self-alien-
ation），與自己過不去，無法安身立命。

由「同一律」延伸下來的是「矛盾律」（Principium Contradictionis），
其公式是：A 不＝非 A。「即一件事物與自己以外的任何事物都不等
同」。因為事物等於自己，而且只等於自己，因而跟自己以外的所有事
物都不同，這「矛盾律」意謂著凡是自相矛盾的都不存在。在辯論中，
最好的方法就是指證對方的學說自相矛盾，則對方學說就無法成立。

由「同一律」和「矛盾律」聯合推出的，是「排中律」（Principium

Terii excludi）。公式是：A不能同時＝A，又＝非A。亦即「一件事物不可能同時與自己等同，又和自己以外的事物等同」。「排中律」最大的用處就是能解決「是」或「非」，「有」或「無」的「全盤肯定」或「全部否定」的抉擇問題。就如「太陽中心說是否正確」的問題，答案只能是「是」或「非」，沒有中間的路線：「是」就是「是」，「非」就是「非」，沒有模稜兩可的空間可容納。「有」或「無」亦一樣，如果問及「死後生命」，只是「有」或「無」兩種答案提供選擇，其中「是」是「全是」，「無」就是「全無」，同樣亦無法商量的。

第六節　超越屬性（Transcendentalia）

　　若問「存有」除了「存在」之外，還有哪一些「屬性」，就要在人文世界的對象中找尋，人文世界在幾千年發展中，都有「科學」、「道德」、「藝術」、「宗教」。「科學」求「真」，「道德」求「善」，「藝術」求「美」，「宗教」求「聖」。文化或文明的最終對象，即是「存有」，因而，「存有」的特色（超越屬性）也就可以用「類比」的方法，說出「科學的真」、「道德的善」、「藝術的美」、「宗教的神聖」就都是「存有」的特性。

　　「科學」的「真」（Verum）的意義，是在探究「物質」世界時，人的「悟性」可以瞭解「物理」，知道物體「存在」的法則；上一層的生

物有「生理」，「生命」之超越「物質」，不但「生命體」有「整體性」
（其「部分」由「整體」所生，「生命」是聯繫整體的原動力），而且
會新陳代謝。到了「動物」的「意識」層面，「感官」以及由「感覺」
推出的喜樂哀樂，更是宇宙「美」的部分。及至人類的「精神」出現，
一切自然就都改觀，因為有了人文世界的參與，「科學」的「真」其實
涵蓋了世上所有層級的存在。

「道德」的「善」（Bonum），是人性的「理知」和「意志」合作
的共同產物。「明知」是善事，而「故意」去做，就是「善」，「明知」
是惡事，「故意」設法躲避，也算是善事一件。人性「向善」的天性，
是要豐饒的心靈加工，才能使凡人變成善人，才能使善人超凡入聖。
「獨善其身」是個人的完美，是君子，「兼善天下」是群體的完美，是
聖人。

「藝術」的「美」（Pulchrum）是「靈性」生命「欣賞」的對象，
也是豐饒心靈「創造」的對象，大自然是上天造化之工呈現的自然美，
藝術品是人類的匠心製造出來，模仿自然美的傑作。「人性」生來就分
受上天的「創造」和「欣賞」的功能，能夠「創造」美的藝術品，同時
亦能「欣賞」藝術品。

「藝術」是自由境界，是最寬容的領域，「美」與「醜」概念上是
對立的，但在實踐上卻是共存共榮的。因為，在藝術創作上，「其醜無
比」亦是「美」，一個人有了藝術的心境，必然是自由自在。

五

「宗教」的「聖」（Sanctum）是針對俗世的「庸俗」以及「道德」的「惡」而言，它有濃厚的神秘色彩，它可以突破「今生今世」，而在「來生來世」中定位，它亦可以突破「此世」的限制，而在「彼岸」安置人生的意義。救苦救難的精神也是「宗教」的社會功能之一，一般說來，「宗教」與「道德」一直是合作無間：「宗教」推向「彼岸」與「來世」的「天國」和「涅槃」，「道德」關懷「今生」和「此世」的福祉。

第 七 節　宇宙有始

有關宇宙的始源問題，「科學」和「宗教」各有看法：「科學」由於「地質學」的研究成果，認定「進化」（Evolution）是宇宙生成變化的原理。「地質學」研究物質世界地層的生成，以及各種化石的生成年代，以先後出現的順序，排列「物質」、「生命」、「意識」、「精神」的年齡，因而推論出：從「物」到「獸」，從「獸」到「人」的「進化」過程。

「宗教」提供「創造」（Creation），以「因果原則」的推斷上帝創造了世界。這是希伯來民族的史料《舊約·創世記》所描繪的，認為宇宙有開始，而「從無到有」唯有「創造」才能解釋，對「至上神」的信仰，便引導出「上帝從無創造了世界和人類」。

哲學則在批判及思考中，探討各方提出的意見，陳列各種學說的成

敗得失，首先是柏拉圖的「分受」（Participatio）說，認為「感官世界」是「觀念界」的複印，「感官界」連「人」在內都源自「觀念界」。「分受」概念經由「新柏拉圖主義」改變成「流出」（Emanatio）說，有點像中國《易經》的「生」（Generatio）概念，但亦有「泛神論」（Pantheism）的嫌疑。

柏拉圖的弟子亞里斯多德利用「物理學」的變化課題，嚴格地遵守「因果原則」，認定「原動不動者」是宇宙萬物的原因，這「原動不動者」後來被基督宗教所接受，尤其被聖多瑪斯所發揚光大，就成了「上帝創造世界」的哲學思考。

基本上，「進化論」不是在解答宇宙起源問題，而是在敘述宇宙變化的軌跡，因為它既不能解釋「物質」的起源，又沒有實證可以提出作為「從獸變人」的科學事實。

倒是近來的「生命哲學」，以為綜合「創造」和「進化」，比較能解決宇宙起源問題，提出「創化論」（Creative Evolutionism），其中有哲學家柏格森（Henri Bergson, 1859-1941），也有地質學家德日進（Teilhard de Chardin, 1881-1955）等人。

第 八 節　人性完善

　　人的問題首先是結構問題：縱向的是「靈」、「肉」二元，上有「靈魂」，下有「肉體」，繼則是橫向的「男」、「女」二元。「靈」、「肉」二元展現了人的「頂天立地」性格，因為「靈魂」乃「上帝肖像」，因而「頂天」，因為人的「肉體」來自塵世泥土，所以是「立地」，「男」、「女」二元表示互助合作，「男」、「女」結合是兩情相悅，進而傳宗接代。

　　「靈」、「肉」二元的合一，是人性「個別性」的完美，「男」、「女」二元的合一，開始了人性「群體性」的完善。中國儒家在這方面有很深奧的研究成果：《禮記・大學》中的「格物致知」是人性的「知性」發展，「誠意正心」是「德性」的修練，「知性」和「德性」完備「個別性」完美的「修身」，「齊家、治國、平天下」則是「群體性」的完善。

　　人的「個別性」需安身立命，「群體性」需安和樂利。

　　依「創化論」的學說，人類「進化」的前段，雖然是由「物」到

「獸」，由「獸」到「人」，但是，「人性」卻仍有諸多缺陷，並未達到「至善」之境，也就是說，人類還要繼續「進化」，一直「進化」到至善至美的「神性」為止。這就是「從人到神」的「進化」完成階段，也是「止於至善」的理想境界，這境界在「宗教」的表述上是「地上天國」以及「人間淨土」。

第九節　事天、仁民、愛物

「知識」全方位的開展是「愛物」、「知人」、「知天」，「德性」全方位的完成，則在「惜物」、「愛人」、「敬天」。孟子在這方面有獨到的見解，其「心性論」的二條進路，一條是「盡心、知性、知天」，另一條是「存心、養性、事天」，前者講「知性」，後者講「德性」。「知性」是頭腦的銳敏，「德性」是心靈的豐饒，孟子的哲學，是在全方位的發展「人性」，但這「人性」是「對物」、「對人」、「對天」都開放的。

孟子另一處用更具體的人間世生活，展示「德性」的修煉，即「親親」、「仁民」、「愛物」。「親親而仁民」是由近及遠，由親及疏的人際關懷準則。「愛人」優先，「愛物」殿後，孟子的「仁愛」差等，展示在實際情況中吾人行為的先後輕重。

「愛物」的理念，原在道家思想中最為豐富，「物我相忘」的意境

是生命情調的高峰，可以用「天地與我並生，萬物與我為一」來表示，也可以用「上與造物者遊，下與外死生，無終始者為友」，來表達。

　　西洋兩千年來，誤解了「人為萬物之靈」的深意，太過「宰制物」，太膨脹「人」的權力，自認為「人定勝天」。當代，當物質世界開始反撲，土石流、山崩、臭氧層破洞等等，人們才意識到事態的嚴重性，才開始考慮「環保」，知道「愛物」、「惜物」才是安頓生命的要件。

　　哲學「本體」的「天」、「地」、「人」三才的包含，「人」居其中，一來是其定位的「頂天立地」，二來是其天生來有「創造」和「欣賞」的雙重功能：「欣賞」造物的美，「創造」人文世界。但是，更重要的是實踐方面的「愛物」、「仁民」、「敬天」。由於「仁」、「愛」、「敬」有差等的德目，分別對「天」、「地」、「人」，正顯示對象的先後輕重，同時也就能助人釐定價值判準，「知所先後」。人生在世，一切「以和為貴」，與「天」的「天人合一」，與「物」的「物我相忘」，與「人」的「四海之內皆兄弟也」，甚至如基督宗教所主張的「親親如友」。

第 十 節　宗教功能

　　「宗教」救苦救難的功能，盡人皆知，但是，當知識份子用「知識」的天平去衡量宗教、批判宗教時，總有「宗教與科學」或是「科學

與宗教」的詰難認為「宗教」不「科學」，認為「宗教」的信條無法經過「科學」的檢證，這當然是純理論的思辨，無關「宗教」在人心、在社會上的功能。

其實，因為「科學」和「宗教」研究的對象不同，要替人類解決的問題不同，因而沒有什麼直接衝突的地方，甚至是可以相輔相成的，科學家，尤其是傑出的科學家，皆有宗教信仰，甚至信仰堅定，就是最好的例證。

用歷史中的個案，以「宗教」法庭誤判科學家之罪，作為「宗教」反「科學」的通案，是「知識」的誤植。事實上，當今「科學」的成果，小至一枚螺絲釘，大至一艘太空船，哪一件不是基督徒所發明？哪一件不是來自基督宗教文明國中？世界上有許許多多的文明系統，有道德的如中國，有藝術的如埃及，有宗教的如印度，但是，唯獨在西方基督宗教的文明國中，產生了當代科學。如果認定基督宗教反「科學」，而且以一些歷史中極少數的個案，膨脹至通案，當然有失公允。

當代「科學」無不產生自基督宗教文化圈。

「宗教」的社會功能是救苦救難，當今世界上任何地方有苦難，都會有各式各樣的教士（尤其是基督宗教的各分派）參與救苦救難的工作。西方傳教士一手捧著聖經，另一隻手則提著藥箱，在窮鄉僻壤中與貧民百姓一起生活，亦唯有這種犧牲奉獻的精神，可以證成「宗教」的關懷和垂愛的本質。

當然，吾人亦絕不否認有帝國主義者借宗教發展其侵略的野心，正如各地民間信仰的廟祝或道祝，也偶而會有斂財騙色的事件發生一般。但是，如前面所說，個案不可以誤植為通案。

　　人生問題既多且雜，各種哲學派系都可以參與提出各種答案，甚至膨脹自己的學說為最佳良策，但是，一旦有人面臨死亡，怎麼樣的哲學體系，怎麼樣的哲學家可以和他交談？也唯有宗教人士，會提供一些「從彼岸來的信息」，給那些即將離開今生今世，正準備步入來世與彼岸的臨終之人。全方位的哲學思想，不應拋棄人生「死亡」時刻。德文有諺語：Ende gut, alles gut！（善終，一切皆善），言外之意就讓讀者自己體會吧！

第十一節　常識、知識、智慧

　　以上是哲學的十大肯定，甚至可以說是哲學十大堅持，下面吾人提出五大提案，給哲學工作者以及哲學愛好者參考。

　　首先就是「哲學」的字義是「愛智」（Philo-Sophia，「愛慕智慧」）。「智慧」與「知識」與「常識」都有關聯，一般說來，「經驗」愈豐富，「常識」愈多。一位鄉下老太婆，吃的鹽比別人吃的米得多，過的橋比別人走的路多，當然「常識」豐富。可是，「常識」不是「知識」，會用「常識」才是「知識」，人有「知識」也不見得就是完美的人，會用「知識」才是「智慧」，有「智慧」的人才算是完美之人。

　　「智慧」一來「知所先後」，二來「承認自己無知」。哲學家因此要謙沖為懷，對人厚道，心胸開放，對「科學」、「道德」、「藝術」、

「宗教」開放，對今生來世開放。

　　知識份子要採信「知識即德行」，而不偏頗「知識即權力」，「知識」愈豐富，頭腦愈銳敏，正表示責任更大，要為更多人、更多事服務。

第十二節　歸類和抽象

　　吾人天生能力就會「歸類」，幼稚園小朋友堆積木是「歸類」的訓練，青年人玩「大風吹」的遊戲也是「歸類」能力的考驗，「歸類」、「歸種」、「歸科」、「歸目」使吾人能分清萬事萬物各有定位，各適其所，而吾人自身在宇宙中亦有定位，亦有適所。

　　另一天生能力是「抽象」，就是抽出「共相」，把「殊相」（差別相）「放入括弧」、「存而不論」。這即是「存異求同」的方法和態度，使天下為公、世界大同。哲學工作者切忌「刻意求異」，排除異己。

　　「歸類」至「存在」頂端，「抽象」至「最後共相」，就是「形上本體」，它是「存有」的本尊，其「真」、「善」、「美」、「聖」，一方面「分受」給「存有」的分身：「世界」和「人類」；另方面讓人文世界有「科學」、「道德」、「藝術」、「宗教」等文明的開展。

第十三節　擇善固執

　　人類頭腦的銳敏可分辨真假對錯，人類的心靈豐饒可分辨是非善惡，然後都將分辨所得交由「意志」抉擇，棄假保真，行善避惡，乃「意志」正常化的功能，反過來，去真從假，避善作惡，即人性墮落的現象，吾人所要留意的便是「擇善固執」。

　　在這裡，吾人不想討論倫理道德的「善」，而只是一般的「好」，作為具體生活抉擇的對象。人們很容易把思想集中在單一的價值評量上，就如吾人都知道：兩條腿是交通工具，但它並不好，更好的有腳踏車、摩托車、汽車、飛機。基本上，好或不好當然是審斷的標準之一，可是它絕不是唯一的標準。標準還有別的範疇，就交通工具而言：兩條腿是根本的、不可或缺的交通工具，而飛機、汽車等則不是根本的，而是外加的；有時甚至是可有可無的（人類在地球上，用兩條腿走路已經好幾千萬年，甚至更長更久）。如果有人因為買了直升機，就把兩條腿鋸掉，那才是愚笨之至！

　　交通工具的比方，其實還是以「人」自身為主體，最重要的是，身

外之物倒是可有可無。當前人類很容易犯的錯誤，就是「金錢至上」的價值觀。食物要山珍海味，睡覺要豪華套房，其實，飲食最主要的是胃口和消化系統，睡得著絕對比豪華套房重要。人的幸福應放在能吃能睡，而不是放在吃什麼，睡在那裡，吾人應該意識到「有錢買得到床，可是買不到睡眠」。

「擇善固執」，原就是認清何者為「至善」，何者為「次善」。

第十四節　開放的人本

近來有些哲學派別膨脹了「人性」，以為它不但是「遵守」道德法則的「主體」，它也是「發號施令」者，甚至也是事後的「審判者」。這無異把「人」看成了「上帝」，也因此認定「倫理道德」最高，而反對「道德」之上有「宗教」的合法存在。

這種「道德主體」看成是「形上本體」，當然是誤植，因為「人性」本身，不但無法貫徹「行善避惡」的命令（世上惡事不斷發生，惡人不斷出現），「人」本身的存在從何而來的「本體論」（存有學）問題，並非可以「放入括弧」、「存而不論」。

吾人前面已經提過，「人」要向「上天」開放，要向「下地」開放，才算得上是「頂天立地」。人生存在於「天」和「地」之間，本來就是中介，因為其構造是「靈」與「肉」，「靈」是頂天，「腳」乃立地，

「人本」精神切勿切斷與「天」的關係，否則便沒有「天人合一」的目標可供努力，否則就無法解釋「為何行善」的課題。

第十五節　物性、獸性、人性、神性

　　宇宙起源問題或是人類起源問題，「地質學」似乎賜給了時間先後的答案，其「進化」過程是由「物」到「獸」，由「獸」到「人」。「進化論」者依據此點把「進化」的原則推向「弱肉強食」、「優勝劣敗」的原則中。

　　但是，如果問及，「進化」為何到「人」就停止？也許就無法給予理性的答案，較有理的推論，也就是：「人」也不是「進化」的終點，它還要用「神性」進化。這也就是「人」要逐漸擺脫「獸性」，增加「人性」，最後發生「神性」。這樣，「弱肉強食」的原則就無法滿足整體的「進化」，而是在「人性」之內放入仁愛互助，寬容厚道，到達「真」、「善」、「美」、「聖」的人文世界中的「科學」、「道德」、「藝術」、「宗教」，而進入神聖的領域。

　　「人性」無論其個別性完美的「安身立命」，或是群體性完善的「安和樂利」，都無法利用「弱肉強食」的理論來抵達；畢竟「弱肉強食」是「獸性」，「人性」應該在「倫理道德」的原則上修成，直至「天人合一」的境界。因此，擺脫「獸性」，增加「人性」，產生「神性」，

才是人類正常化的發展和進步。

1. 如何理解哲學的「定位宇宙」、「安排人生」？

2. 「人人有知」，「萬物有理」，二者如何溝通？

3. 「福德一致」的精義在哪裡？

4. 如何詮釋「事天」、「親親」、「仁民」、「愛物」？

5. 「宗教」有何社會功能？

6. 為何「人本精神」需要開放？

國家圖書館出版品預行編目資料

哲學入門／尤煌傑等合著.
--初版.--臺北市：五南, 2003 [民92]
參考書目：面
ISBN 978-957-11-3470-3（平裝）

1. 哲學

100　　　　　　　92020264

1BS9

哲學入門

主　　編 — 鄔昆如(430)

作　　者 — 尤煌傑　張雪珠　陳俊輝　鄔昆如
　　　　　　潘小慧　黎建球　謝仁真　關永中

發 行 人 — 楊榮川

總 編 輯 — 王翠華

主　　編 — 陳姿穎

文字編輯 — 雅典編輯排版工作室

出 版 者 — 五南圖書出版股份有限公司

地　　址：106台北市大安區和平東路二段339號4樓

電　　話：(02)2705-5066　傳　　真：(02)2706-6100

網　　址：http://www.wunan.com.tw

電子郵件：wunan@wunan.com.tw

劃撥帳號：01068953

戶　　名：五南圖書出版股份有限公司

台中市駐區辦公室/台中市中區中山路6號

電　　話：(04)2223-0891　傳　　真：(04)2223-3549

高雄市駐區辦公室/高雄市新興區中山一路290號

電　　話：(07)2358-702　傳　　真：(07)2350-236

法律顧問　元貞聯合法律事務所　張澤平律師

出版日期　2003年12月初版一刷
　　　　　2012年 9 月初版六刷

定　　價　新臺幣380元